科技创新支撑引领
贵州农业现代化的路径研究

◎ 葛菁华 著

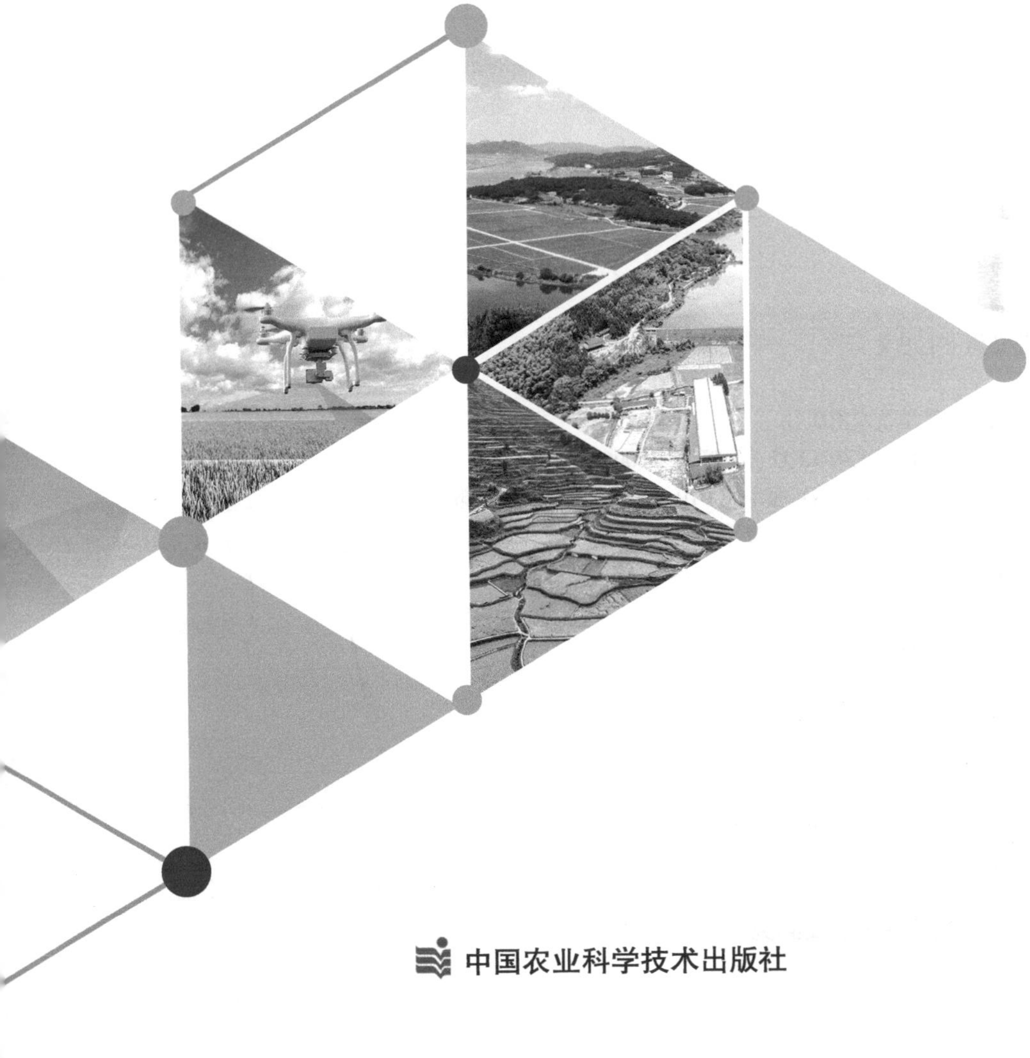

中国农业科学技术出版社

图书在版编目（CIP）数据

科技创新支撑引领贵州农业现代化的路径研究 / 葛菁华著. —— 北京：中国农业科学技术出版社，2024.5
ISBN 978-7-5116-6825-7

Ⅰ.①科… Ⅱ.①葛… Ⅲ.①技术革新－关系－农业现代化－研究－贵州 Ⅳ.①F327.73

中国国家版本馆 CIP 数据核字（2024）第 099441 号

责任编辑	崔改泵
责任校对	李向荣
责任印制	姜义伟　王思文

出 版 者	中国农业科学技术出版社 北京市中关村南大街 12 号　邮编：100081
电　　话	（010）82109194（编辑室）（010）82106624（发行部） （010）82109709（读者服务部）
传　　真	（010）82106650
网　　址	https://castp.caas.cn
经 销 者	各地新华书店
印 刷 者	北京建宏印刷有限公司
开　　本	185 mm×260 mm　1/16
印　　张	15
字　　数	285 千字
版　　次	2024 年 5 月第 1 版　2024 年 5 月第 1 次印刷
定　　价	80.00 元

版权所有·侵权必究

前 言

2021年2月,习近平总书记在贵州视察时,要求贵州以高质量发展统揽全局,在新时代西部大开发上闯新路,在乡村振兴上开新局,在实施数字经济战略上抢新机,在生态文明建设上出新绩,努力开创百姓富生态美的多彩贵州新未来。

贵州省委第十二届九次全会提出,围绕"四新"主攻"四化",把新型工业化、新型城镇化、农业现代化、旅游产业化作为抓手,奋力谱写贵州高质量发展新篇章。贵州牢记习近平总书记殷殷嘱托,认真贯彻落实近几年的中央一号文件,坚定不移围绕"四新"主攻"四化",以加快建设现代山地特色高效农业强省为引擎,全力推动农业现代化、全面推进乡村振兴,奋力谱写多彩贵州现代化建设新篇章。

农业现代化作为"四化"主要做法和目标之一,强调围绕构建农业现代化"三大体系",狠抓农业产业结构调整、优化生产经营组织方式、提升农产品加工水平等,实现农业现代化的大发展,到"十四五"期末,累计建成高标准农田2 200万亩左右,农产品加工转化率达到70%左右。2022年,《关于支持贵州在新时代西部大开发上闯新路的意见》(国发〔2022〕2号)提出"科技入黔",加快各类创新要素向贵州集聚。通过农业现代化的大发展,实现贵州经济社会高质量发展的路径选择,必须坚持科技为先,发挥科技创新的关键和中坚作用,把科技创新作为推动高质量发展的战略支撑,深化科技创新供给侧结构性改革,加快推动发展方式从要素驱动向创新驱动转变。

为贯彻落实党的二十大、国发〔2022〕2号文件精神和贵州省委省政府的战略部署,通过科技创新加快推动贵州农业现代化发展,贵州省科学技术厅在2022年度决策科学项目中立项开展《科技创新支撑引领贵州"四化"的路径研究》(合同编号:黔科合基础-JC〔2022〕重点003),由本人主持项目实施。"科技创新支撑引领贵州农业现代化的路径研究"是其中一个子课题。该子课题重点从政策法规角度出发，对贵州农业科技创新发展现状、科技创新政策进行系统梳理，并对存在的关键问题和创新趋势进行分析研判，结合发达地区的先进政策经验，研究提出支撑贵州农业现代化的科技创新主攻方向、实施路径，从管理、法规、财税、金融、人才等方面提出政策建议，期望为贵州农业现代化科技创新法规政策的制定提供参考。

《科技创新支撑引领贵州农业现代化的路径研究》是在总结、拓展、丰富结题研究报告《科技创新支撑引领贵州"四化"的路径研究》中关于"科技创新支撑引领贵州农业现代化"研究内容的基础上成稿，由十个章节和一个附件构成。具体章节包括：第一章　科技创新与农业现代化的内涵及作用机理研究；第二章　贵州省农业现代化现状及测评研究；第三章　农业科技创新体系现状研究；第四章　科技创新支撑农业现代化的现状分析及问题论断研究；第五章　农业科技创新政策法规分析研究；第六章　科技创新支撑贵州农业现代化政策法规瓶颈研究；第七章　科技创新支撑农业现代化案例分析研究；第八章　农业科技创新发展趋势研究；第九章　发展思路研究；第十章　政策建议研究。相对于结题研究报告，本著作增加了对贵州省农业现代化发展现状和发展水平测评的定量分析研究，重点对科技创新支撑引领农业产业发展的现状、瓶颈进行梳理，提出的相关政策建议基础更加详细、内容更加丰富、对策更加有针对性。

本研究得到了贵州省科学技术厅政策法规与创新体系建设处、社会发展科技处、贵州省现代农业发展研究所、贵州省社会科学院区域经济研究所有关领导及同事的大力支持，在此表示感谢！特别感谢为本著作的完成提供了相关研究资料的欧国武、郭靖、陈维妮、王培、黄婧、吴圣、欧娟、黄莹、李芹芹、詹瑜、饶珈、王彬、史琼等。也一并衷心感谢在项目申报中给予大力支持的贵州财经大学王超教授、贵州方略经济资讯有限公司钟国荣老师。最后，我谨将这部著作献给我的爸爸、妈妈，他们一直以自律、健康、朴素的方式陪伴我任性地长大、变老，不计回报，让我能在每个生命阶段不留遗憾！

葛菁华
贵州省现代农业发展研究所
2024 年 1 月 1 日

目 录
Contents

第一章　科技创新与农业现代化的内涵及作用机理 …………… 1

第一节　现代农业科技创新的内涵 ……………………………… 3
一、现代农业 ……………………………………………………… 3
二、农业科技创新 ………………………………………………… 3

第二节　贵州省现代农业科技创新的内涵 ……………………… 5
一、贵州省农业现代化 …………………………………………… 5
二、贵州省农业科技创新 ………………………………………… 6

第三节　科技创新支撑农业现代化发展作用机理 ……………… 6
一、技术创新支撑引领现代农业建设机理 ……………………… 7
二、知识创新支撑引领现代农业建设机理 ……………………… 10
三、管理创新支撑引领现代农业建设机理 ……………………… 12

第二章　贵州省农业现代化现状及测评 ………………………… 15

第一节　贵州省农业现代化现状 ………………………………… 17
第二节　贵州省农业现代化发展水平测评 ……………………… 17
一、构建农业现代化指标体系原则 ……………………………… 18
二、农业现代化评价体系指标选择 ……………………………… 19
三、农业现代化指标体系权重确定 ……………………………… 20
四、贵州省农业现代化水平测评 ………………………………… 22

第三章 农业科技创新体系现状 ... 33

第一节 我国农业科研管理体系现状 ... 35
一、农业科研机构管理体制 ... 35
二、农业科研项目管理体制 ... 37

第二节 农业科技协同创新体系现状 ... 41
一、国家农业科技创新联盟 ... 41
二、区域农业科技创新联盟 ... 42
三、现代农业产业科技创新中心 ... 43
四、国际科技合作 ... 43

第三节 农业科技创新能力条件建设现状 ... 45

第四节 我国农业技术推广体系现状 ... 46
一、推广机构主导型 ... 46
二、政府科技项目带动型 ... 47
三、市场引导型 ... 47
四、第三方主导型 ... 47

第五节 我国农业科技教育与培训体系现状 ... 47
一、大力推动农业技术推广人才队伍建设 ... 47
二、推进农村实用人才队伍建设 ... 48

第六节 我国农业企业科技创新激励政策现状 ... 49
一、建立以企业为主体的技术创新体系 ... 49
二、实施农业高新技术企业培育工程 ... 49
三、促进农业产业化龙头企业做大做强 ... 49
四、扩大企业在国家创新决策中的话语权 ... 50

第四章 科技创新支撑农业现代化的现状分析及问题诊断 ... 51

第一节 我国科技创新支撑农业现代化成就 ... 53
一、大力实施创新驱动战略推动我国农业科技水平整体进入世界前列 ... 53
二、科技夯实大国农业根基引领现代农业高质量发展 ... 54
三、全产业链支撑农业科技推动经济社会稳定发展 ... 55
四、"双轮驱动"形成创新发展的强大合力 ... 56

第二节　科技创新支撑贵州农业现代化现状 · 57
一、科技创新水平显著提升 · 57
二、支撑农业产业发展作用凸显 · 65
三、农业科技成果转化应用能力明显提升 · 88
四、农业科技推广体系逐步完善 · 91
五、新型职业农民队伍不断扩大 · 92
六、科技创新扶贫及巩固脱贫效果显著 · 94
七、农业科技（管理）体制机制进一步完善 · 97
八、区域科技创新取得明显成效 · 99

第三节　科技创新支撑贵州农业现代化问题诊断 · 102
一、农业科研机构科技创新存在的问题 · 102
二、科技支撑龙头企业、农民专业合作社及家庭农场存在的问题 · 104
三、科技创新支撑种业发展存在的主要问题 · 106
四、科技创新支撑农业科技推广存在问题 · 108
五、科技创新支撑贵州农业现代化的制约因素分析 · 109

第五章　农业科技创新政策法规分析 · 115

第一节　科技创新政策 · 117
一、国家科技创新政策 · 117
二、贵州省科技创新政策 · 124

第二节　农业科技创新政策 · 130
一、2015年至今国家农业科技创新政策 · 130
二、贵州省农业科技创新政策 · 138

第六章　科技创新支撑贵州农业现代化政策法规瓶颈 · 145

第一节　我国农业科技创新环节面临政策支持问题 · 147
一、政策支持农业科技创新活动结构问题 · 147
二、政策支持农业科技创新机制问题 · 148
三、政策支持农业科技创新区域协同问题 · 149
四、政策支撑农业科技创新投入重点问题 · 150
五、政策支持农业科技创新资金渠道问题 · 151

六、政策支持农业科技创新对象问题 ……………………………… 152
七、农业科技创新推广政策法规瓶颈 ……………………………… 153

第二节 科技创新支撑贵州省农业现代化法规瓶颈分析 ……………… 157
一、财政科研项目管理制度不完善 ………………………………… 157
二、科研单位落实科研财务助理管理制度主体责任履行不到位 …… 157
三、科研机构成果转化政策不通畅 ………………………………… 157
四、对横向科研项目产生的科技成果认可度不够 ………………… 158
五、"科研人员承担的市场化横向科研课题与国家纵向科研课题
同等对待政策"落实力度有待提高 …………………………… 158
六、缺乏鼓励开展适用农业生产技术研究的政策导向 …………… 159
七、新型植保机械农机购置补贴目录仍需完善 …………………… 161
八、支持农业产业金融政策有待加强 ……………………………… 162
九、相关产业配套政策有待完善 …………………………………… 163
十、区域科技创新服务新机制有待加强 …………………………… 163

第三节 贵州农业科技成果转化与推广政策法规瓶颈 …………………… 164
一、科技特派员创新创业制度瓶颈 ………………………………… 164
二、基层农业技术推广政策法规瓶颈 ……………………………… 165

第四节 区域科技创新政策法规瓶颈 ……………………………………… 166
一、发挥基层科技部门作用 增加机构话语权瓶颈 ……………… 166
二、实施"3+N"项目创新科技服务机制瓶颈 …………………… 167

第七章 科技创新支撑农业现代化案例分析 …………………………… 169

第一节 科技企业科技创新支撑农业现代化案例研究 …………………… 171
一、国家农业科技创新联盟创新驱动模式案例 …………………… 171
二、京津冀农业科技创新联盟创新驱动模式案例 ………………… 172
三、江苏省农业科学院创新驱动模式案例 ………………………… 173
四、浙江安吉乡村休闲观光农业创新驱动模式案例 ……………… 175
五、华南农业大学创新驱动模式案例 ……………………………… 176
六、调查结论 ………………………………………………………… 178

第二节 贵州省农业企业科技创新案例 …………………………………… 180
一、贵阳市农业农垦投资发展集团有限公司科技创新案例 ……… 180

二、贵州好一多乳业股份有限公司科技创新案例分析 …………………… 182
三、贵阳农投集团科技创新存在问题 …………………………………… 183

第八章 农业科技创新发展趋势 …………………………………… 185

第一节 大力发展绿色农业 ………………………………………………… 187
第二节 加速发展数字农业 ………………………………………………… 187
第三节 注重提高农业质量和效益的集约经营 …………………………… 188
第四节 把握农业产业链转型升级方向 …………………………………… 188
第五节 创新农业管理体制机制 …………………………………………… 189
第六节 赋予创新主体更充分科研自主权 ………………………………… 189
第七节 创新农业技术推广模式 …………………………………………… 190
第八节 提升小农户组织化程度 …………………………………………… 190

第九章 发展思路 …………………………………………………… 193

第一节 指导思想 …………………………………………………………… 195
第二节 主攻方向 …………………………………………………………… 195
　　一、加强良种良法创新 ………………………………………………… 195
　　二、充分利用分布式农业 ……………………………………………… 196
　　三、大力发展农业机械化智能化 ……………………………………… 196
　　四、推进农产品精深加工 ……………………………………………… 196
　　五、开展智慧农业 ……………………………………………………… 196
第三节 实施路径 …………………………………………………………… 197
　　一、大力推进重点领域科技创新，提升产业科技支撑能力 ………… 197
　　二、加强农业种质资源创新，提升农业供种安全和品种品质 ……… 198
　　三、夯实农业现代化的技术体系，提升农业科技水平 ……………… 199

第十章 政策建议 …………………………………………………… 205

第一节 管理政策建议 ……………………………………………………… 207
　　一、探索优化农业科技管理机制 ……………………………………… 207
　　二、积极探索省级农科院市州分院机制 ……………………………… 208

三、探索组建省级农业科技创新中心 ……………………… 208

第二节　资金政策建议 …………………………………………… 209
　　一、加大中央财政对贵州农业科技创新体系建设的支持力度 ……… 209
　　二、通过农业科技创新联盟多种渠道争取科研经费支持 ………… 209

第三节　科技政策建议 …………………………………………… 209
　　一、继续强化对贵州省特色种质资源收集保护与创新利用的科技
　　　　支持 ………………………………………………………… 210
　　二、强化耕地保护与质量提升科技支持 …………………………… 210
　　三、加大提升贵州省农产品加工技术研发体系及建设水平科技支持 … 210

第四节　成果推广和转化政策建议 ……………………………… 211
　　一、持续加强对农业科技服务能力建设的支持力度 ……………… 211
　　二、不断加强对农业科技成果试验示范的支持力度 ……………… 211
　　三、强化对农业科技成果转化应用的支持力度 …………………… 212
　　四、提高对培育农业科技应用市场主体的支持力度 ……………… 213
　　五、制定有利于引导农业科研院校开展科技服务的政策 ………… 213

第五节　人才政策建议 …………………………………………… 214
　　一、创新科技人才使用机制政策 …………………………………… 214
　　二、创新农业科学研究、农业科技成果推广和转化等高层次人才工资
　　　　分配形式政策 ……………………………………………… 214
　　三、加强技术转移人才队伍建设政策 ……………………………… 215
　　四、进一步加强基层农业科技人才队伍建设政策 ………………… 215
　　五、进一步加强高素质农民培育力度政策 ………………………… 215

第六节　合作交流政策建议 ……………………………………… 216
　　一、加强与国家农业科技创新联盟的合作 ………………………… 216
　　二、积极"引智入黔" ……………………………………………… 216
　　三、继续加强联盟协同攻关 ………………………………………… 216

第七节　组织保障建议 …………………………………………… 217

附件　贵州省农业科技创新重点政策一览表 ……………………… 219

后记 ……………………………………………………………………… 229

第一章

科技创新与农业现代化的内涵及作用机理

第一节 现代农业科技创新的内涵[①]

一、现代农业

经过对经济增长的深入分析，著名的经济学家西奥多·舒尔茨明确指出，发展中国家的经济进步有赖于农业迅速且稳定的增长。然而，传统农业形态往往无法实现这种迅速且稳定的增长。为了推动农业发展，必须将农业转型为现代化农业。换言之，实现农业现代化是发展中国家经济增长的关键，即实现农业现代化。

农业现代化通常指在现代发展理念的指导下，利用现代科学技术和工业设备武装农业，采用现代科学方法和手段管理农业，从而显著提高农业的劳动生产率、土地利用率以及农民的人均收入。农业现代化的实现涉及多个方面，包括：生产品种的优良化；生产资料的机械化、电气化、化学化；生产组织的区域化、社会化；生产技术的科学化；生产条件的水利化、园林化；经营管理的企业化、科学化。

二、农业科技创新

农业科技创新可分为广义和狭义两种。广义的农业科技创新涵盖了将农业科技发明应用于农业经济活动中，导致农业生产要素重新组合的一系列过程，包括新品种或生产方法的研究开发、实验、推广和生产应用等相互关联的科技发展阶段。狭义的农业科技创新仅指新的农业科技成果的创新和发明。本研究主要从广义的角度来理解其内涵。农业科技创新是一个复杂的社会经济现象，涉及多个社会组织的互动，由此形成一个推动创新的网络系统。在这个系统中，政府、农业科研机构、农业企业和农户是最重要的社会组织。政府在农业科技创新中扮演着制度供给者、环境营造者和主要投资者的角色；农业科研机构作为农业科技的实际提供者，是农业科技供给的主体；而农业企业和农户则处于农业科技应用的终端，是农业科技需求

---
① 任秀梅.我国现代农业科技创新现状及对策[J].西南石油大学学报（社会科学），2013, 15（5）：20-24.

的主体。由此可见,农业科技创新是在政府宏观调控农业科技、科研机构提供农业科技、企业推广农业科技以及农户应用农业科技的过程中实现的。

农业科技创新不仅仅是涉及农作物生产的单一活动,它也涵盖了农业经济活动的广泛领域。作为三大产业的基础,农业扮演着至关重要的角色。因此,无论是政府还是企业,都应该在农业技术创新的各个领域中发挥主导作用。农业科技创新的终极目标,是确保创新的农业技术得到广泛推广和应用,从而推动农业经济的增长,加速农业的进步,并进一步推动整个社会的进步。与工业部门的科技创新相比,农业科技创新具有一些显著的特点。首先,不同部门具有各自的科技领域,这些领域具有独特的特性。其次,农业科技创新更加注重生物生长周期、气候变化和环境因素的影响,这使得农业科技创新具有更大的复杂性和挑战性。最后,农业科技创新不仅仅关注生产效率的提高,还关注如何通过技术手段提高农产品的质量、口感和营养价值,这使得农业科技创新更加注重可持续性和绿色环保。综上所述,农业科技创新是一项涉及多个领域、复杂且具有挑战性的经济活动。它需要政府、企业和社会各界的共同努力和支持,以推动农业科技创新的发展,促进农业经济的繁荣和社会的进步。

(一)地域性特征

马克思曾多次强调,农业再生产是经济再生产与自然再生产的紧密结合。由于农业生产所面对的是具有生命力的植物和动物,它们对自然环境和气候条件的依赖性较强。因此,在不同的地理和环境条件下,动植物生长的自然因素存在较大差异。这种差异导致了控制或影响动植物生长内外因素的方法、物质手段、操作程序等均有所不同。这就决定了农业科技具有显著的地域特征,其普遍适用性相对较差。这也是农业科技难以广泛传播与转移,需要不断进行农业科技创新的主要原因。因此,在农业科技创新过程中,必须坚持"因地制宜"的原则,积极推动农业科技的"本地化"。

(二)高风险性特征

农业科技创新项目的复杂性和风险性较高,与其他产业的科技创新项目相比,农业科技发明创造难度更大,推广难度也较大。据中国农业科学院统计,878项获奖成果的研究周期平均为5.7年,比医学科学院获奖成果平均周期要长2年多。农业科技的推广受到诸多因素的制约,如推广组织、推广方式、推广人员素质、地域、农民素质和购买力等。这些困难使得农业科技创新项目的介入难度较高,风险系数也相对较大,所需资金投入也更大。

(三) 公共特性特征

根据熊彼特的观点,创新第一次商业化的应用必然会产生有形的成果,进而根据其是否具有外部性,将其划分为"私人科技"和"公共科技"。私人科技是指其有形成果本质上属于私人物品,具有竞争性和排他性,只有购买才能消费。而公共科技则是指其本质是公共物品,具有非竞争性和非排他性,一旦提供,许多人可以同时享用,且无须为使用支付价格。由于农业科技研究通常需要长期的、大规模的试验,其科技保密性较差,容易遭人模仿和复制。此外,农业科技创新具有明显的正外部效应,一旦转化为实际生产力,就会产生巨大的社会效益和生态效益。因此,一般的农业科技创新都具有公共属性,这也意味着农业科技创新往往需要政府的大力支持。

第二节 贵州省现代农业科技创新的内涵

一、贵州省农业现代化

贵州省地处云贵高原,其农业既是山地农业,又是高原农业和喀斯特农业,不能依靠传统的思维和常规路径发展现代农业,必须兼顾经济效益、社会效益和生态效益,发展贵州特色的现代山地高效农业。2015年,贵州省委下发了《中共贵州省委贵州省人民政府关于加快推进现代山地特色高效农业发展的意见》,其中指出现代、山地、特色、高效这四个关键词是贵州省农业发展的核心与方向,全省农业要守住发展和生态两条底线,走突出特色、集聚集约、绿色生态、增效增收的发展路子。李燕芳[①]指出,贵州现代山地特色高效农业应坚持以市场需求为导向、资源禀赋为前提,合理调整种养结构,创新生产经营模式,走适度规模化多种经营之路,增

---

① 李燕芳.贵州省现代山地特色高效农业发展研究[J].社会经纬,2016(6):172-173.

强主要农产品供给能力。黄婧等[①]研究认为，山地农业应充分利用其独特的生态环境条件和资源禀赋，遵循科学发展观和市场经济规律，坚持大力培育新型农业经营主体、构建新型农业经营体系和社会化服务体系，通过农业科技推动农业发展模式的转变升级，提高农业的综合效益，才能走出有贵州特点的山区农业发展之路。

因此，本研究认为贵州省发展现代农业是基于其山地地理特征的，依据本省特色优势农业产业为发展基础的，在社会、经济和生态效益追求高效的现代农业发展路径与模式。基于此，将贵州现代山地特色高效农业定义为立足山区环境，广泛采用现代经营管理方法，以现代科学技术为支撑，发展特色优势产业，实现经济、社会、生态综合效益最佳的农业。

二、贵州省农业科技创新[②]

依据前文对现代农业及科技创新内涵的分析，可以把贵州农业科技创新概括为贵州省政府及相关主管部门根据国家农业科技创新政策及贵州省农业科技发展的需求，以推动贵州现代山地特色高效农业高质量发展为远期目标，在政府宏观调控农业科技、科研机构供给农业科技、企业推广农业科技、农户应用农业科技中实现的科技创新系统活动。贵州农业科技创新基于其山地地理特征，当务之急是加快现代种业创新、山地适用小型农机研发等方面科技攻关，加强粮食安全、耕地保护、林下经济等方面技术创新和示范，提高资源利用率、土地产出率、劳动生产率。大力发展农产品精深加工，提高重要农产品市场化、标准化、规模化、品牌化水平[③]。

第三节 科技创新支撑农业现代化发展作用机理[④]

早在2007年，中央一号文件《中共中央 国务院关于积极发展现代农业扎实

---

① 黄婧，史琼，欧国武，等.贵州现代山地高效农业发展的困境与对策[J].贵州农业科学，2015，43（8）：275-279.
② 高布权.论农业科技创新的内涵及其在农业现代化中的功效[J].农业现代化研究，2008（5）：522-526.
③ 关于进一步加强农业科技创新推进农村产业革命的意见[EB/OL］.https://kjt.guizhou.gov.cn/zfxxgk/fdzdgknr/tzgg_5629338/gggs/202101/t20210108_66087350.html.
④ 谢丽威.科技创新驱动现代农业发展的作用机理探讨[J].青岛农业大学学报（社会科学版），2013，25（3）：23-27.

推进社会主义新农村建设的若干意见》中，对"现代农业"进行了全面概括，指出：现代农业是以现代科学技术和生产手段为装备，采用先进的科学方法组织和管理农业，提高农业生产者的文化和技术素质，将落后的传统农业逐步改造为具有高度生产力水平、同时保持和提高环境质量以及可持续发展的农业。该文件进一步强调，科技创新在现代农业发展中的重要地位和支撑作用，即通过科技创新转变传统农业发展方式，保障粮食安全和主要农产品有效供给，推动农业农村经济持续稳定发展。可见，科技创新对现代农业建设起着重要的引领支撑作用。

科技创新在推动现代农业发展方面起到了关键的支撑和引领作用，主要依靠以下三个方面的创新：技术创新、知识创新和管理创新。首先，技术创新是提高农产品产量、改善农产品质量以及提高农业投入产出率的重要手段。通过不断的技术研发和革新，可以提高农业生产效率，减少资源浪费，同时提高农产品的营养价值和口感。其次，知识创新对于提升农民的职业素养和推动农业发展模式创新至关重要。通过教育和培训，可以帮助农民掌握新的农业技能和知识，从而更好地适应现代农业的发展需求。此外，还可以通过研究和实践，探索出更加符合当地实际的农业发展模式，提高农业生产的效益和可持续性。最后，管理创新是调整农业布局和结构、改变农业生产组织方式的关键。通过引入现代化的农业管理理念和方法，可以优化农业生产流程，提高生产效率，同时也可以促进农业的多元化发展。例如，采用智能化的农业管理系统，可以在实现精准施肥、灌溉和病虫害防治、提高农业生产效益的同时，有利于保护生态环境。总之，科技创新支撑引领现代农业主要依靠技术创新、知识创新和管理创新的协同作用。只有不断推动这三个方面的创新，才能实现农业的高质量发展，更好地满足人民群众对美好生活的需求。

一、技术创新支撑引领现代农业建设机理

借助科技力量，推动农业产业布局和结构调整，有助于提升农业的总体生产能力和市场竞争力，加速农业从传统形态向现代形态的转变。技术创新的推动对农业结构的变化起着关键作用。一方面，新技术的研发与转化能够形成新的产业部门，对传统产业进行改造与升级；另一方面，新技术的诞生能够激发新的需求，从而改变就业结构、消费结构，反过来影响生产结构的变动。

技术创新的核心理念在于推动科技的发明与创造。当技术创新应用于农业领域

时，它便转化为将关键技术研发的成果应用于农业生产，从而提升农业生产的效率与质量。技术创新是推动现代农业发展的核心驱动力，能带来立竿见影的效果。为实现这一目标，技术创新主要依赖其内在机制来推动和实现现代农业的发展。

（一）技术创新增强农产品供给保障能力

农业技术创新在促进农业增产方面起到了至关重要的作用。首先，遗传学理论的进步和生物技术的创新为育种技术带来了突破。通过运用最新理论和技术，我们成功培育出一系列优秀的动植物品种，使农产品产量显著提升。育种技术的不断进步使全球粮食产量持续保持增长，平均增长速度高达3 200万吨/年。20世纪60年代中期开始的"绿色革命"，以推广高产小麦、水稻和玉米等作物品种为核心，成功带动了许多发展中国家的粮食产量成倍增长。此外，生物生理学、化学和营养学理论的创新推动了肥料和饲料生产技术的进步。化学肥料、化学农药和塑料薄膜的广泛应用极大地改善了动植物的营养状况和生长环境，使良种的生产性能进一步增强。从20世纪50年代到80年代，全球化肥产量从1 430万吨飙升至11 000万吨，每公顷地化肥施用量也从12千克增加到77千克。这也意味着，这一时期世界农作物产量的快速增长离不开这些技术的推动。

世界农业的进步以发达国家的农业为标杆，这主要归功于他们在农业技术领域的领先地位，从而推动了农业生产力的大幅提升。自20世纪50年代以来，农业科技的创新在发达国家中得到了广泛应用，生物技术、生命科学技术以及环境科学技术的革新与推广，促使农业取得了突破性的进步。到20世纪70年代，农业科技进步的贡献率已达到20%～30%，而到了70年代末至80年代初，这一比率更是一路飙升至60%～80%，甚至在农业最发达的美国，科技贡献率高达90%以上。科技在农业中的重要作用主要体现在科技贡献率的提高。农业科技贡献率是农业科技进步对农业产出的影响的直接反映。由于我国在农业科技方面的投入和创新不足，20世纪70年代末，我国的农业科技贡献率仅为27%。尽管到2022年有所增长，达到61%，但与发达国家相比，仍有较大差距。因此，为了保障农产品的持续供给能力，我们必须持续推动农业技术的创新。

（二）技术创新提升农产品质量安全水平

随着社会经济的进步，消费者对农产品品质和安全的要求越来越高。技术创新不仅可以提高农作物产量，还可以改善农产品品质和安全性。首先，技术创新能够满足人们对高品质生活的需求。例如，生物技术在农业中的应用可以提高粮食、肉类等各种农产品的蛋白质、维生素及其他营养成分的含量，满足人们对于营养的需求；棉花种业、纺织工业技术的进步可以提高棉花纤维的长度和弹性等，满足人们对于舒适和美观的需求。其次，技术创新对于提升农产品质量至关重要。食品安全问题是一个全球性的问题，对于农产品加工技术、质量安全检测技术、监测预警与控制等技术的研发和应用非常重要。例如，美国不断进行杀菌技术创新，将超高压杀菌技术、辐照杀菌技术、紫外杀菌技术以及微波杀菌技术应用于农产品加工过程中，确保农产品加工的无菌化、安全性，同时保持农产品原有的品质、色泽、风味和新鲜度。此外，美国还建立了国家食品安全和技术中心，主要研发食品安全风险预警技术，以确保能够及时发现并解决突发的食品安全问题。因此，源于实际需求的技术创新可以在多个生产加工环节上有效提升农产品质量安全水平，促进农业素质的显著提高，这是现代农业发展的重要目标。

长期以来，由于我国农产品供应短缺，农业科研工作的主要目标是提高农产品产量，技术创新的方向和重点是提高单位农产品的投入产出水平。然而，随着农产品供求总量问题的基本解决，农产品质量安全问题日益凸显，对农业科技工作提出了新的更高要求。因此，农业科技创新的领域和方向、攻克的难点和重点应随着经济发展的变化而做出适当的调整。在当前阶段，应着重根据农产品质量安全的市场需求，发挥农业科技创新驱动的作用，并突出农产品质量安全在农业科技创新中的重要地位。

（三）科技创新促进农民增产增收

通过技术创新，提高农业经济效益的实现途径主要有以下几点：一是提高农业的集约边际。集约边际是指在既定的技术条件下，对单位土地面积投入的最高水平有一个限制，超过这个限制就会出现土地报酬递减。然而，随着农业技术的不断创新，单位土地面积投入的限制将不断被突破，集约边际也会随之提高，从而获取更多的农业经济效益。二是利用技术创新来取得规模效益。农业技术的进步，特别是现代化劳动手段的应用，例如，温室技术、工厂化技术以及基因技术引入农业领域等都有效地促进了农业现代化和产业化发展，使得生产单位的经营规模扩大，从而降低平均成本，实现规模效益。三是可以通过技术创新来拓宽生产领域，实现农民增产增收。技术创新能够使农业生产向深度和广度发展,延长产业链条,拓宽生产新领域,从而扩大农民的收入来源。

2022年,我国农业粮食总产量达到了68 653万吨,实现了连续8年的丰收,其中,科技进步对农业增长的贡献率达到了61%,较2012年提高了近7个百分点。虽然每年农业科技贡献率仅以0.65%的速度增长,但仍然体现了"通过技术创新提高农业的生产效率和降低生产成本"的重要作用。此外,农村居民人均纯收入达到了20 133元,较2012年增长154.30%,高出GDP增速近30个百分点,增速持续快于城镇居民。中国共产党第十八次全国代表大会提出了城乡居民人均收入倍增的目标,中央农村工作会议明确提出在"收入倍增"中着力促进农民增收。如何进一步实现增产又增收是解决"三农问题"的核心任务,关系到城乡差距的缩小以及农民的切身利益。技术创新是实现增产又增收的重要途径,通过农业技术创新,提高农业投入产出率、资源利用率,实现农产品的增产增收、提质增收、节本增收。

二、知识创新支撑引领现代农业建设机理

知识创新的核心在于产生新的思想观念和方法论。当知识创新应用于农业领域时,它表现为探索和发现农业发展的规律和现象,为提高农业科技水平和促进农业生产发展提供理论依据。知识创新是推动现代农业发展的内在力量。具体来说,知识创新对现代农业建设的引领和支撑作用主要是通过渗透认知和转变观念来实现的。

(一)知识创新提高劳动生产率

科技在农业生产中的运用不断深化,科技成果的转化需要农民的吸收和消化,才能更好地应用于生产建设,推动农业机械化、信息化、智能化等方面的快速发展。农业现代化与农民素质相互影响、相互促进。随着农业现代化的推进,农民素质也需要相应提高,以适应现代化农业的需求。知识创新可以帮助农民转变对农业生产的固有认识,打破传统生产模式的束缚,通过学习新知识、掌握新技术,提升知识结构,增强对从事现代农业生产的主动性、积极性和自信心。这使得农业劳动由体力型向智力型转变,农业由劳动密集型产业向技术密集型产业转型,传统农业向现代农业转型。农民的素质直接影响到农业劳动生产率的高低,影响到农业科技

能否真正转化为现实生产力。只有提高农民的素质,才能大规模应用先进的科学技术和生产经营手段,提高农业劳动生产率,生产高附加值、品质优异的农产品。

当前,我国的粮食单位产量已经达到了发达国家的平均水平,然而农业劳动生产率相较于发达国家却远远落后。2021年我国农业就业人数占就业总人数的比重为24%,而加拿大、美国等农业强国仅为1%~3%;我国约以24%的农业劳动力产出仅占GDP的6%,而美国以1.4%的农业劳动力产出占总GDP的5%。显然,我国农业发展存在"产量高但效率低"的问题,农业劳动生产率是我国农业现代化的一块短板,因此,提高农业劳动生产率应该成为我国现代农业发展的重中之重。加强知识创新,培养具备较高科技素质、掌握大量科技知识和技能的适应现代化农业生产的新型农民,是提高农业劳动生产率的关键所在。

(二)知识创新发展高效生态农业

农业知识创新的目的是追求新的发现,探索新的规律,创立新的学说,以及产生新的方法。这是一个不断深入探索和发现农业科学领域众多规律和现象的过程。研究表明,世界农业的发展经历了从原始农业到传统农业,再到现代农业的变迁。与之相应,农业的增长模式也发生了从自然选择式到粗放耕作式,再到集约经营式的转变。这一转变历程表明,知识创新在农业增长方式从简单到复杂、从粗放到集约、从随意到科学的转变中发挥了至关重要的作用。然而,在要素密集投入的理念指导下,人们往往注重单位土地面积上的产出量,不惜大量使用以石油制品为原料的化肥、农药等农用化学品。虽然这些方法能在短期内带来效益,但同时也带来了农业资源短缺、环境不断恶化等一系列问题。因此,从20世纪70年代开始,西方国家开始探索循环农业、有机农业、生态农业等新的农业发展模式。经过20年的实践探索,"可持续发展理念"被创新性地提出,从此,"持续农业"成为世界各国农业发展方式转变的追求方向。由此可见,农业知识创新从根本上改变了农业资源的配置方式,实现了农业资源的合理开发利用。它变高投入、高消耗、高污染的农业生产方式为有机生态、循环的农业生产方式,帮助人们打破惯性思维,认识到现代农业并不等同于"石油农业",而是"持续农业"才是现代农业发展的正确方向和目标。

三、管理创新支撑引领现代农业建设机理

管理创新的核心是科技引领的管理变革,其应用于农业领域则是通过引入新的管理方法、组织手段、经营模式和制度机制,提高农业生产的组织化、专业化和规范化程度,以更有效地利用有限的农业资源,发挥最大的经济效益。尽管管理创新是推动现代农业发展的外部因素,但其重要价值在于将外部支持性要素进行有机组合和统筹安排,转化为引领和支持现代农业建设的内在动力。

（一）管理创新发展特色精品农业

管理创新在农业发展中的关键作用不容忽视。首先,通过管理创新,可以充分利用先进的管理模式和有效的运行机制,规划并部署农业产业布局,这种布局有利于节约能源、保护和改善农业生态环境,并推动农业经济的发展。统筹发展的农业布局和结构可以使农、林、牧、副、渔各业之间互相支持、互相促进,形成良性互动,从而提高现代农业的综合生产能力。其次,通过管理创新,可以优化组合各种生产要素,调整农业种植结构,延长农业产业链条。此外,还可以选择和培育能够发挥区域资源禀赋和区位优势的主导产品和特色产业,提高农产品的市场竞争力。对于发达国家来说,无论是传统的水体农业、绿洲农业、旱地农业、精品农业,还是新兴的都市农业、旅游农业、生态农业,整个生产经营过程都离不开系统化、技术化的现代管理。随着经济社会的发展,农业管理手段也在不断推陈出新以适应市场的新需求新变化。

在我国农业从传统转向现代的进程中,面临着资源与市场的双重挑战。一方面,为了追求产量最大化,传统的粗放型农业生产管理模式导致了土壤流失、土质酸碱化、水域资源污染等问题日益严重。因此,需要将知识化、系统化、生态化、技术化的管理要素引入农业生产管理,配合有效的制度保障,使农业向立体化、纵深化发展,最大限度地摆脱资源的约束,在维护生态系统平衡的前提下,发挥农业资源的最大效用。另一方面,农业生产和经营与市场脱节,导致农产品种类少、品质差、销路窄、价格跌的局面。因此,应该在特色农业管理上下功夫,以市场为导向,培育和发展特色农业产业,使农业资源优势与市场需求有机结合,推动特色转变为优势、资源转变为精品、潜在需求转变为有效市场,通过"三转变"的管理创新,提高农业的国际国内市场竞争力。

(二)管理创新提高农民组织化程度

组织创新是管理创新中的核心环节,它贯穿于农业科技创新的始终。从科研开发到推广应用,再到促进农业增长,组织创新都发挥着关键的作用。在改造传统农业的过程中,合理且有效的生产组织方式扮演着至关重要的角色。自 20 世纪 30 年代开始,发达国家开始借鉴工业发展的生产组织方式来改造农业。他们通过建立一体化组织和合作社组织,将分散的家庭农场整合到市场化、产业化、规模化、专业化的轨道中。农业生产组织制度的变革,为发达国家传统农业向现代农业的转变提供了强大的推动力。发达国家的成功经验表明,通过组织创新改变农业生产组织方式,可以加强农业生产过程的劳动分工与组织化、专业化、规模化程度,进一步优化配置资源,提高农业生产力。这一经验为我们提供了宝贵的启示:依托组织创新的力量,可以优化农业生产过程,提高农业生产的效率和质量,推动农业向现代化迈进。

构建与农业现代化相适应的经营组织形式,是我国改造传统农业、发展现代农业的关键。党的十八大报告明确提出,要加快发展现代农业,促进农民增收,坚持和完善农村基本经营制度,构建集约化、专业化、组织化、社会化相结合的新型农业经营体系,加快完善城乡发展一体化体制机制。构建新型农业经营体系是基于我国当前国情所进行的组织创新,是科技创新引领支撑现代农业发展的重要途径。在稳定以家庭经营为基础、统分结合的双层经营体制前提下,改变以往粗放型的农业生产经营方式,把单一的、分散的农户组织起来,构造有规模、有组织、有科学管理的合作形态,以应对日渐激烈的农业市场竞争。具体实践中,应不断提高农民组织化程度,促进农村新型社会化服务网络的形成,建立健全有利于新型农业经营体系构建的体制机制,以此培育农业经营新型市场主体,保证农业生产的效率和质量,增强农业抵御市场风险的能力,促进农业生产迈上新的台阶。

第二章

贵州省农业现代化现状及测评

第一节 贵州省农业现代化现状

经过多年的发展，贵州省农业产业发展效益逐步提升，农业综合发展水平大幅提升，农业农村经济发展取得重大成就。粮食等重要农产品综合生产能力稳步提高，特色农业加快发展，农业发展水平迈上新台阶。到2020年，全省第一产业增加值达到2 539.88亿元，由2015年全国第17位提升至第14位，增速连续名列全国前列，稳步迈入中等农业省份行列。第一产业从业人员人均农业产值达到4.05万元，比2015年增长71.6%。农村居民人均可支配收入年均增长9.5%，增幅位居全国前列，2020年达到11 642元。但是，同时也应看到，贵州省农业现代化发展水平还不高。贵州省部分农产品种植面积及产量已具备一定规模，但规模化、标准化的生产基地占比小，农业生产方式比较粗放，整体效益不高。农业基础设施条件较差，耕地细碎，连片平整土地少，且耕地质量不高、中低产田比重较大，超过60%的耕地缺乏有效灌溉，高标准农田比例小、建设标准不高。农作物耕种收综合机械化水平低，农业生产现代化装备条件差，农业信息化、数字化建设滞后。农产品冷链物流体系不完善，肉禽类、果蔬冷链流通率均低于全国平均水平。

第二节 贵州省农业现代化发展水平测评

针对农业现代化水平的评价，我国许多学者已经开展了大量的相关研究，提出了不同的农业现代化指标体系。结合统计数据的可得性，以及作者2012年所开展的2000—2009年贵州省农业现代化测评与综合分析研究基础[1]，主要参考杨万江、徐星明在《农业现代化测评》[2]一书中提出的农业现代化测评体系，结合进入新发展时代对现代农业可持续发展、绿色发展的要求，对指标体系进行了综合构建。

---

[1] 葛菁华，董景奎，胡勇，等.贵州省农业现代化测评与综合分析[J].安徽农业科学，2012，40（13）：7994-7996+8004.DOI:10.13989/j.cnki.0517-6611.2012.13.070.

[2] 徐星明，杨万江.农业现代化测评[M].北京：社会科学文献出版社，2001.

一、构建农业现代化指标体系原则[①]

农业现代化是一个从传统农业向现代农业转化的过程,这个过程涵盖了现代集约化农业和高度商品化农业的统一发展。因此,为了有效地评估农业现代化的发展水平,评价指标体系需要遵循一系列原则。

第一,评价指标体系需要具有重点性,能够突出展现现代农业的发展水平,尤其是农业生产力、农业生产经营的商品化程度、农村社会经济发展以及农业可持续发展的能力。

第二,评价指标体系需要全面覆盖,确保各项指标及其权重能够全面反映现代农业的生产力水平,以及农村经济总量、产业结构、就业结构、城镇化水平、基础设施建设、文化建设、农民生活水平和农民素质等重要内容。

第三,评价指标设置也要具有代表性,能够体现农业现代化的本质特征。在选择指标时,要避免过多过细或太少太简,同时也要避免设置重复的指标。

第四,评价指标体系还需具备可比性,既要符合各地的实际情况,满足实际需求,也要展现农业现代化是一个世界性和历史性的动态发展过程,使得指标具有相对可比性,方便进行横向比较。

第五,评价指标体系在数量性方面,评价指标应尽量量化,确保指标数据具备可获得性。对于难以获取客观数据的指标,应尽量少设或不设,同时对指标进行标准化处理,使其具有可叠加性。

第六,评价指标体系时序性原则。要求所选用的指标在较长的时间范围内具有实际意义,避免只考虑短时间存在的指标。

第七,评价指标体系准确性是评价指标设计的关键原则之一。设计的指标不能有歧义,对其数据的解释和运用应唯一且明确。

第八,评价指标体系可操作性也是评价指标体系的重要原则。设计的指标不仅要科学合理,还要易于操作,确保评估工作的顺利进行。

第九,评价指标体系应具有导向性。除了要满足对过去农业现代化发展进行检验的需要,还应考虑对未来产生重要影响的因素。这样能够更好地引导农业和农村工作的方向,进一步推动农业现代化的进程。

第十,评价指标体系应具备兼顾性。农业现代化的研究对象不仅局限于农业生

[①] 徐星明,杨万江.农业现代化测评[M].北京:社会科学文献出版社,2001.

产系统，还包括为农业提供支撑的环境系统。因此，指标体系应全面反映农业为基础、适当兼顾农村主要方面的内容，并体现农业和农村之间的平衡与兼顾。

二、农业现代化评价体系指标选择

农业现代化水平分解为现代农业生产水平、农业保障2个一级子系统。现代农业生产子系统表现为现代农业生产水平，是农业现代化体系的中心内容，包括农业生产条件、农业出入水平、农业生产力水平和绿色发展水平4个二级子系统。农业保障子系统体现在食物供给、农民收入、产业结构调整和提高农民生产水平等方面，包括农民收入、产业结构2个二级子系统（表2-1）。

按照农业现代化指标体系构建的原则，根据系统的层次性要求，选择最能反映农业现代化特征又具有数据可获取性的指标，包括14个类指标和19个个体指标。

（1）农业产业从业人员人均耕地面积。该指标反映农业生产主体与农业生产主要资源量的相互关系，是农业生产的重要条件之一，并且在一定程度上反映出农业生产规模。

（2）农业水利化程度。拟以旱涝保收率指标衡量，但由于全国性、国际性的统计资料中缺乏这一指标，故用耕地有效灌溉率来反映农业生产的水利化状况，这是水资源状况和水资源利用状况的反映，是农业生产条件的一个重要方面。

（3）农机动力水平。农业机械动力状况是农业生产经营过程中采用机械水平的反映，在一定程度上表示机械化程度。由于各地区生产条件的差异性，为了较为综合地表示农机动力水平，采用按耕地面积和第一产业从业人员分别加权计算。

（4）农业用电水平。农业现代化程度越高，用电量一般也越大，二者呈正相关。为了表示用电力水平的差异及增大可比性，同样，按耕地面积和第一产业从业人员加权计算用电量。

（5）土地综合生产率。提高土地生产率是各国提高农业现代化程度的重要目标，特别是农业资源相对较少，人均耕地不多的国家，充分利用土地以生产更多的产品、增加农民收入为农业发展主要目标。为了更好地反映土地生产水平，从价值和实物两个方面给予综合评价。以耕地面积产出和播种面积产出加权得出单位面积土地产值水平和单位面积实物产出水平，二者合一反映单位面积土地综合生产率。

（6）农业劳动生产率。从价值量和实物量两个方面，按第一产业从业人员的

（平均）产值和实物产量综合计算。其中，产值产出按劳动力均农业增加值计算，实物产出又以劳动力均粮食产量和劳动力均肉蛋鱼产量分别计算并加权归一得出劳动力均实物产出水平。

（7）森林覆盖率。森林覆盖率是指森林面积占土地总面积的比率，是反映一个国家（或地区）森林资源和林地占有的实际水平的重要指标，在一定程度上可以反映一个地区的可持续发展水平。

（8）单位耕地面积化肥施用折纯量。过量使用化肥不仅会使土壤性状变差，还会造成农产品质量的严重下降。单位耕地面积化肥施用折纯量的降低，可以反映农业生产的绿色化水平。

（9）单位耕地面积农药施用量。过量使用农药会增加土地及作物中的有害要素和成分，对土壤和人体都会产生较大的影响和危害。单位耕地面积农药施用量的减少，可以反映农业生产的绿色化水平。

（10）农业增加值在国内生产总值中的比重。在加速经济发展和社会经济现代化过程中，农业现代化程度的提高，必然表现为农业增加值比重的下降，用农业增加值在国内生产总值的比重反映产业结构和经济形态。

（11）第一产业从业人员占社会从业人员的比重。与上一指标类似，以第一产业从业人员在全部社会从业人员中的比重反映就业结构状况。

（12）城镇化水平。用城镇人口占总人口的比重反映人口的城乡区域化分布，国际经验表明，城镇化比率越高，社会越文明，经济越发达，农业现代化程度越高。

（13）农民人均纯收入水平。农民收入虽然不是完全来自农业产业，特别是一些城市周边的郊区农民收入日益多元化，更多的主要来自非农产业，但农民经济收入水平的提高，除部分用于消费改善生活水平外，其中一部分也会增加生产投资，改善农业生产条件，直接或间接地为提高农业生产水平发挥作用。

（14）农村居民恩格尔系数。反映农村居民生活消费水平。

三、农业现代化指标体系权重确定

运用层次分析方法和专家打分法，参考杨万江等（2001）所采用的农业现代化评估指标权重，结合贵州山地特色现代农业现状，构建贵州省总目标分层加权指标体系（表2-1），对贵州省农业现代化的水平进行测评。

表 2-1 贵州省农业现代化测评指标及权重

系统	一级子系统及权重	二级子系统及权重	类指标及权重	个体指标及权重		最终权重
农业现代化目标（AM）	现代农业发展水平（J_t）（0.6）	农业生产条件（Z_a）（0.2）	第一产业从业人员人均耕地资源（0.5）	单一指标（Z_{a1}）		0.06
			水利化程度（0.5）	采用有效灌溉率（Z_{a2}）指标，单一指标		0.06
		农业投入水平（Z_b）（0.2）	农机动力水平（0.5）	每百亩耕地农机动力（Z_{b1}）（0.5）		0.03
				第一产从业人员人均拥有农机动力（Z_{b2}）（0.5）		0.03
			电力水平（0.5）	每亩耕地用电量（Z_{b3}）（0.5）		0.03
				第一产业从业人员人均用电量（Z_{b4}）（0.5）		0.03
		农业生产力水平（Z_c）（0.4）	土地综合生产率（0.6）	每亩耕地农业增加值水平（Z_{c1}）（0.6）		0.0864
				土地粮食产量水平（Z_{c2}）（0.4）		0.0576
			农业劳动生产率（0.4）	第一产业从业人员人均农业增加值（Z_{c3}）（0.5）		0.048
				第一产从业人员人均实物产量①（Z_{c4}）（0.5）	第一产业从业人员人均粮食产量（Z_{c4-1}）（0.4）	0.0192
					第一产业从业人员人均肉蛋鱼产量（Z_{c4-2}）（0.6）	0.0288
		绿色发展水平（Z_d）（0.2）	森林覆盖率（0.4）	单一指标（Z_{d1}）		0.048
			单位耕地面积化肥施用折纯量（0.3）	单一指标（Z_{d2}）		0.036
			单位耕地面积农药施用量（0.3）	单一指标（Z_{d3}）		0.036
	农业保障系统（S_t）（0.4）	经济结构（Z_e）（0.5）	农业增加值比重（0.4）	单一指标（Z_{e1}）		0.08
			第一产业从业人员比重（0.3）	单一指标（Z_{e2}）		0.06
			城镇化水平（0.3）	采用城镇化率指标（Z_{e3}），单一指标		0.06
		农民收入及生活水平（Z_f）（0.5）	农民收入水平（0.5）	采用农村常住居民人均可支配收入指标（Z_{f1}），单一指标		0.1
			农村居民恩格尔系数（0.5）	单一指标（Z_{f2}）		0.1

① 第一产业从业人员人均实物产量按粮食、猪牛羊肉、禽蛋和水产品产量综合计算，其中，粮食产量得分值权重0.4，肉、蛋和水产品产量得分值权重为0.6。

四、贵州省农业现代化水平测评

（一）数据来源

农业现代化水平测评的直接数据来源于 2011—2023 年《贵州统计年鉴》，包括：年末常用耕地面积，一产业从业人员，有效灌溉面积，年末常用耕地面积，每亩耕地农业机械总动力，农用机械总动力，农、林、牧、渔、水利业的电力消费量，每亩耕地农业增加值水平，农村居民人均纯收入，粮食产量，农业增加值，当年肉类、禽蛋、水产品总产量，从业人员总数，农村居民恩格尔系数、森林覆盖率、化肥施用折纯量、农药施用量、农业增加值，当年 GDP，城镇常住人口，总常住人口等。

农业现代化水平测评的统计数据为：第一产业从业人员人均拥有耕地资源、有效灌溉率、每百亩耕地农机动力、第一产业人员人均农机总动力、土地粮食产量水平、每亩耕地用电量、第一产业从业人员人均用电量、第一产业从业人员人均农业增加值、第一产业从业人员人均粮食产量、第一产业从业人员人均肉蛋鱼产量、单位耕地面积化肥施用折纯量、单位耕地面积农药施用量、农业增加值比重、第一产业从业人员比重、城镇化水平和农村居民人均纯收入等。统计数据通过对直接数据的相关统计分析得出。

（二）测评模型

（1）农业现代化目标模型。有 2 个子模型，其目标模型形式如下：

$$AM_t = \sum_{i=1}^{n}(W_1 J_t) + \sum_{i=1}^{m}(W_2 S_t)$$

其中：t 表示时期，i 表示类指标号，J 和 S 分别表示子系统，W 表示各子系统的权重。

（2）现代农业发展水平子模型，其模型形式如下：

$$J_t = \sum_{i=1}^{1n}(W_{11} Z_{ai}) + \sum_{i=1}^{2n}(W_{12} Z_{bi}) + \sum_{i=1}^{3n}(W_{13} Z_{ci})$$

其中：W 表示各二级子系统的权重，Z_{ai} 表示第一个二级子系统变量的标准化值集合，Z_{bi} 表示第二个二级子系统变量的标准化值集合。Z_{ci} 表示第三个二级子系统变量的标准化值集合。

（3）农业支撑环境子模型，其模型形式如下：

$$S_t = \sum_{i=1}^{1m}(W_{21}Z_{ei}) + \sum_{i=1}^{2m}(W_{22}Z_{fi})$$

（三）指标体系

指标的选择主要参考徐星明等的研究成果[①]。系统指标为农业现代化总目标（AM）。一级子系统指标有现代化农业发展水平（J_t）和农业保障系统（S_t）。二级子系统指标有农业生产条件（Z_a）、农业投入水平（Z_b）、农业生产力水平（Z_c）、绿色发展水平（Zd）、经济结构（Z_e）、农民收入及生活水平（Z_f）。

个体指标有一产业从业人员人均拥有耕地资源（Z_{a1}）、有效灌溉率（Z_{a2}）、每百亩耕地农机动力（Z_{b1}）、一产业人员人均农机总动力（Z_{b2}）、每亩耕地用电量（Z_{b3}）、一产业从业人员人均用电量（Z_{b4}）、每亩耕地农业增加值水平（Z_{c1}）、土地粮食产量水平（Z_{c2}）、一产业从业人员人均农业增加值（Z_{c3}）、一产业从业人员人均实物产量（Z_{c4}）、森林覆盖率（Z_{d1}）、单位耕地面积化肥施用折纯量（Z_{d2}）、单位耕地面积农药施用量（Z_{d3}）、农业增加值比重（Z_{e1}）、一产业从业人员比重（Z_{e2}）、城镇化水平（Z_{e3}）、农村常住居民人均可支配收入（Z_{f1}）和农村居民恩格尔系数（Z_{f2}）。

（四）测评方法

1. 实际值的计算

通过对2010—2022年数据的统计和分析，计算出贵州各年的实际值，结果见表2-2。

2. 个体指标的数据处理及标准化

对个体指标用标准值法（SODS，即 Standardization for Operating Data at the Standard-value）进行标准化。标准值和最终权重数值的选取参考徐星明的研究结果[②]。对个体指标用如下公式进行标准化处理：

$$SZ_{lin} = \frac{Z_{lin}}{X_0}$$

其中：Z_{lin} 表示个体指标实际值，X_0 表示标准值。表2-3列出了处理部分实际值所用的标准值。

---

① 徐星明，杨万江. 农业现代化测评［M］. 北京：社会科学文献出版社，2001.
② 同上。

表2-2 贵州农业现代化测评各指标实际值

系统	个体指标	代码	单位	2010	2011	2012	2013	2014	2015	2016	2017	2018	2019	2020	2021	2022
农业现代化目标（AM）	第一产业从业人员人均拥有耕地资源	Z_{a1}	亩/人	3.78	3.82	3.83	3.86	3.85	3.91	3.98	4.02	5.91	4.96	5.39	5.49	4.86
	有效灌溉率	Z_{a2}	%	0.28	0.26	0.29	0.30	0.32	0.33	0.34	0.35	0.36	0.48	0.50	0.52	0.54
	每百亩耕地农机动力	Z_{b1}	千瓦/百亩	25.26	27.06	30.85	32.85	36.34	37.84	39.90	41.49	42.94	56.88	58.58	59.33	60.39
	第一产业人员人均农机总动力	Z_{b2}	千瓦/人	1.43	1.55	1.77	1.90	2.10	2.22	2.38	2.50	3.80	4.23	4.73	4.89	4.40
	每亩耕地用电量	Z_{b3}	千瓦时/亩	6.16	5.69	5.78	6.61	7.14	7.70	10.40	11.35	10.49	20.93	29.05	38.70	41.61
	第一产业从业人员人均用电量	Z_{b4}	千瓦时/人	34.89	32.57	33.22	38.23	41.25	45.11	62.19	68.43	92.95	155.61	234.70	318.77	303.17
	每亩耕地增加值水平	Z_{c1}	元/亩	913.46	1 061.56	1 306.20	1 463.56	1 892.70	2 412.52	2 739.85	2 998.26	3 186.01	4 378.20	4 958.38	5 365.32	5 666.66
	土地粮食产量	Z_{c2}	千克/亩	162.40	128.18	158.09	150.98	168.29	173.37	175.47	173.87	156.34	201.82	206.47	215.10	220.76
	第一产业从业人员人均农业增加值	Z_{c3}	元/人	5 172.67	6 080.26	7 501.09	8 463.33	10 934.48	14 136.32	16 376.63	18 083.43	28 230.76	32 558.50	40 061.99	44 189.64	41 286.87
	第一产业从业人员人均粮食产量	Z_{c4-1}	千克/人	919.60	734.18	907.88	873.05	972.23	1 015.89	1 048.84	1 048.68	1 385.30	1 500.81	1 668.19	1 771.62	1 608.43
	第一产业从业人员人均肉蛋鱼产量	Z_{c4-2}	千克/人	165.67	171.22	183.67	196.55	204.09	210.50	213.49	224.00	336.61	361.45	408.77	456.96	435.31
	森林覆盖率	Z_{d1}	%	40.52	41.53	47.00	48.00	49.00	50.00	52.00	55.30	57.00	60.00	61.50	62.10	62.80

续表

系统	个体指标	代码	单位	2010	2011	2012	2013	2014	2015	2016	2017	2018	2019	2020	2021	2022
农业现代化目标（AM）	单位耕地面积化肥施用折纯量	Z_{d2}	千克/亩	12.63	13.75	14.38	14.59	14.97	15.23	15.26	14.11	13.22	15.97	15.38	14.93	14.94
	单位耕地面积农药施用量	Z_{d3}	千克/亩	0.19	0.21	0.21	0.20	0.20	0.20	0.20	0.20	0.17	0.18	0.16	0.14	0.13
	农业增加值比重	Z_{e1}	%	13.85	12.74	13.02	12.35	13.82	15.58	15.79	15.01	14.59	13.60	14.22	13.94	14.19
	第一产业从业人员比重	Z_{e2}	%	68.30	66.62	65.12	63.28	61.32	59.67	57.31	55.55	40.56	37.10	33.51	32.77	36.90
	城镇化水平	Z_{e3}	%	33.81	35.03	36.30	37.89	40.24	42.96	45.56	47.76	49.54	51.48	53.15	54.33	54.82
	农村常住居民人均可支配收入	Z_{f1}	元/人	3 472	4 145	4 753	5 434	6 671	7 387	8 090	8 869	9 716	10 756	11 642	12 856	13 707
	农村居民恩格尔系数	Z_{f2}	%	46.3	47.7	44.6	43	41.7	39.8	38.7	38	36.9	36.7	36.8	31.3	31.3

表2-3 处理部分个体指标所用的标准化值

个体指标	Z_{a1}	Z_{a2}	Z_{b1}	Z_{b2}	Z_{b3}	Z_{b4}	Z_{c1}
标准值	30	90	120	6	1 600	5 000	7 000
个体指标	Z_{c2}	Z_{c3}	Z_{c4}	Z_{c5}	Z_{e3}	Z_{f1}	
标准值	600	80 000	5 000	1 500	60	30 000	

说明：Z_{c1} 以2021年江苏省每亩耕地农业增加值水平为标准化值；Z_{c3} 以2021年江苏省一产业从业人员人均农业增加值为标准；Z_{f1} 以2021年江苏省数值为标准值参考。

另外，对一些特殊个别指标以及参考文献中没有列出的标准值，运用其他的方法进行标准化处理，具体如下：

一是农民恩格尔系数 Z_{f2}，标准化处理公式为：

$$Z_{f2} = \left(\frac{100 - Z_{f2i}}{100} - \frac{100 - \text{Max}|Z_{f2i}|}{100} \right) \times \beta$$

其中，Z 表示标准化处理值，Z_{f2i} 表示第 i 年任意一样本恩格尔系数，$\text{Max}|Z_{f2i}|$ 表示所有样本恩格尔系数集合中的最大值，β 表示标准化值差距扩大系数，在本文中 β 值等于2.25。

二是农业增加值占国内生产总值的百分比，按照（$100 - 40 - Z_{e1i}$）/100作标准化处理。

三是第一产业从业者占社会从业者比例。由于是反向指标，将其按（$100 - Z_{e2i}$）转换成非农指标，并按照（$95 - Z_{e2i}$）/95作标准化处理。

四是单位耕地面积化肥施用折纯量和单位耕地面积农药施用量。由于是反向指标，按逆向指标标准化处理公式进行处理。单位耕地面积化肥施用折纯量以江苏省2021年单位耕地面积化肥施用折纯量39为最大临界值，按（$39-x$）/39进行标准化处理。单位耕地面积农药施用量以江苏省2021年单位耕地面积农药施用量1为最大临界值，按（$1-x$）/1进行标准化处理。

五是森林覆盖率。由于是正向指标，按正向指标标准化处理公式进行处理。计算原始数据的最小值 min 和最大值 max；对于每个原始数据值 x，通过以下公式将其转换为标准值 y：$y = (x - \text{min}) / (\text{max} - \text{min})$，其中，$y$ 为转换后的标准化值，x 为原始数据值，min 为原始数据的最小值，max 为原始数据的最大值。各年数据的标准化处理结果见表2-4。

3. 测评结果

各个体指标的权重值同样运用参考文献[5]的研究成果。测评结果见表5-2。

表 2-4 贵州省农业现代化各指标标准值测算表

系统	子系统	一级子系统	代码	2022年	2021年	2020年	2019年	2018年	2017年	2016年	2015年	2014年	2013年	2012年	2011年	2010年
农业现代化目标（AM）	现代化农业发展水平（J_t）	Z_a	Z_{a1}	0.16	0.18	0.18	0.17	0.20	0.13	0.13	0.13	0.13	0.13	0.13	0.13	0.13
			Z_{a2}	0.60	0.58	0.56	0.53	0.39	0.39	0.38	0.37	0.35	0.33	0.32	0.29	0.31
		Z_b	Z_{b1}	0.50	0.49	0.49	0.47	0.36	0.35	0.33	0.32	0.30	0.27	0.26	0.23	0.21
			Z_{b2}	0.73	0.81	0.79	0.70	0.63	0.42	0.40	0.37	0.35	0.32	0.30	0.26	0.24
			Z_{b3}	0.026	0.024	0.018	0.013	0.007	0.007	0.007	0.005	0.004	0.004	0.004	0.004	0.004
			Z_{b4}	0.061	0.064	0.047	0.031	0.019	0.014	0.012	0.009	0.008	0.008	0.007	0.007	0.007
		Z_c	Z_{c1}	0.81	0.77	0.71	0.63	0.46	0.43	0.39	0.34	0.27	0.21	0.19	0.15	0.13
			Z_{c2}	0.37	0.36	0.34	0.34	0.26	0.29	0.29	0.29	0.28	0.25	0.26	0.21	0.27
			Z_{c3}	0.52	0.55	0.50	0.41	0.35	0.23	0.20	0.18	0.14	0.11	0.09	0.08	0.06
			Z_{c4-1}	0.32	0.35	0.33	0.30	0.28	0.21	0.21	0.20	0.19	0.17	0.18	0.15	0.18
			Z_{c4-2}	0.29	0.30	0.27	0.24	0.22	0.15	0.14	0.14	0.14	0.13	0.12	0.11	0.11
	农业保障系统（S_t）	Z_d	Z_{d1}	1.00	0.97	0.94	0.87	0.74	0.66	0.52	0.43	0.38	0.34	0.29	0.05	0.00
			Z_{d2}	0.62	0.62	0.61	0.59	0.66	0.64	0.61	0.61	0.62	0.63	0.63	0.65	0.68
			Z_{d3}	0.87	0.86	0.84	0.82	0.83	0.80	0.80	0.80	0.80	0.80	0.79	0.79	0.81
		Z_e	Z_{e1}	0.46	0.46	0.46	0.46	0.45	0.45	0.44	0.44	0.46	0.48	0.47	0.47	0.46
			Z_{e2}	0.61	0.66	0.65	0.61	0.57	0.42	0.40	0.37	0.35	0.33	0.31	0.30	0.28
			Z_{e3}	0.91	0.91	0.89	0.86	0.83	0.80	0.76	0.72	0.67	0.63	0.60	0.58	0.56
		Z_f	Z_{f1}	0.46	0.43	0.39	0.36	0.32	0.30	0.27	0.25	0.22	0.18	0.16	0.14	0.12
			Z_{f2}	0.37	0.37	0.25	0.25	0.24	0.22	0.20	0.18	0.14	0.11	0.07	0.00	0.03

表2-5 贵州省农业现代化水平得分测算表

系统	子系统	一级子系统	个体指标	2022年	2021年	2020年	2019年	2018年	2017年	2016年	2015年	2014年	2013年	2012年	2011年	2010年	最终权重
农业现代化目标（AM）	现代化农业发展水平（J_t）	Z_a（20）	Z_{a1}	0.97	1.10	1.08	0.99	1.18	0.80	0.80	0.78	0.77	0.77	0.77	0.76	0.76	0.06
			Z_{a2}	3.58	3.45	3.34	3.19	2.37	2.34	2.29	2.21	2.11	2.00	1.93	1.75	1.85	0.06
		得分（分）		4.55	4.55	4.41	4.19	3.55	3.14	3.08	2.99	2.88	2.78	2.70	2.51	2.60	
		得分率（%）		22.74	22.75	22.07	20.93	17.75	15.72	15.41	14.97	14.42	13.88	13.48	12.55	13.02	
		Z_b（20）	Z_{b1}	1.51	1.48	1.46	1.42	1.07	1.04	1.00	0.95	0.91	0.82	0.77	0.68	0.63	0.03
			Z_{b2}	2.20	2.44	2.37	2.11	1.90	1.25	1.19	1.11	1.05	0.95	0.89	0.78	0.72	0.03
			Z_{b3}	0.08	0.07	0.05	0.04	0.02	0.02	0.02	0.01	0.01	0.01	0.01	0.01	0.01	0.03
			Z_{b4}	0.18	0.19	0.14	0.09	0.06	0.04	0.04	0.03	0.02	0.02	0.02	0.02	0.02	0.03
		得分（分）		3.97	4.19	4.03	3.67	3.05	2.35	2.25	2.10	2.00	1.81	1.69	1.48	1.38	
		得分率（%）		19.85	20.95	20.13	18.35	15.26	11.75	11.23	10.48	9.98	9.03	8.44	7.41	6.90	
		Z_c（40）	Z_{c1}	6.99	6.62	6.12	5.40	3.93	3.70	3.38	2.98	2.34	1.81	1.61	1.31	1.13	0.0864
			Z_{c2}	2.12	2.06	1.98	1.94	1.50	1.67	1.68	1.66	1.62	1.45	1.52	1.23	1.56	0.0576
			Z_{c3}	2.48	2.65	2.40	1.95	1.69	1.09	0.98	0.85	0.66	0.51	0.45	0.36	0.31	0.048
			Z_{c4-1}	0.62	0.68	0.64	0.58	0.53	0.40	0.40	0.39	0.37	0.34	0.35	0.28	0.35	0.0192
			Z_{c4-2}	0.84	0.88	0.78	0.69	0.65	0.43	0.41	0.40	0.39	0.38	0.35	0.33	0.32	0.0288
		得分（分）		13.04	12.90	11.93	10.57	8.31	7.29	6.86	6.28	5.37	4.48	4.28	3.52	3.67	
		得分率（%）		32.61	32.24	29.83	26.41	20.76	18.22	17.15	15.71	13.43	11.19	10.70	8.79	9.17	

续表

农业现代化测评分值

系统	子系统	一级子系统	个体指标	2010年	2011年	2012年	2013年	2014年	2015年	2016年	2017年	2018年	2019年	2020年	2021年	2022年	最终权重
农业现代化目标（AM）	现代化农业发展水平（J_t）	Z_d（20）	Z_{d1}	0.00	0.22	1.40	1.61	1.83	2.04	2.47	3.18	3.55	4.20	4.52	4.65	4.80	0.048
			Z_{d2}	2.43	2.33	2.27	2.25	2.22	2.19	2.19	2.30	2.38	2.13	2.18	2.22	2.22	0.036
			Z_{d3}	2.92	2.84	2.84	2.87	2.89	2.87	2.88	2.89	3.00	2.96	3.01	3.10	3.12	0.036
		得分（分）		5.35	5.39	6.51	6.74	6.93	7.11	7.54	8.37	8.93	9.29	9.71	9.97	10.14	
		得分率（%）		26.77	26.94	32.54	33.70	34.65	35.55	37.70	41.85	44.65	46.43	48.54	49.86	50.70	
	农业保障系统（S_t）	得分（分）		13.01	12.90	15.17	15.80	17.18	18.49	19.73	21.15	23.84	27.71	30.08	31.61	31.70	
		Z_e（50）	Z_{e1}	3.69	3.78	3.76	3.81	3.69	3.55	3.54	3.60	3.63	3.71	3.66	3.68	3.66	0.08
			Z_{e2}	1.69	1.79	1.89	2.00	2.13	2.23	2.38	2.49	3.44	3.66	3.88	3.93	3.67	0.06
			Z_{e3}	3.38	3.50	3.63	3.79	4.02	4.30	4.56	4.78	4.95	5.15	5.32	5.43	5.48	0.06
		得分（分）		8.76	9.08	9.28	9.60	9.85	10.08	10.47	10.87	12.03	12.52	12.86	13.05	12.82	
		得分率（%）		17.52	18.15	18.55	19.21	19.69	20.16	20.95	21.73	24.05	25.03	25.72	26.10	25.63	
		Z_f（50）	Z_{f1}	1.16	1.38	1.58	1.81	2.22	2.46	2.70	2.96	3.24	3.59	3.88	4.29	4.57	0.1
			Z_{f2}	0.32	0.00	0.70	1.06	1.35	1.78	2.03	2.18	2.43	2.48	2.45	3.69	3.69	0.1
		得分（分）		1.47	1.38	2.28	2.87	3.57	4.24	4.72	5.14	5.67	6.06	6.33	7.98	8.26	
		得分率（%）		2.94	2.76	4.56	5.74	7.15	8.48	9.44	10.28	11.34	12.12	12.67	15.95	16.52	
		得分（分）		10.23	10.46	11.56	12.47	13.42	14.32	15.20	16.01	17.69	18.58	19.19	21.02	21.08	
				17.52	18.15	18.55	19.21	19.69	20.16	20.95	21.73	24.05	25.03	25.72	26.10	25.63	
				8.76	9.08	9.28	9.60	9.85	10.08	10.47	10.87	12.03	12.52	12.86	13.05	12.82	
总得分（分）				23.24	23.35	26.73	28.27	30.60	32.81	34.93	37.16	41.53	46.28	49.28	52.63	52.78	

4. 结果分析

农业生产条件：由表2-5可知，2010—2022年贵州省农业生产条件得分分别为：2.00、2.51、2.70、2.78、2.88、2.99、3.08、3.14、3.55、4.19、4.41、4.55、4.55 分，年平均增长率为4.40%，这说明农业生产条件增长缓慢。各年农业生产条件得分率为分别为 17.36%、16.74%、17.97%、18.50%、19.22%、19.97%、20.55%、20.96%、23.67%、27.90%、29.43%、30.33%、30.31%，均低于类指标农业现代化水平的得分率（图2-1），说明贵州省农业生产条件不足，抑制了贵州农业现代化的发展。

农业投入水平：由表2-5可知，2010—2022年贵州省农业投入水平得分分别为 1.38、1.48、1.69、1.81、2.00、2.10、2.25、2.35、3.05、3.67、4.03、4.19、3.97 分，年平均增长率为8.47%。与农业生产条件比较，其增长速度相对较快，但增长仍然缓慢。各年农业投入水平得分率为9.20%、9.88%、11.25%、12.04%、13.31%、13.97%、14.98%、15.67%、20.34%、24.46%、26.84%、27.94%、26.46%，与农业现代化水平得分率相比，均低于类指标（图2-1），说明贵州省农业投入水平不足，制约了贵州省农业现代化的发展。

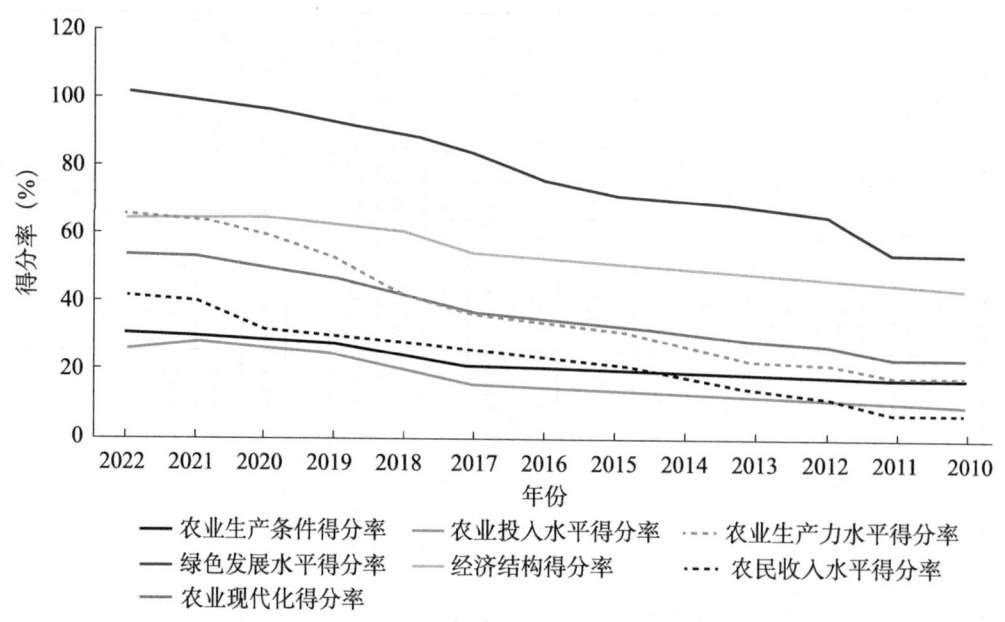

图2-1 贵州省农业现代化水平测评总得分值与一级系统得分值比较曲线图

农业生产力：由表2-5可知，2010—2022年其得分分别为3.67、3.52、4.28、4.48、5.37、6.28、6.86、7.29、8.31、10.57、11.93、12.90、13.04 分，各年农业生产力水平得分率分别为18.34%、17.58%、21.41%、22.38%、26.86%、31.42%、

34.31%、36.44%、41.53%、52.83%、59.66%、64.48%、65.22%。与农业现代化水平得分率相比，在2015年之前，低于类指标。在2018年以后，均高于类指标（图2-1）。因此，统计结果表明，2018—2022年，贵州省农业生产力对于贵州农业现代化发展贡献较大，农业生产力水平的提高拉动了贵州农业现代化的发展。

绿色发展水平：由表2-5可知，2010—2022年贵州绿色发展水平得分分别为5.35、5.39、6.51、6.74、6.93、7.11、7.54、8.37、8.93、9.29、9.71、9.97、10.14分，各年得分率分别为53.54%、53.87%、65.07%、67.39%、69.30%、71.10%、75.40%、83.70%、89.30%、92.86%、97.08%、99.73%、101.40%，均高于类指标平均得分率（图2-1），说明贵州绿色发展水平对贵州农业现代化发展贡献较大，带动了贵州农业现代化的发展。

农业经济结构：由表2-5可知，2010—2022年农业经济结构得分分别为8.76、9.08、9.28、9.60、9.85、10.08、10.47、10.87、12.03、12.52、12.86、13.05、12.82分，各年得分率分别为43.80%、45.38%、46.38%、48.02%、49.23%、50.41%、52.37%、54.34%、60.13%、62.58%、64.30%、65.24%、64.08%，均高于类指标平均得分率（图2-1），说明贵州经济结构对贵州农业现代化发展贡献较大，拉动了贵州农业现代化的发展。

农民生活水平：由表2-5可知，2010—2022年贵州省农民收入与生活得分分别为1.47、1.38、2.28、2.87、3.57、4.24、4.72、5.14、5.67、6.06、6.33、7.98、8.26分，各年的得分率分别为5.5%、8.5%、10.5%、12.5%、11.5%、18.00%、20.00%、21.00%、23.50%、31.00%，与农业现代化水平得分率比较，均低于类指标（图2-1），说明贵州省农村地区经济发展相对滞后，农民生活水平低，影响了农业现代化的发展。

5. 结论

表2-5表明，2010—2022年贵州省农业现代化的总评分为23.24～52.78，2010—2020年分值低于50分，2021—2022年分值高于50分。根据参考文献［5］的研究结果，当农业现代化水平测评总得分低于30分时，属于农业现代化的准备阶段；而当其总得分为30～50分时，属于农业现代化的起步阶段；当其总得分为50～70分时，则是属于初步发展阶段。由此判断，贵州省现代农业发展水平正在逐年提高，到2022年，进入初步发展阶段。作者前期对贵州省农业现代化测评的结果显示（葛菁华等，2012）[①]，2009年贵州省农业现代化发展水平处于起步阶段。

---

① 葛菁华，董景奎，胡勇，等.贵州省农业现代化测评与综合分析［J］.安徽农业科学，2012，40（13）：7994-7996+8004.DOI:10.13989/j.cnki.0517-6611.2012.13.070.

贵州省从农业现代化发展水平的起步阶段提升到初步发展阶段共历时13年。

6. 建议

从对贵州省现代农业发展水平的分析来看，贵州省的农业生产条件基础较差。农业投入水平虽然增长较快，但是投入水平仍然不足，农机动力水平和电力水平还很低。而农业生产力对于贵州省农业现代化发展的贡献较大。从农业保障系统来看，农业经济结构水平虽然不高（均低于45%），但是拉动了贵州农业现代化的发展。农民收入和生活水平还很低，对贵州省农业现代化水平的提高贡献小，对农业现代化有滞后作用。因此，通过对贵州省农业现代化的测评，发现贵州省农业现代化的水平在近十年虽然有所提高，但是总体来说还很低，还仍处于农业现代化的起步阶段。而导致其现代化水平较低的因素包括农业生产条件基础差，农业发展投入不足，农业经济结构不高，农民收入和生活水平低等。因此，建议政府部门可以采取加强对农业生产条件基础建设，加大对农业发展的投入，优化农业经济结构的水平，提高农民的收入和生活水平等政策措施，以提高贵州省农业现代化的水平，推动贵州现代农业的发展。

参考文献

[1]叶韬.高举旗帜，凝心聚力乘势而上，全力以赴，向绝对贫困发起全面总攻[EB/OL].贵州扶贫开发信息网，（2011-03-29）.

[2]贵州省统计局、国家统计局贵州调查部队.2000年贵州统计年鉴[M].中国统计出版社，2000.

[3]李兵.贵州城镇化率低全国15%中国经济时报[N].中国经济时报，2011-06-08.

[4]中华人民共和国国家统计局.贵州省2010年第六次人口普查主要数据公报[EB/OL].中华人民共和国国家统计局，（2011-04-28）.

[5]杨万江，徐明星.农业现代化测评[M].北京：社会科学文献出版社，2021.

[6]唐彪.重庆农村劳动力转移与农业现代化建设协调发展研究[D].重庆：西南大学，2009.

[7]王永平，金莲，刘良灿，等.贵州发展现代农业的路径与模式研究[J].贵州农业科学，2009，37（3）：144-148.

第三章

农业科技创新体系现状[①]

---
① 陈剑平，万忠，刘艳，等.农业科技创新驱动发展战略研究［M］.科学出版社，2021.

第一节 我国农业科研管理体系现状

一、农业科研机构管理体制

（一）农业科研机构的行政隶属与部门职能权限体系

当前，中国的农业科研机构主要依据行政级别进行设置和分类。从研究所的行政级别来看，中国的农业科研机构可以分为三个层次：中央级、省级和地市级。中央级的农业科研机构主要包括中国科学院涉农研究所，农业农村部下属的中国农业科学院、中国水产科学研究院和中国热带农业科学院，以及教育部直属的三所农业大学。省级农业科学院大部分由省政府管理，少数由农业部门、科技部门管理；省级农业部门还管理一部分科研院所。地市级农业科研机构大部分由地市政府管理，少数归省农业科学院管理。从宏观管理的角度来看，财政部门管理大部分事业经费，科技部门管理大部分科研计划，农业部门管理部分农业科技计划和事业经费，国家发展改革委管理基本建设和高技术产业化发展项目。

2018年7月28日，国务院对原"国家科技教育领导小组"进行了调整，将其更名为"国家科技领导小组"。该小组的主要职责是研究、审查国家科技发展战略、规划及重大政策；讨论、审查国家重大科技任务和重大项目；协调国务院各部门之间以及部门与地方之间涉及科技的重大事项。此外，国家科技领导小组也是我国农业科技工作的最高领导机构。

2023年3月，党的二十届二中全会通过了《党和国家机构改革方案》，对国务院机构进行了深化改革，其中最重要的是重新组建了科学技术部（简称科技部）。这次改革旨在加强科技部的职能，使其更好地承担起科技创新和科技发展的任务。首先，科技部将进一步加强新型举国体制、科技创新全链条管理、科技成果转化以及促进科技和经济社会发展相结合等职能。这些职能的加强将有助于推动我国科技创新的发展，提高国家的整体科技实力。其次，科技部将强化战略规划、体制改革、资源统筹、综合协调、政策法规、督促检查等宏观管理职责。这些职责的强化将有助于提高科技管理的效率和效果，为科技创新提供更好的政策支持和资源保障。同时，科技部还将保留国家基础研究和应用基础研究、国家实验室建设、国家科技重大专项、国家技术转移体系建设、科技成果转移转化和产学研结合、区域科技创新体系建设、科技监督评价体系建设、科研诚信建设、国际科技合作、科技人才队伍建设、国家科技评奖等相关职责。这些职责的保留将确保科技部在科技创新方面的核心职能得到充分发挥。此外，原有的一些细分职能将由农业农村部、发展改革委、生态环境部、卫健委、工信部、人社部等其他相关部委承接。这种分工将有助于提高各部门的协同效率，更好地推动我国科技创新事业的发展。最后，财政科技经费分配使用机制改革也将进一步得到深化。这将有助于提高科技经费的使用效率，为科技创新提供更好的资金保障。与此同时，地方政府科技部门职责将结合实际进行调整。这种调整将有助于地方政府更好地适应本地科技创新发展的需要，推动地方科技创新事业的发展。总之，这次国务院机构改革是推动我国科技创新事业发展的重要举措。通过加强科技部的职能、强化宏观管理职责、保留核心职能以及深化财政科技经费分配使用机制改革等措施，将有助于提高我国科技创新的整体实力和水平。

（二）农业科研机构的经费拨付分类管理体系

自 2011 年起，我国开始大力推进农业科研事业单位的分类改革。这一改革的推动力量源自中共中央和国务院联合发布的《中共中央国务院关于分类推进事业单位改革的指导意见》（中发〔2011〕5 号）。根据该指导意见，我国的农业科研机构被划分为两类：以承担基础性科研为主的农业科研机构被划分为"公益一类"科研机构；而高等院校及承担应用性科研为主的农业科研机构则被划分为"公益二类"科研机构。这样的分类旨在确保各类科研机构能够更好地适应和满足我国农业科研的需求，提升科研成果的质量和效益。

以广东省农业科学院为例，2012 年 5 月，广东省机构编制委员会办公室发布了《关于广东省农业科学院所属事业单位分类改革方案的通知》（粤机编办〔2012〕131 号），该方案对广东省农业科学院的 15 个研究所进行了分类改革。其中，8 个研究所被划分为公益一类科研事业单位，包括水稻研究所、果树研究所、蔬菜研究所、作物研究所、植物保护研究所、农业科研试验示范场、农业生物基因研究中心和农产品公共监测中心。其中，农业生物基因研究中心和农产品公共监测中心两个新设立的机构不定行政级别，其余6个机构为正处级。另外7个研究所被划分为公益二类科研事业单位，包括蚕业与农产品加工研究所、动物科学研究所、动物卫生研究所、农业资源与环境研究所、环境园艺研究所、茶叶研究所（饮用植物研究所）和农业经济与农村发展研究所，均为正处级。国家对公益一类和公益二类研究所采取了差别化的支持政策。对于公益一类科研机构，国家加大了经常性经费等稳定支持力度，以使科研人员能更专注于基础前沿性研究。而对于公益二类科研机构，国家的稳定经费支持力度相对较小，这类科研机构更多地依赖于国家竞争性科研经费支持，或者以科技开发和科技应用收入作为其重要收入来源。

（三）农业科研机构的科技工作分类定位体系

根据2015年8月24日发布的《农业部关于深化农业科技体制机制改革　加快实施创新驱动发展战略的意见》，从行政隶属关系上看，中央农业科研院所等机构应着重加强基础研究和前沿技术、关键技术、重大共性技术研究，以及事关全局的基础性科技工作。省级农业科研院校则应围绕区域优势农产品的产业发展，开展区域性产业关键技术和共性技术研究，有优势和特色的应用基础与高新技术研究，以及重大技术集成与转移。地市级农科所则应开展科技成果的集成创新、试验示范和技术传播扩散活动，鼓励有条件省份通过机构重组、合作共建、人员互相兼职等方式，开展地市级农业科研院所与农技推广机构资源整合试点。而涉农企业则应以自主或产学研相结合方式开展农业商业化育种、农药、兽药、肥料、农机装备、农产品加工等领域的技术创新。

二、农业科研项目管理体制

（一）农业科研项目平台与申报管理

我国农业科研项目由国家财政专项或基金支持，包括国家级、省级、市级财政的科技专项计划。此外，科研机构还可以通过为企业、高校或其他科研机构提供科技服务等方式获得横向科技项目支持。这些资金来源的多样性为我国农业科研的发展提供了有力的保障。

针对国家财政专项（或基金）支持项目，由于我国原有的科技计划体系过于复杂、相互交叉、不断扩张，导致管理部门众多、各自为政、分段管理，项目安排追求"大而全、小而全"，从而引发了科技资源配置分散、计划目标发散、创新链条脱节等问题。为了解决这些问题，国务院相继发布了《关于改进加强中央财政科研项目和资金管理的若干意见》（国发〔2014〕11号）和《关于深化中央财政科技计划（专项、基金等）管理改革的方案》（国发〔2014〕64号），对中央财政科技计划（专项、基金等）的立项与申报管理进行了一系列重大改革和部署。这些改革和部署主要包括以下几个方面。

1. 建立公开统一的国家科技管理平台

各政府部门通过统一的国家科技管理平台，构建了新的管理体系，该体系在决策、咨询、执行、评价、监管等各个环节职责清晰、协调衔接。具体内容包括联席会议制度（一个决策平台）、专业机构、战略咨询与综合评审委员会、统一的评估和监管机制（三大运行支柱）以及国家科技管理信息系统（一套管理系统）。

2. 依托专业机构管理项目

将现有的科研管理类事业单位进行改造，使其成为规范化的项目管理专业机构。这些专业机构将通过国家科技管理信息系统统一受理项目申请、组织评审、立项、过程管理和结题验收等，并对实现任务目标负责。同时，对专业机构的设置和工作做出系列规定：①专业机构的确定程序应由联席会议根据重点任务的需要统一确定，专业机构对联席会议负责，由科技行政主管部门与专业机构签订委托合同，专业机构根据委托开展工作。②科技行政主管部门等应制定统一的专业机构管理制度和标准，经联席会议同意后实施。专业机构应具备相关科技领域的项目管理能力，建立完善的法人治理体系，设立理事会、监事会，制定章程等。③专业机构应按照统一的规范组织项目评审、立项、过程管理和结题验收等，对实现任务目标负责；专业机构的项目评审专家应当从国家科技专家库中选取。通过以上措施，可以实现对科研项目管理的规范化、专业化和科学化，提高科研项目的质量和效率，促进科技创新的发展。

3. 建立新的科技计划（专项、基金等）体系

在对我国现有科技计划（专项、基金等）的实施和管理情况进行深入调研的基础上，根据新科技革命发展趋势、国家战略需求、政府科技管理职能和科技创新规律，整合形成了五类科技计划（专项、基金等）布局。这五类布局分别是：①面向基础研究和科学前沿探索，部署了国家自然科学基金，以推动基础研究和前沿探索

的发展。②聚焦国家重大战略产品和产业化目标，部署国家科技重大专项，以促进国家重大战略产品和产业化的实现。③针对事关国计民生的重大社会公益性研究，以及事关产业核心竞争力、整体自主创新能力和国家安全的重大科学技术问题，部署国家重点研发计划，以推动这些领域的研究和发展。④发挥财政资金引导作用，安排技术创新引导专项（基金），以促进科技成果转移转化和资本化、产业化。⑤安排基地和人才专项，提升科技创新的基础能力，以培养更多的科技人才和推动科技创新的发展。通过建立新的科技计划（专项、基金）等体系，对科研项目分类管理，实现"基础前沿科研项目突出创新导向、公益性科研项目聚焦重大需求、市场导向类项目突出企业主体、重大项目突出国家目标导向"的目标。

针对我国财政科研项目申报过程中存在的复杂性和重复申报问题，国务院发布的《关于优化科研管理 提升科研绩效若干措施的通知》（国发〔2018〕25号）和科技部、财政部联合发布的《关于进一步优化国家重点研发计划项目和资金管理的通知》（国科发资〔2019〕45号）提出以下两项重要措施：①整合并精简各类科研项目报表，以减少信息填报和材料报送。②逐步实行国家科技计划年度指南定期发布制度，并将指南提前在网上公示。这样可以加强项目查重，避免重复申报，并为科研人员提供更充足的申报准备时间。这两项措施旨在简化科研项目申报流程，提高效率，并避免不必要的重复工作。

（二）科研项目经费管理

我国农业科研领域一直在寻求改革，而科研项目经费管理成为重要的改革手段。为了推动这一改革，我国政府相继发布了一系列政策文件，包括《关于改进加强中央财政科研项目和资金管理的若干意见》（国发〔2014〕11号）、《关于进一步完善中央财政科研项目资金管理等政策的若干意见》（中办发〔2016〕50号）、《国务院关于优化科研管理 提升科研绩效若干措施的通知》（国发〔2018〕25号）、《科技部 财政部关于进一步优化国家重点研发计划项目和资金管理的通知》（国科发资〔2019〕45号）等，为中央财政科研项目的资金管理和使用提供了新的指导方针。这些政策文件的发布，无疑为我国农业科研体制的改革提供了有力的政策支持。

省市级政府根据中央文件对科研项目经费的使用进行了调整。一方面，这些调整加强了对科研项目经费使用的监督和惩罚措施，贯彻"精简高效、厉行节约"的原则，防止科研项目经费被贪污或挪用。具体来说，对科研项目的直接费用和间接费用支出管理办法进行细化，对科研项目及科研院所产生的差旅费、会议费等作出更明确的规定。此外，还强调完善科研信用管理，加大对违规行为的惩处力度。另一方面，这些调整更注重赋予科研单位和科技人员更大的科研项目经费使用自主权，简化了不必要的审核和管理规定，以激发科研人员的创新活力。

为了激励科研人员的积极性和创造性，采取了以下激励措施：①提高间接费用比例，增加绩效激励力度，使科研人员能够更好地发挥其专业能力；②明确劳务费开支范围，不设比例限制，为科研人员提供更灵活的经费使用方式；③简化科研项目经费预算编制，下放预算调剂权限到科研项目承担单位，使科研人员能够更加自主地管理经费；④赋予科研项目承担单位在仪器设备采购、基本建设项目方面更大的自主权限，使科研人员能够更好地满足其科研需求；⑤对以市场委托方式取得的横向经费，由科研项目承担单位的财务部门自行统一管理，并按照委托方要求或合同约定管理使用，使科研人员能够更加方便地使用经费；⑥对科研需要的出差和会议按标准报销相关费用并简化相关手续，使科研人员能够更加高效地完成科研任务。

（三）科研项目过程管理

除了在科研项目经费管理上赋予科研单位和科研人员更大的自主权，当前的科研项目实施过程也充分体现了国家对于赋予科研单位和科技人员更大自主权的改革趋势。这一趋势在《国务院关于优化科研管理 提升科研绩效若干措施的通知》（国发〔2018〕25号）和《国务院办公厅关于抓好赋予科研机构和人员更大自主权有关文件贯彻落实工作的通知》（国办发〔2018〕127号）等政策文件中得到了集中体现。具体来说，国家在科研项目过程管理上，主要从两个方面要求赋予科研单位和科研人员更大的自主权。

1.赋予项目承担单位项目过程管理权

《国务院办公厅关于抓好赋予科研机构和人员更大自主权有关文件贯彻落实工作的通知》要求，各项目管理部门应将科研项目的重心从过程管理转向项目目标和标志性成果的达成。同时，加强对科研项目结果及阶段性成果的考核，并确保项目承担单位在实施过程中发挥更大的自主管理作用。《国务院关于优化科研管理 提升科研绩效若干措施的通知》中也指出，应对关键节点实施"里程碑"式管理，以减少科研项目实施周期内的各类评估、检查、抽查、审计等活动。对于自由探索类基础研究项目和实施周期3年以下的项目，应以承担单位自我管理为主，一般不开展过程检查。

2. 赋予科研人员更大的技术路线决策权

《国务院关于优化科研管理 提升科研绩效若干措施的通知》明确指出，科研人员具有自主选择和调整技术路线的权利。在科研项目申报期间，应以科研人员提出的技术路线为主进行论证。在项目实施期间，科研人员可以在研究方向不变、不降低申报指标的前提下，自主调整研究方案和技术路线，并报项目管理专业机构备案。同时，项目负责人可以根据项目需要，按规定自主组建科研团队，并结合项目实施进展情况进行相应调整。这些措施旨在优化科研管理，提升科研绩效，更好地推动科技创新和成果转化。

为了防止科研单位和科技人员出现违规违法行为，两个政策文件特别强调了科研单位需要建立健全的内部管理制度。同时，也需要强化科研人员的主体地位，在充分信任的基础上赋予他们更大的人财物支配权。此外，还需要强化科研人员的责任和诚信意识，对于严重违背科研诚信要求的，将实行终身追究和联合惩戒。

第二节 农业科技协同创新体系现状

为了打破我国农业科研机构之间的条块分割、缺乏协同的局面，加强产学研等多领域的科技研发合作，近年来，我国在原有50个现代农业产业技术体系建设的基础上，采取了一系列措施来推动农业科研机构、高校及企业之间的科技协同创新。目前，已经初步建立了一批具有代表性的协同创新平台。这些平台的建立旨在促进不同领域之间的交流与合作，推动科技创新与成果转化，为我国农业现代化建设提供强有力的支持。

一、国家农业科技创新联盟

2014年12月12日，国家级、省级和地市级三级农（牧）业、农垦科学院共同参与的全国科技创新协作平台，即国家农业科技创新联盟，在北京成立。2015年8月，《农业部关于深化农业科技体制机制改革 加快实施创新驱动发展战略的意见》明确提出要强化国家农业科技创新联盟的建设，围绕农业发展重大问题组建一批联合攻关协作组，集聚全国农业科技优势资源，探索建立以国家需求为导向、项目任务为驱动、平台资源共享、机制创新推动的高效协同创新机制。2017年1月，农业部发布的《"十三五"农业科技发展规划》将国家农业科技创新联盟建设作为科学配置农业科技资源的改革举措，实现农业创新驱动的重要平台和农业科技问题攻关的重要力量。围绕建设农业科技资源共建共享平台，构建分工协作的"一盘棋"农业科技工作新格局；围绕解决区域性农业科技重大问题，形成一批"一体化"农业科技综合解决方案；围绕解决产业和企业发展的关键技术瓶颈，创新"一条龙"农业科研组织模式，着力提升联盟企业的核心竞争力。同时，创新联盟运行机制，在国家层面加快推进任务牵引、资源共享、行业协同、市场驱动等机制建设，在联盟内部建立目标一致、优势互补、平台一体、利益共赢等机制，激发联盟的发展活力和内生动力。2020年6月，为深入贯彻落实党中央、国务院关于实施创新驱动发展战略和乡村振兴战略的部署要求，进一步加快联盟建设，大力推进产学研深度融合，确保联盟围绕农业节本增效、质量安全、生态环保需求高质量发展和规范化运行，农业农村部办公厅发布《关于国家农业科技创新联盟建设的指导意见》，重点任务包括培育产业发展新动能，助力实现产业质量效益提升、聚焦绿色发展难题，实现区域农业农村可持续发展、推进体制机制创新，为乡村振兴科技支撑提供制度保障，总体目标为建设一批产业特色明显、发展方式绿色、各类要素集聚、机制创新鲜明、示范带动有力的联盟，基本形成层级分明、布局合理、梯次推进的全国农业科技创新联盟框架。力争联盟建设覆盖农业领域的各个专业、产业以及全国各生态区域，形成创新效率明显提升、产业带动效果显著、区域问题有效解决、协同机制运行高效的全国农业科技创新联盟发展格局，实现农业产业科技创新能力显著提升、区域农业可持续发展的能力显著增强和农业科技资源共建共享效率显著提升。

二、区域农业科技创新联盟

在国家农业科技创新联盟的推动下，省级农业科学院、农业高校、地方政府和农业高新技术企业等也在积极筹建地方和区域农业科技创新联盟。这些联盟以解决行业、产业和区域性重大问题为导向，整合优势科技资源，搭建多学科协同、科企紧密协作、科技创新上中下游衔接的平台。截至2016年底，我国已经构建了50

个农林业科技创新联盟，如农产品质量安全、农作物和林木种质资源等协同创新联盟，种业、农机化、农林产品加工等企业创新联盟，东北黑土地保护、黄淮海麦区控水提效、长江中下游地区稻田绿色增效等区域创新联盟。2017年，我国重点打造了20个标杆区域农业科技创新联盟，这些联盟以保障绿色农产品有效供给和产业结构调整为主攻方向，凝练了117项年度创新任务，整合了5.7亿元各类资金，吸纳了343家科研机构、推广单位、企业和1 923名科研骨干，推动了华北平原小麦、玉米节水节肥等40项联盟科技成果转化落地，重点形成了实体化运行、一体化协同、共建共享三大机制。

三、现代农业产业科技创新中心

2016年和2017年，中央一号文件连续强调要建设现代农业产业科技创新中心。在2016年，科技部启动了创新中心试点建设工作，首批布局了4个试点单位，包括国家作物生物育种产业科技创新中心、国家农机装备产业科技创新中心、国家肉类加工产业科技创新中心和国家竹产业科技创新中心。2017年1月，农业部发布的《"十三五"农业科技发展规划》指出，以关键行业和领域为重点，以区域性关键技术研究为基础，以产业化为目标，以体制机制创新为动力，以科研单位、大学或龙头企业为承建主体，集聚科技、产业、金融、人才等要素，建设一批区域性现代农业产业科技创新中心。计划通过几年的努力，建成一批国家级区域农业产业技术创新平台，集聚一批全国一流领军人才和研发团队，吸引一批国内外知名企业总部和研发中心，打造一批区域现代农业科技创新高地，实现农业创新链与产业链深度融合，促进科技研发、成果转化、产业孵化、金融支持、国际交流等协同发展，持续提升区域农业产业发展水平和综合效益。在2017年，农业部相继批复了江苏南京、山西太谷、四川成都三个地区的国家现代农业产业科技创新中心建设。2018年12月12日，广州国家现代农业产业科技创新中心正式揭牌成立。未来，更多以区域为基础的国家级和区域现代农业产业科技创新中心将陆续建成。

四、国际科技合作

近年来，在农业科技领域，我国高度重视国际科技合作。为了推动形成深度融合的开放创新局面，我国提出了多项措施。首先，有序开放国家科技计划，提高我国科技的全球影响力。其次，实行更加积极的人才引进政策，聚集全球创新人才。此外，鼓励企业建立国际化创新网络，提升企业利用国际创新资源的能力。最后，优化境外创新投资管理制度，鼓励创新要素跨境流动。这些措施的实施将有助于加强我国与国际社会的科技合作，推动农业科技的发展。

在国家"一带一路"倡议的推动下，我国在农业科技领域加强了与沿线国家的合作。为了提升我国农业科技国际合作水平，2017年6月9日，科技部等发布了《"十三五"农业农村科技创新专项规划》（国科发农〔2017〕170号），提出了打造"一带一路"创新共同体，建立中国—中亚、中国—阿拉伯国家、中国—东盟农业创新共同体，多国参与，推动建设国际一流水平的研究机构，开展现代农业技术研究与示范推广。

2019年，科技部发布了《创新驱动乡村振兴发展专项规划（2018—2022年）》，其中提出了一项重要倡议——共建"一带一路"农业科技创新平台。这项计划旨在鼓励我国的科研机构、高等学校和企业与"一带一路"相关国家开展深度合作，共同建立联合实验室、联合研究中心、技术转移中心、先进适用技术示范与推广基地。此外，该规划还提出举办技术培训班，为发展中国家提供智力支持，帮助他们实现农业及相关产业经济的发展。同时，该规划还搭建了青年科学家交流平台，吸引"一带一路"相关国家的杰出青年科学家来我国工作，促进不同国家之间的科技交流与合作。这些举措将有助于推动"一带一路"沿线国家的农业科技创新与发展，提高农业生产效率和质量，促进全球农业的可持续发展。

我国继续加强双边和多边国际农业科技合作。根据《"十三五"农业农村科技创新专项规划》，我国要在全球范围内选择与我国有良好合作基础和合作潜力的农业科技强国、农业大国和具有区域代表性的发展中国家开展农业科技国际合作。此外，我国继续做好中美农业旗舰，中国与加拿大、中国与以色列等多双边科技合作项目。同时，鼓励国内外科研机构、大学、企业共建联合实验室、联合研究中心、国际技术转移中心等平台，推动海外农业科技创新示范工作。此外，继续支持企业在海外设立研发中心，参与国际标准制定，推动装备、技术、标准、服务走出去。2017年11月17日，国家外国专家局发布《国家引才引智示范基地管理办法》（外专发〔2017〕199号）。2019年，科技部发布的《创新驱动乡村振兴发展专项规划（2018—2022年）》提出，实施国家引才引智示范基地（农业与乡村振兴类）建设，在农业发展、农村建设、农民增收、扶智扶贫等方面引进外国高端紧缺农业人才，引进先进农林牧渔品种与种植养殖技术，支持基地开展国外新品种引进扩繁、试验转化、技术培训、宣传推广等工作，在推进农业农村现代化与农民增收致富中发挥示范引领作用。

第三节 农业科技创新能力条件建设现状

农业科技创新活动需要依赖实验室、观测站等科技创新平台，我国正在逐步完善和优化布局农业科技创新平台基地，并加大对农业科技创新能力条件的投入。科技部在全国优势高校、科研院所布局建设了25个涉农学科类国家重点实验室和若干个省部共建涉农类国家重点实验室。

2016年11月23日，农业部发布了《农业科技创新能力条件建设规划（2016—2020年）》（农计发〔2016〕98号）。《规划》指出，"十二五"期间，农业部已经实施了全国农业科技创新能力条件建设等建设规划。同时，国家发展改革委累计投入了中央预算内投资34.3亿元，比"十一五"时期增长了29%。这些投资有效地夯实了农业科技创新的物质基础。

"十二五"期间，我国已经基本构建了一个全面、一体化的农业科技创新支持体系。围绕农业的重要科技问题，明确了各项建设任务的功能定位、区域布局和分工协作机制，并在此基础上部署了国家农业科技创新平台、农业部重点实验室、农业应用研究示范基地等三大建设任务。这些任务大幅提升了农业在基础理论、应用基础和应用研究方面的设施装备水平。同时，围绕区域农业产业的科技需求，整合和优化了农业科技创新资源。按照研究方向和科研任务分工，支持全国各地的农业科研机构进行条件能力建设，从而有效地增强了科研为农业产业服务的能力。

农业部围绕30个"学科群"布局建设重点实验室，实现从"单点建设"到"群体建设"的重大转变。这有助于加强农业环境、农业产品加工等薄弱学科，并形成产业链与创新链相融合、共性技术创新和育种创新纵横交错的农业科技创新网络。《规划》还提出，在"十三五"期间，我国围绕农业科技创新体系建设，构建以重大农业科学工程为"塔尖"、重点学科实验室为"中坚"、农业科学观测站和科学试验基地为"塔基"的"金字塔形"农业科技创新能力条件建设体系框架。形成覆盖农业主产区、囊括优势农产品产业、涵盖主要农业学科领域和优势单位的新型创新体系。

第四节 我国农业技术推广体系现状

农业科技成果通常需要经过农业科技中介组织的推广和示范，才能应用于实际农业生产。这些中介组织将科技成果传递给农业生产者，并协助他们将这些技术大规模应用于生产实践。同时，农业生产者的科技需求通过这些中介组织反馈给农业科研机构，以促进科研的发展。因此，农业科技中介组织在农业科研机构和农业生产者之间起到了桥梁的作用。农业技术推广体系也被称为农业科技中介服务体系，它是由从事农业技术推广的农业科技中介服务机构所组成的组织与管理体系。

2012年8月31日，第十一届全国人民代表大会常务委员会第二十八次会议通过了《关于修改〈中华人民共和国农业技术推广法〉的决定》，并从2013年1月1日起正式实施新修订的《中华人民共和国农业技术推广法》。该法规定，我国农业技术推广体系由国家农业技术推广机构与农业科研单位、学校、农民专业合作社、涉农企业、群众性科技组织、农民技术人员等相结合构成。国家鼓励和支持供销合作社、其他企业事业单位、社会团体及社会各界的科技人员开展农业技术推广服务。2017年1月25日，农业部发布的《"十三五"农业科技发展规划》进一步提出建立"以国家农技推广机构为主导，农业科研教学单位、农民合作组织、涉农企业等多元推广主体广泛参与、分工协作的'一主多元'农业技术推广体系"。按照组织机构的类型，我国当前的农业技术推广体系可分为以下4种类型。

一、推广机构主导型

以政府为主导，由国家、省、市、县、乡（镇）五级农业技术推广站组成的公益性农业技术推广体系，是我国农业技术推广的核心主体。这一体系不仅促进了我国农业科技成果的有效转化，而且对农业技术推广工作发挥了巨大作用。

二、政府科技项目带动型

自 20 世纪 80 年代以来，各级政府为了满足农业发展的需求，选择了一些重要的技术成果作为推广项目，并交由农业技术推广机构进行推广。通过实施各种农业科技推广计划和项目，农业技术推广机构成功推广了一大批先进、适用且成熟的农业新技术和新品种。这使得农业科研和教育机构与推广机构之间实现了有效的对接。政府科技项目带动型包括科技 110、科技示范园、专家大院、科技特派员、科技入户、科技下乡、三电合一、农民田间学校、科技协调员等多种模式。

三、市场引导型

为了促进农业的发展和农民生活水平的提升，农业企业和农民合作组织致力于向农民推广农业技术。这些市场经济主体的技术推广活动在我国农业技术推广体系中占据重要地位。该体系涵盖了多种推广模式，包括企业产业化（公司＋农户）服务模式和技术协会或农业合作组织服务模式等。

四、第三方主导型

高校、科研院所等独立科研机构与地方政府、企业等合作，共同推动农业技术的推广。例如，黑龙江省农业科学院的"院县共建"模式和河北农业大学的"太行山道路"模式都是其中的典型代表。

这四种农业技术推广体系类型各有其特点和不足，需要结合实际情况进行选择和改进。

第五节　我国农业科技教育与培训体系现状[①]

一、大力推动农业技术推广人才队伍建设

以充实一线、强化服务为重点，大力加强农业技术推广人才队伍建设。深入实

---

① 陈剑平，万忠，刘艳，等. 农业科技创新驱动发展战略研究［M］. 北京：科学出版社，2021.

施"万名农技推广骨干人才培养计划",开展技术交流、学习研修、观摩展示等活动。结合基层农技推广体系改革与建设补助政策,加强培训基地建设,组织农技推广人才参加知识更新培训,建立培训长效机制。深入实施"基层农技人员学历提升计划",分期分批选送基层农技骨干到农业科研院校进行研修、深造。依托全国农业远程教育平台举办农业科技人员网络大讲堂,鼓励农技人员参加网络学习。稳步实施特岗计划、定向培养,鼓励和引导高校、职业院校涉农专业毕业生到基层农技推广机构工作。积极发展多元化、社会化农技推广服务队伍。加强国家农业技术推广机构人员聘用管理,严格执行农技人员上岗条件和聘用程序,出台农技推广研究员分层分类评价办法,健全激励机制。继续实施"全国十佳农技推广标兵"资助项目,大力弘扬优秀农技人员的先进事迹。

二、推进农村实用人才队伍建设

农业发展与农民技术需求是紧密相连的,需要培养一大批新型职业农民、农村实用人才和农业高技能人才,以推动农业的持续发展。为此,大力实施新型职业农民培育工程,构建起"二位一体、三类协同、三级贯通"的新型职业农民培育制度。全面推进以新型职业农民为主体的农村实用人才认定管理,统筹推进不同类型的新型职业农民认定工作,并积极推动有关扶持政策与认定工作挂钩,以提升认定的吸引力和含金量。此外,还将扎实推进农村实用人才带头人素质提升计划。开展农村实用人才带头人和大学生村官示范培训及农业农村部定点扶贫地区产业发展带头人培训,培养一批乡村"土专家",带领农民脱贫致富,为农村发展注入新的活力。加强农村实用人才培训基地建设。加强农业职业技能开发,加大急需紧缺高技能人才培养力度,认定一批农业技能人才培养实训基地。建立健全农业职业分类体系,做好农业行业国家职业技能标准制定和修订、培训教材编写、职业技能鉴定、试题库开发等基础性工作,提升农业技能人才工作的信息化水平。开展多种形式的农业职业技能竞赛活动,营造比学赶超的良好氛围。深入实施"现代青年农场主计划",培养一支创业能力强、技能水平高、带动作用大的青年农场主队伍。谋划实施农村实用人才学历提升计划,大力发展农业职业教育,深化产教融合、校企合作,推动集团化办学。充分利用农业广播电视学校、农业高校、职业院校、协会、社团等教育资源,引导社会企业参与培育工作,健全农民教育培训体系,完善培训对象库、师资库、教材库，着力提高培训质量。继续引导社会力量参与农村实用人才培养，组织实施"全国十佳农民""全国杰出农村实用人才""农业科教兴村杰出带头人"等项目，为优秀农村实用人才创业兴业搭建平台。加强农业、农村科普工作，不断提高农业从业者的科学素质。

第六节　我国农业企业科技创新激励政策现状

一、建立以企业为主体的技术创新体系

企业创新主体地位在过去一段时间里相对被弱化，更强调科研机构与高校的科技成果推广和转化工作。"十一五"时期，曾提出相关部门将通过财税、金融、政府采购、科技计划等政策措施，鼓励和引导企业成为研究开发投入的主体、技术创新活动的主体和技术集成应用的主体。国家科技计划和重大工程项目将向企业开放，在具有市场应用前景的领域将建立由企业牵头实施国家重大科技项目的机制，鼓励和引导企业与科技机构、高等院校联合建立研发机构、产业技术联盟等技术创新组织。进入新时期，我国更加强调企业的技术创新主体地位。党的十九大报告明确提出，深化科技体制改革，建立以企业为主体、市场为导向、产学研深度融合的技术创新体系，加强对中小企业创新的支持，促进科技成果转化。

二、实施农业高新技术企业培育工程

2019年1月，科技部发布的《创新驱动乡村振兴发展专项规划（2018—2022）》指出，以国家农业高新技术产业示范园区建设为重点，实施高新技术改造提升农业产业，壮大生物育种、智慧农业、智能农机、现代食品制造等高新技术产业，培育农业高新技术企业超过1.5万家。

三、促进农业产业化龙头企业做大做强

2021年，农业农村部发布《关于促进农业产业化龙头企业做大做强的意见》

（农产发〔2021〕5号），强调要提高龙头企业创新发展能力。以国家农业科技创新联盟、国家现代农业产业科技创新中心、国家现代农业产业技术体系、国家农产品加工技术研发体系等为抓手，打造"政产学研用"优势资源集聚融合的平台载体，为龙头企业创新发展提供技术支撑。支持构建龙头企业牵头、高校院所支撑、各创新主体相互协同的体系化、组织化、任务型的创新联合体。支持科技领军型龙头企业参与关键核心技术攻关，承担国家重大科技项目，参与跨领域、大协作、高强度的创新基地与平台建设。支持龙头企业会同科研机构、装备制造企业，开展共性技术和工艺设备联合攻关，提高乡村产业发展技术水平和物质装备条件。引导种业龙头企业加大种质资源保护和开发利用，强化重点种源关键核心技术和农业生物育种技术研发能力，建立健全商业化育种体系，培育新品种、新品系。

四、扩大企业在国家创新决策中的话语权

《中共中央 国务院关于深化体制机制改革 加快实施创新驱动发展战略的若干意见》强调建立高层次、常态化的企业技术创新对话、咨询制度，发挥企业和企业家在国家创新决策中的重要作用。吸收更多企业参与研究制定国家技术创新规划、计划、政策和标准，相关专家咨询组中产业专家和企业家应占较大比例。国家科技规划要聚集战略需求，重点部署市场不能有效配置资源的关键领域研究，竞争类产业技术创新的研究方向、技术路线和要素配置模式由企业依据市场需求自主决策。

第四章

科技创新支撑农业现代化的现状分析及问题诊断

第一节　我国科技创新支撑农业现代化成就①

自党的十八大以来，以习近平同志为核心的党中央高瞻远瞩，全面布局，对实现科技自立自强、推动农业科技进步作出了战略性决策。我国农业科技事业因此得以快速发展，创新体系更加完善，创新能力显著增强。广大农业科技工作者以勇往直前的精神，不断攀登科技高峰，为乡村振兴和农业高质量发展注入了新的活力，提供了坚实的支撑。目前，全国农业科技进步贡献率已经超过61%，全国农作物耕种收综合机械化率超过72%，农作物良种覆盖率稳定在96%以上。

一、大力实施创新驱动战略推动我国农业科技水平整体进入世界前列

习近平总书记高度重视农业科技创新，2013年在山东省农业科学院考察时，对农业科技创新作出了重要指示，强调农业出路在现代化，农业现代化关键在科技进步；我们必须比以往任何时候都更加重视和依靠农业科技进步，走内涵式发展道路。

出台的《农业部关于深入贯彻落实中央一号文件　加快农业科技创新与推广的实施意见》《关于深化农业科技体制机制改革　加快实施创新驱动发展战略的意见》《农业部关于促进企业开展农业科技创新的意见》《关于加强农业科技社会化服务体系建设的若干意见》等一系列政策对我国农业科技创新事业进行战略性、全局性谋划。为抢占世界农业科技制高点，国家重点研发计划系统部署了"七大农作物育种""智能农机装备"等重点专项。在转基因生物新品种培育重大专项支持下，我国转基因研发取得了一批重大标志性成果，转基因研发水平跃居世界前列。农业基因组研究实现了"弯道超车"，牵头完成了小麦、谷子等粮食作物，棉花、油菜、烟草、马铃薯、番茄、甘蓝等主要经济和园艺作物基因组的测定，奠定了我国在国际农业基因组研究领域的领先地位。《2021中国农业科学重大进展》显示，我

---

① https://baijiahao.baidu.com/s?id=1742048774984219789&wfr=spider&for=pc.

国农业基础研究在作物、园艺、兽医等学科领域已处于领跑地位。开创性地探索实践了"学科群"的建设思路，实现了重点实验室由"一个一个建"向"一群一群建"的转变，已经形成了由469个重点实验室组成的农业农村部学科群重点实验室体系。强化农业基础性长期性科技工作，构建起以11个农业科学观测数据中心为"塔尖"、148个国家农业科学观测实验站为"中坚"、4万个农业生态环境国控监测点为"塔基"的金字塔式工作架构。

二、科技夯实大国农业根基引领现代农业高质量发展

确保口粮绝对安全是新时期国家粮食安全战略的核心任务。我国农业科学家围绕水稻、小麦、玉米三大粮食作物，成功培育出"超级稻""矮败小麦""高淀粉玉米"等一批高产、优质新品种，开发出配套的高效栽培技术并得到大面积推广应用。13个粮食主产省全面推进科技支撑粮食丰产增效，每年有2万项次新技术、新品种、新装备运用于粮食主产区，为确保粮食生产能力稳定在1.3万亿斤（1斤＝0.5千克，全书同）提供了强有力支撑。

良种自主创新和供应保障能力不断提升。随着作物良种联合攻关和畜禽遗传改良工作深入推进，良种自主创新和供应保障能力不断提升。目前，我国主要农作物良种基本实现全覆盖，自主选育品种面积占95%以上，主要畜种核心种源自给率超过75%，隆平高科等中国种业企业逐步走进国际市场，我国由种业大国向种业强国迈进步伐更加有力。

农业机械化、智能化取得了显著成绩。农机装备总量持续增长、作业水平不断提升、社会化服务能力显著增强，农机拥有量、使用量位居世界前列，农业生产进入了机械化为主导的新阶段。智能化农机亮点纷呈，北斗导航示范应用加快推进，自动驾驶拖拉机、无人插秧机、无人地面植保机、无人联合收割机等智能化设备应用更加广泛，植保无人飞机大面积应用。农机制造能力和水平不断提高，高速插秧机制造技术突破日韩垄断，采棉机主要依赖进口的局面被改变，蔬菜钵苗高速移栽、畜禽精准饲喂、深海网箱智能化养殖等技术加快应用，农机研发规模世界第一。

农业绿色高效技术发展取得明显成效。加快集成推广化肥农药减量增效的绿色高效技术模式，测土配方施肥、水肥一体化、机械深施、有机肥替代等节肥技术，以及生态调控、物理防治、生物防治和精准施药等节药技术得到大面积推广应用。

肥料、饲料、农药等投入品的有效利用率显著提高。三大粮食作物化肥农药利用率双双达到 40% 以上，使用量连续多年负增长；全国畜禽粪污综合利用率达到 76%，实现由"治"到"用"的转变；秸秆综合利用率达到 87.6%，农用为主、多元利用格局基本形成；农膜回收率达到 80%，重点地区农田"白色污染"得到有效防控。

积极开展绿色技术创新和示范推广，通过果菜茶有机肥替代化肥、奶牛生猪健康养殖、测土配方施肥、病虫害统防统治、稻渔综合种养等绿色技术和模式，着力提升农业绿色发展的质量效益和竞争力，已建设 300 个化肥减量增效、150 个果菜茶全程绿色防控、723 个畜禽粪污资源化利用、674 个秸秆综合利用、100 个农膜回收重点县。

三、全产业链支撑农业科技推动经济社会稳定发展

国家现代农业产业技术体系有效支撑了"米袋子""菜篮子""果盘子""肉案子"及水产品供应充足。每个体系都由业内顶级科学家担任首席科学家，并按照产业链条环节设置了遗传育种、病虫害防控、栽培养殖、产品加工等领域的岗位科学家，在主产区设立若干综合试验站。目前，现代农业产业技术体系有 800 多个中央和地方农业科研、教学、企事业单位的 2 800 多位农业科研人员进行科技攻关，建立了从产地到餐桌、从生产到消费、从研发到市场一体化的创新链条，努力突破共性技术、集成关键技术、熟化配套技术，奠定了产业变革的科技基础。来自农业农村部推介的主导品种、主推技术一半以上是由现代农业产业技术体系研发的，小麦"一喷三防"、奶牛饲料高效利用、深海网箱养殖、稻田综合种养等技术应用，大幅度提升了我国农产品综合生产能力。国家生猪产业技术体系研发的"中芯一号"家猪基因芯片，打破了欧美控制；国家肉鸡产业技术体系自主培育的京海黄鸡品种，市场占有率从 20% 提高到 50% 以上；国家水禽产业技术体系自主培育的北京鸭新品种，彻底解决北京烤鸭的"填鸭"问题。柑橘体系将新品种培育、果园改造、病虫害防控等技术进行系统集成，彻底改变了我国柑橘产业传统生产方式，使我国柑橘供应期从原来的 3 个月延长到 10 个月，摆脱了国内市场对国外品种的依赖。

建立了系统的农技推广体系、现代农民教育培育体系。近 55 万推广机构人员遍布全国，一批批"土专家""田秀才"躬身乡野，把实用技术和贴心服务送到田间地头。高素质农民成为农业先进技术的践行者。2014 年至今，国家累计投入资

金 159.9 亿元，培育高素质农民超过 700 万人次，坚持需求导向、产业主线、分层实施、全程培育，技能培训与学历教育协同、提升能力与延伸服务衔接，不断发展壮大高素质农民队伍，为全面推进乡村振兴、加快农业农村现代化提供了强有力的人才支撑。

四、"双轮驱动"形成创新发展的强大合力

农业科技一度面临科研与经济"两张皮"问题，大量科技成果无法从实验室走向企业、走向市场。种业是农业领域科技含量高的基础环节。农业农村部以种业权益改革和良种联合攻关为突破口，完善科技体制改革总体设计和制度框架，为农业科技创新创业清障搭台。农业农村部、科技部、财政部等三部委从 2014 年开始，在 4 家中央科研单位实施种业科研成果权益比例改革试点，核心是科研人员将从其成果中直接获得回报，且比例不低于 40%。

启动运行"全国农业科技成果转移服务中心"，建立起国家级农业技术转移和成果转化综合服务机构。截至 2021 年底，在中心网站公示公告的已交易成果 225 项，合同金额 5.06 亿元，一大批新技术、新模式得到落地转化。在农业关键核心技术攻关项目组织实施中，探索构建符合农业科研特点与产业规律的新型科研组织模式，推动分类实施"揭榜挂帅""赛马""择优委托"等制度，启动实施了大豆、玉米种源攻关"揭榜挂帅"工作。

国家农业科技创新联盟先后认定了优质奶业、棉花产业、渔业装备等 60 个农业科技创新联盟，基本形成了产学研用紧密结合、上中下游有机衔接的协同协作格局。国家棉花产业联盟联合我国棉花"科研—生产—加工—流通—纺织—服装—贸易"全产业链 208 家企事业单位，致力打造我国优质棉花全产业链国际品牌 CCIA，促进我国由纺织大国向纺织强国转变。

建设现代农业产业科技创新中心，打造区域经济增长极。按照建设"农业硅谷"的思路，建设了南京、太谷、成都、广州、武汉 5 个国家现代农业产业科技创新中心，大力推动关键技术集成、创新要素集聚、关联企业集中、优势产业集群，搭建科学家与企业家同台唱戏、创新要素与产业发展深度融合的平台。截至 2022 年，共有 389 个高水平科研团队、420 家高科技企业、30 支高质量基金入驻 5 个科创中心，"农业硅谷"效应逐步显现。

第二节 科技创新支撑贵州农业现代化现状

"十三五"期间，围绕粮食和特色优势产业发展，贵州不断加强农业科技创新、强化农业科技成果转化应用、加大农业人才培育力度，依靠农业科技进步引领产业兴旺，助力脱贫攻坚圆满收官，全省农业科技进步贡献率不断提高，农业主推技术到位率达到95%以上，为推进贵州省农业现代化奠定了良好基础。

一、科技创新水平显著提升

（一）农业科技创新综合实力显著增强

根据《中国区域科技创新评价报告2022》的数据显示，党的十八大以来，通过深入贯彻落实创新驱动发展战略，全国创新能力显著提升。到2022年，全国综合科技创新水平指数得分为75.42分，比2012年提高了15.14分；贵州综合科技创新水平指数值得分为53.82分，比2012年提高了22.37分。数值虽低于全国平均水平，但高于50分，属于中等创新地区，位于第二梯队。

与此同时，农业科技创新能力提升也很明显。根据"十二五"贵州省科技进步评价报告数据，在"十二五"期间，全省33家科研院所（公益）综合科技创新水平指数呈稳步增长趋势，2015年与2011年相比，增长了12.89个百分点。在33家科研院所（公益），贵州省农业科学院下属的研究所有18家（表4-1），除贵州省土壤肥料研究所和贵州省农作物品种资源研究所综合科技创新水平指数年均增速负值外，其余16家研究所科技创新水平指数年均增速均为正值。在"十三五"时期，同样，以贵州省农业科学院下属18家科研所为例，2016年综合科技创新水平指数高于平均水平32.30%的有9家，2017年综合科技创新水平指数高于平均水平44.88%的有10家。这说明在"十二五"期间贵州省主要农业科研机构的科技创新水平逐年增强。

表 4-1 "十二五"时期农业科研院所（公益）综合科技创新水平指数测评结果

单位：%

农业科研院所（公益）	2011年	2012年	2013年	2014年	2015年	年均增速
贵州省草业研究所	31.34	32.14	39.19	47.47	50.17	9.87
贵州省畜牧兽医研究所	19.33	30.75	33.1	40.01	35.85	13.15
贵州省园艺研究所	28.9	16.72	28.59	37.22	38.01	5.63
贵州省油菜研究所	34.67	28.07	35.42	46.05	38.89	2.32
贵州省旱粮研究所	18.77	19.15	24.01	43.32	37.7	14.97
贵州省油料研究所	24.45	25.6	21.53	30.69	32.73	6.01
贵州省水稻研究所	22.94	24.12	26.34	33.36	30.66	5.97
贵州省果树科学研究所	24.44	18.23	23.42	34.9	28.75	3.30
贵州省生物技术研究所	12.17	21.66	26.12	35.21	33.83	22.69
贵州省植物保护研究所	18.75	16.85	18.8	30.71	31.32	10.81
贵州省蚕业（辣椒）研究所	16.7	14.11	13.03	21.77	24.83	8.26
贵州省水产研究所	12.14	13.78	13.8	24.65	26.4	16.81
贵州省茶叶研究所	12.89	13.52	17.37	21.4	22.44	11.73
贵州省土壤肥料研究所	20.48	14.44	13.87	13.92	19.48	-1.00
贵州省农作物品种资源研究所	18.33	10.51	9.41	18.41	17.45	-0.98
贵州省亚热带作物研究所	8.28	11.1	11.36	14.48	23.84	23.55
贵州省农业科技信息研究所	8.41	9.9	14.08	16.46	14.86	12.06
贵州省现代农业发展研究所	6.75	9.56	6.26	11.26	9.31	6.64

数据来源："十二五"贵州省科技进步评价报告

农业科技创新基础能力稳步提升，农业机械化水平逐年提高。到2022年末，农用机械总动力达到2 805.7万千瓦，全省主要农作物耕种收综合机械化率达到46%。特色优势产业良种覆盖率进一步提高，智能化物质装备从无到有，全省超过30%的农业企业基于物联网实现数据采集，农业科技进步贡献率达到53%。

以贵州省农业科学院为例，"十三五"期间，在特色动植物和微生物基因组学、分子育种技术、种质资源创新等领域的基础和应用基础研究得到了进一步加强。该院探索并推广了蔬菜高效种植技术模式、茶叶专用肥专用农药、食用菌工厂化栽培等技术，并在全省范围内推广应用。此外，该院还牵头成立了优质粮油、植物保护、蔬菜和食用菌等6个省级专业标准化技术委员会，为农村产业革命提供了智力支撑。在实施国家基础性科研专项和国家973前期研究专项以及科技支撑计划等10余项科研项目的同时，该院还主持实施了贵州省水稻、玉米、马铃薯、油菜、蔬菜、小麦和火龙果7个省级重大科技专项。这些专项涵盖了贵州省主要农作物和特色水果的育种和栽培技术，为保障贵州省的粮食安全和农业发展提供了重要的科技支撑。在育种方面，该院选育出了多个新品种，包括水稻、玉米、白菜、火龙果等。其中，金优785获得了超级稻品种称号，水稻品种在兴义实现了亩产1 079.2千克的纪录；特耐抽薹白菜黔白5号克服了春夏大白菜易抽薹的技术难题；火龙果新品种引领了贵州热区特色果业的发展。此外，该院还创新选育出了马鞍型白芨组培种茎生产技术，支撑安龙县建立了全国独有且具规模的白芨生产基地。在农产品贮藏和加工方面，该院利用 ^{60}Co 辐照技术创新的农产品贮藏和中成药灭菌模式，提高了农产品的贮藏品质和成药的安全性。截至目前，该院获得国家基础性科研工作专项、国家自然科学基金、现代种业提升工程、省科技重大专项、科技支撑计划等各级各类项目724项，各级各类科研经费6.2亿元。这些项目的实施进一步提升了该院的科研水平和技术创新能力，为贵州省的农业发展和农村产业革命提供了强有力的科技支撑。

（二）学科体系建设进一步优化

在"十三五"期间，贵州省农业科学院在传统优势学科的基础上，进一步优化了农业科技创新学科体系建设。例如，在粮油作物育种、生物技术、园艺育种与栽培、畜禽遗传改良、土壤肥料、植物保护等学科持续得到提升的同时，还开拓了食用菌、中药材、农产品/食品加工、农产品质量安全、农村经济与社会发展等学科。全院的学科体系拓展到了50余个专业领域，进一步优化了学科体系建设。2014年，贵州省农业科学院率先在果树所、品资所、热作所、水稻所和草业所实施了"火龙果、食用菌、薏苡、优质稻米和草地生态畜牧业"五大特色产业科技服务工作。目前，这五个产业项目已经取得了初步成效，企业运转正常，逐步成为农业产业科技创新和成果转化综合平台，为全省农业产业的发展提供了可借鉴的经验和模式。同时，贵州省农业科学院还积极推进油料所、油菜所、品资所在油菜、花生等作物方面的学科资源整合，进一步优化专业设置和学科布局。根据现代山地特色高效农业产业发展需求，全产业链构建科研团队，现代所加挂农产品加工研究所牌子，开展公共性农产品加工技术研究，提升科研院所服务产业的支撑能力。

（三）农业科技创新人力资源规模逐步扩大

科技人才队伍是科技创新的主要载体，是科学技术高水平发展的关键。建立具有创新能力的人才队伍，是推进科技进步发展的重要因素，也是科研机构加快发展和壮大的主要力量。贵州深入实施人才优先发展战略，坚持把人才资源开发放在科技创新最优先的位置，优化人才结构，注重高层次创新人才的引进、培养和使用。创新人才培养、引进、使用的体制机制，为农业科技人才营造了开放、共享的发展环境。通过多年努力，贵州省农业科技创新创业人才队伍进一步壮大，体系内高级职称人员和硕士及以上学历人员较"十二五"时期分别增加18%和21%。

2019年贵州省38家县级以上政府部门农业研究与开发机构的从业人员总数为2 254人（表4-2），其中，在职科技人员为1 983人，占职工总数的88%；本科及以上学历的专业技术职称人员为1 635人，占职工总数的73%。而在2008年，在职科技人员占职工总数的比例为68%，本科及以上学历的专业技术职称人员占职工总数比例为39%。经历十多年的发展，这两个比例分别上升了20个和34个百分点，尤其是本科及以上学历人员占比上升较快，反映了贵州省县级以上政府部门农业研究与开发机构学历结构得到了较大的优化，农业科技创新人才得到了较好的储备。

表4-2 贵州省县级以上政府部门农业研究与开发机构及人员情况

年度	机构数/个（农、林、牧、渔业）	从业人员/人	在职科技人员/人	本科及以上学历人员/人
2005	42	2 675	1 676	813
2008	39	2 265	1 531	893
2019	38	2 254	1 983	1 635

数据来源：2005年、2008年、2019年《贵州科技统计年鉴》

以贵州省农业科学院为例，制定了中长期发展规划，并建立了完善的《百人英才库》，积极实施国家"三区"人才计划，并出台了人才引进和管理的相关优惠措施。这些举措旨在吸引和培养学科带头人，优化人才队伍的结构。目前，贵州省农业科学院拥有一批优秀的专家和学者，其中，包括省核心专家3人、省管专家15人，以及享受国务院和省政府特殊津贴的41人。这些专家在各自的领域中具有卓越的学术成就和丰富的实践经验。该院还积极引进博士和硕士人才，目前，拥有博士119人、硕士505人。这些高层次人才为农业科学院的发展提供了强大的智力支持。此外，该院还拥有全省水稻、玉米、小麦、油菜、马铃薯、蔬菜、茶叶、肉牛、生猪、特色水产10个省级现代农业产业技术体系的首席科学家，以及9个创新人才团队。这些团队在各自的领域具有先进的科技实力和丰富的研究经验。贵州省农业科学院通过省委组织部引进柔性政策,与国家团队建立了紧密的合作关系。该院曾经聘请了袁隆平、邓秀新等9位院士为驻站院士,指导科技创新及人才团队培养。此外,该院还从斯里兰卡、贵州师范大学、贵州大学招收3名博士进站工作,并引进了中国热带农业科学院芒果首席专家和澳洲坚果首席专家到院工作。这些举措进一步增强了该院在农业领域的科技实力和创新能力。在人才结构方面,贵州省农业科学院现有正高级职称科技人员115人(二级16人、三级36人)、副高级325人。此外,该院还有国家百千万人才1人;省十层次人才2人、百层次人才9人、千层次人才67人;核心专家3人,省管专家15人;注册咨询工程师5人、注册核安全工程师2人。这些人才在各自的领域中具有丰富的经验和专业知识,为贵州省农业科学院的科技创新和人才培养提供了坚实的保障。通过以上措施的实施,贵州省农业科学院的人才队伍结构得到了进一步优化,为科技创新和人才培养提供了有力的支持。

(四)农业科技创新投入与产出大幅增加

近年来,贵州省在科技供给方式等方面进行改革创新,通过发布技术榜单、创新券激励、谋划重大装备研制等系列措施,引导和激励企业强化科技创新、增加研发投入、转变发展方式,农业科技创新投入与产出大幅增加。

在农业科研投入方面,2005年,贵州省县级以上政府部门农业研究与开发机构农、林、牧、渔业经费收入为1 450.25万元,2019年,为61 921万元,年均增长率30.75%。

在农业科研支出方面,2005年,贵州省县级以上政府部门农业研究与开发机构经费支出总额为13 968.3万元,2019年,为55 366万元;2005年,科技经费支出为11 860.3万元,2019年,为48 656.6万元,年均增长率分别为30.06%和30.38%(表4-3)。

表4-3 贵州省县级以上政府部门农业研究与开发机构经费收支情况

年度	农、林、牧、渔业经费收入总额/万元	政府资金收入/万元	经费支出总额/万元	科技经费支出/万元
2005	1 450.25	11 796.2	13 968.3	11 860.3
2008	2 353.09	21 890.2	20 196.8	17 386.1
2019	61 921.0	57 939.5	55 366.0	48 656.6
年均增长率/%	30.75	32.07	30.06	30.38

数据来源:2005年、2008年、2019年《贵州科技统计年鉴》

在农业科技课题方面，贵州省县级以上政府部门农业研究与开发机构2005年农、林、牧、渔业项目数合计为593个，R&D项目数193个；2019年分别增加到872个和646个，年均增长率分别为2.79%和9.01%（表4-4）。

表4-4 贵州省县级以上政府部门农业研究与开发机构项目情况

年度	农、林、牧、渔业项目数合计/个	R&D项目数/个	项目经费内部支出/万元	R&D项目经费/万元
2005	593	193	328.53	138.02
2008	810	409	479.45	263.34
2019	872	646	15 826.9	10 390.2
年均增长率/%	2.79	9.01	31.89	36.16

数据来源：2005年、2008年、2019年《贵州科技统计年鉴》。

在农业专利产出方面，2011—2017年农业专利数量呈爆发性增长。2011年之前，年增长件数仅为几十件；2011—2014年，年增长件数为几百件；2014—2017年，年增长件数达几千件；2017年达到5 405件。

在此之后，贵州省农业专利数量达到前所未有的增长，以贵州省12个农业特色优势产业为例，截至2020年3月17日，贵州省12个农业特色优势产业检索到专利申请18 475件，其中，蔬菜产业3 600件，茶叶产业3 450件，特色林业1 818件，水果产业1 550件，生猪产业1 478件，生态渔业1 235件，刺梨产业1 199件，生态家禽产业1 198件，辣椒产业867件，中药材（石斛）产业820件，食用菌产业723件，牛羊产业537件。12个重点特色农业产业中，蔬菜产业和茶叶产业现有专利申请数量相对较多，技术创新能力相对较强。

在发表农业科研论文方面，根据《贵州科技统计年鉴》2019年对全省科学研究与技术开发机构科技活动的统计，2008年贵州省县级以上政府部门农业研究与开发机构发表论文579年，2019年贵州省县级以上政府部门农业研究与开发机构发表论文726篇。2019年与2008年相比，发表论文数增加了147篇。

贵州省农业科学院作为贵州省农业科技创新的主要承载体，2021年获授权的植物新品种权39项，发明专利78项，实用新型专利118项，外观设计21项。审定农作物新品种75项，获非主要农作物新品种登记38项。发表各级期刊论文1 790篇，其中SCI收录178篇，EI收录12篇。发布地方标准29项。为相关部门提交产业调研报告21份。获得省部级奖项46项，其中贵州省科学技术进步奖一等奖 1 项，二等奖 10 项，三等奖 21 项；贵州省科学技术成果转化奖二等奖 4 项；省自然科学奖二等奖 1 项，三等奖 1 项；全国农牧渔业丰收奖一等奖 1 项，二等奖 1 项。与"十二五"期末相比，科技创新取得长足增长。

（五）农业科技创新平台建设有序推进

1. 成立农业科技创新联盟助力乡村振兴

为了推动贵州农业产业革命，助力乡村振兴，实现农业高质量发展，贵州于 2020 年 1 月 12 日创建了农业科技创新联盟。该联盟由农业科研院所、涉农高校和农业企业组成，通过集中优势科技资源、协同攻关重大科技任务、创新科学运行机制等手段，建立了产学研用一体化的创新联合体，致力于解决贵州农业全局性重大战略难题和区域性农业发展重大关键技术问题，开展协同创新。此外，贵州省级农业科研、教学机构将着重开展全省区域内农业科技领域关键共性技术的研发和集成创新工作，通过将成果转化为创新链下游的科技成果产品，为整个创新链的发展提供优质服务。地市级农业科研、教学机构则参与区域性农业科技创新工作，为推动农业科技创新作出贡献。通过这些措施，农业科技创新平台得到了不断完善，为贵州农业产业的发展注入了新的动力，也为实现乡村振兴和农业高质量发展提供了强有力的支持。

2. 农业科研院所农业工程中心和实验站加快建立

以贵州省农业科学院为例，首先，在原有的水稻、玉米、油菜等 13 个工程技术中心的基础上，新建了辣椒、特色农产品贮藏加工和大豆 3 个省级工程技术研究中心。这些新的研究中心将为农业科研提供更广阔的平台和更强大的技术支持。此外，新建了贵州省薯类工程研究中心、贵州省绿色植保技术应用工程实验室、国家马铃薯改良中心贵州分中心以及贵州省贵阳市国家农作物品种审定区域试验站。这些新的科研机构将有助于提高农业生产的技术水平和效益。同时，申报并组织实施了中央补助地方科技基础条件专项、农业部植物新品种测试贵阳分中心建设、贵州省科技基础平台建设以及省科研机构创新能力建设等项目。这些项目的实施将进一步推动农业科研的发展和进步。此外，启动了院作物基因资源与种质创制贵州科学观测实验站建设和贵州耕地保育与农业环境农业科学实验站建设。这些实验站的建设将为农业科研提供更加全面和深入的研究数据和成果。贵州省农业科学院的 7 个试验站被列入国家农业科学实验站，这将有助于开展农业长期性基础性科技工作。

启动了国家油菜改良中心贵州分中心二期建设，这将进一步提高油菜的产量和质量。新建了2万平方米的"农业科技创新大楼"，并拥有专业仪器设备达2 600台（套）。这些设备和设施将为农业科研提供更加先进的手段和技术支持。同时，建成了花溪麦坪畜牧养殖、关岭和惠水水产养殖、镇宁火龙果、兴义芒果种质资源圃等10余个自主科研创新基地（园区），为农业科技创新、成果展示与转化提供了广阔的平台。这些基地和园区的建设将有助于推动农业科技成果的转化和应用，提高农业生产效益和竞争力。

3. 南繁科研育种基地初具规模

投资建成贵州南繁科研育种基地，形成了贵州南繁科研育种乐东基地、水稻种质资源创新南繁科研育种基地、旱作南繁科研育种基地、遵义市南繁科研育种基地4个核心基地，规模1 135.58亩，全部纳入国家南繁育种核心区永久保护，成为贵州农作物育种应用与基础研究的重要基地。南繁科研基地现入驻育种单位30余家，科研育种人员300余名，完成近13万份育种材料加代，67万份杂交材料组合，获得国家审定品种9个，省级审定品种174个，累计推广应用面积达13 841.5万亩，获得植物新品种权保护137个，制定技术标准9个，在各级期刊发表文章1 422篇，获得国家级奖励5项，省部级奖励53项。

4. 良种供应基地建设成效显著

建成1个国家级杂交水稻制种大县（岑巩），隆平高科等八家全国大型种子企业入驻岑巩，打造国家级杂交水稻制种基地"岑巩模式"，为省内外提供"贵州生产"杂交水稻良种4万吨。建成马铃薯（威宁）、油菜（长顺）、天麻（大方）、茶叶（湄潭）等4个国家级农作物区域性良种繁育基地，威宁马铃薯良种繁育基地达3万亩，长顺杂交油菜制种基地达1万余亩，大方天麻良种繁育基地达1万余亩，湄潭茶树苗木繁育基地达5 000亩。建成榕江县优质稻地方特色品种"锡利贡米"种子繁育基地，锡利贡米系列曾连续三届获得全国优质稻米品种食味品质鉴评金奖。建成国家级地方畜禽遗传资源保种场3个，省级畜禽种质资源基因库1个，省级种羊测定站1个。

5. 基础研究平台不断夯实[①]

从2017年拥有30个科研平台、1个重点实验室，后续获批立项（备案）国家级和省级科研创新平台共50个，其中，国家级平台17个，省级科研平台33个，

---

① https://www.gznw.com/gznjw/kzx/xwrd/snxw/872675/index.html

省级重点实验室 2 个；至 2021 年，贵州省农业科学院建成了 25 个国家农业产业技术体系综合试验站，在 17 个省产业技术体系承担了 12 个体系的建设工作。

（六）农业科技合作领域深入拓展

近年来，贵州省积极利用全球资源，扩大科技对外影响力，构建了省部省院联动、军地协同、面向世界的农业科技合作与交流机制。将引进消化吸收再创新作为提升农业科技创新能力的主要模式，通过搭建平台和借助外部力量，吸引创新资源，努力将贵州省打造成为西部地区重要的农业科技创新资源聚集地。贵州省与科技部、中国农业科学院、省外农业科学院等国家部委和省级农业科研院所的会商合作和相互合作不断深化。以贵州省农业科学院为例，加强了与中国农业科学院、中国热带农业科学院等国家级、省级、市州级农业科研院所的合作，邀请了国内外专家开展学术交流 100 余人次，出国出境访学 199 人次。贵州省农业科学院还与贵州大学签订了《战略合作框架协议》和《联合培养研究生合作协议》，开始联合培养研究生，共建"乡村振兴战略研究院"。此外，还与贵州省教育厅达成协议，合作培养食用菌研究生。在加强国际合作方面，贵州省农业科学院与韩国忠清南道农业技术学院、美国康涅狄克大学、法国巴黎高等生物技术研究学院、巴黎第十一大学植物科学研究所、澳大利亚麦克菲尔德公司等机构或组织签订了框架合作协议，共同开展联合研究、人员互访、学术交流、人才培养、建立海外实训基地等合作内容。这些合作将有助于推动贵州省农业科技的快速发展和国际化进程。

二、支撑农业产业发展作用凸显

（一）全省农作物自育品种占比不断提高

"十三五"以来，省科技厅围绕贵州现代山地特色高效农业种业创新关键共性需求，高水平提供科技供给，共立项实施科技项目 202 个，支持经费 1.5 亿元。在项目的推动下，珍稀食用菌自育品种占比超过 90%，玉米自育品种占比 54%，酒用高粱自育品种占比超过 80%，猕猴桃等精品水果自育品种占比超过 50%，油菜品种在长江中下游拥有较好口碑。

（二）品种创新能力逐步提高[①]

"十三五"期间，全省累计审定主要农作物品种213个、登记非主要农作物品种278个，获得植物新品种保护授权品种137个。玉米自育良种领先西南地区，贵单8号14年一直是贵州玉米区域试验对照品种，自交系QR273、热抗白67和7031等亲本为代表组配的玉米品种占西南玉米种业过半市场。高粱自育良种在酱香型白酒产业上占据绝对优质，红樱子高粱成为茅台酒唯一指定品种，红珍珠成为酱香型白酒应用最多、推广面积最大的品种，高粱良种自给率达100%，为全省千亿级白酒产业提供了强有力支撑。油菜自育良种领先全国，率先在全国提出油菜双隐性核不育杂优育种理论，省内油菜良种自给率达81.7%，育成的杂交种在长江流域13个省（市）累计推广面积超1亿亩，创社会经济效益100亿元。除此之外，省内珍稀食用菌自育品种占比超过90%，猕猴桃等精品水果自育品种占比超过50%，全省农作物自育品种占比不断提高。

种业企业实力逐步增强。省、市、县三级共核发农作物种子生产经营许可证129个，其中，8家被评为省级育繁推一体企业，2家企业在新三板挂牌。"十三五"期间，育繁推一体化企业科研投入达3 000余万元。全省持有种畜禽生产经营许可证的企业106家，其中，获国家农业产业化龙头企业8家（种牛3家、种猪5家），省级农业产业化龙头企业34家（牛4家、羊3家、猪20家、鸡6家、鸭1家），其中，中和恒瑞（贵州）有限公司进入全国种牛企业前五强。

（三）科技创新支撑粮油产业效果明显

根据国家统计局发布的数据，2021年，贵州省的粮食播种面积达到了4 181.55万亩，与2020年相比增长了1.22%。同时，粮食总产量也达到了1 094.9万吨，同比增长了3.49%。2021年，贵州省的夏粮播种面积达到了1 326万亩，产量为256万吨，产量同比增长了1.7%。此外，秋粮的播种面积稳中有增，秋粮的长势也普遍好于常年。通过"中国好粮油"示范县建设，贵州省成功培育了15个优质粮油新品种。在示范县内，优质稻、杂粮、油料等种植面积累计达到了100多万亩。这一建设项目的实施不仅有助于提高贵州省粮食的产量和质量，还有助于促进农业结构的优化和农民的增收。

[①] 贵州省"十四五"农业种业发展规划。2022年4月29日，贵州省农业农村厅，贵州省发展和改革委员会。

1. 粮油产业科研创新平台不断完善

贵州省农业科学院水稻研究所是贵州省水稻现代农业产业技术体系建设的依托单位，拥有多个研究室和平台，如两系杂种优势利用研究室、三系杂种优势利用研究室、分子育种研究室、栽培生理研究室等。该所还拥有贵州省水稻工程技术中心、贵州省两用核不育系生态鉴定中心等中试基地和服务平台，并承担国家水稻产业技术体系贵阳综合试验站建设。该所现有在职职工 68 人，其中，博士 9 人，在读博士 5 人，硕士 25 人；研究员 9 人，副高职称 15 人，中级职称 16 人。该所还拥有享受国务院特殊津贴专家 3 人，享受省政府特殊津贴专家 1 人，省管专家 1 人，省青年优秀科技人才培养对象 2 人，西部之光访问学者 1 人。该所主要开展水稻遗传育种、杂种优势利用、稻米品质、良种繁（制）种技术、功能基因发掘及应用、优质高产高效配套栽培技术研究，技术培训和咨询服务，承担国家和省级区域试验。该所育成了多个水稻品种通过国家或省级审定，获得新品种保护 23 项，制定发布地方标准 7 项，克隆水稻基因 2 个，育成不育系 20 余个，构建水稻全基因组分子图谱 2 个，编著出版专著 3 部，发表论文 500 余篇，其中，SCI 论文 20 余篇。该所推广新品种、新技术累计 1 亿亩以上，获得国家科学技术进步奖和省（部）级科学技术进步奖 57 项。

2. 粮油产业科技创新人才培养取得成效

投资 7.8 亿元建设贵州食品工程职业学院。学院开设了 34 个专业，有 7 020 名在校学生。学院还拥有"食品资源安全生产技术与综合利用重点实验室"，并与兴仁市人民政府合作建立"兴仁市薏仁米研发中心"，以进一步推动薏仁米的研发和利用。为了支持全省 300 多家涉粮企业，学院还帮助这些企业开展电子商务，以加快新业态的发展。同时，学院积极引进高层次人才，提升办学水平和档次，并开设了具有粮油特色的专业。此外，学院还与知名企业合作设立"订单班"，并在龙头企业建立了实训基地。为了推动"产教融合"，学院还成立了黔菜学院和黔菜研究院，进一步深化职业教育，为粮食行业的发展提供了坚实的人才基础。

3. 科技创新支撑粮食储备信息化取得了长足发展

通过实施"智慧粮库"和"粮安工程"粮库智能化升级改造建设，完成了省级平台与国家平台、全省各智能粮库系统的资源整合、数据打通、应用贯通，实现了实时连线承储企业和库点，实现粮库管理可监管、业务流程可追踪、现场作业可查看。完善数据共享交换系统，加快粮食和各类储备数据资源共享，实行数据分级集中管理，实现与国家平台数据共享交换，初步建立全省行业大数据资源体系。

（四）科技创新支撑蔬菜产业成效显著

蔬菜是城乡居民生活必不可少的重要农产品，保障蔬菜供给是重大的民生问题。同时，蔬菜产业也是实现乡村振兴战略、促进农民增收的重要支撑产业。贵州是我国三大夏秋蔬菜优势主产区，是云贵高原蔬菜生产重点省份之一。近年来，贵州蔬菜产业取得显著成效，实现了播种面积与产量的双提升。2021年，全省蔬菜种植面积1 898.3万亩，产量3 205.5万吨，产值989.5亿元，贵州蔬菜种植面积上升到全国第四，产量全国第十，产值全国第七。其中，全省普通白菜、萝卜、甘蓝、佛手瓜、韭黄、大蒜、芹菜等单品种植面积排名全国前十。目前，贵州蔬菜产业进入了全国第一梯队。

1. 科技创新支撑蔬菜育种单位、人员及研发平台发展方面

贵州省从事蔬菜种业创新的团队主要以科研单位和高等院校为主，企业为辅。科研单位有9家，贵州省农业科学院园艺研究所、贵州省农业科学院蚕业（辣椒）研究所、遵义市农业科学研究院、安顺市农业科学院、六盘水市农业科学院、毕节市农业科学研究所、威宁县农科所、黔南州农业科学研究院、黔东南州农业科学院、贵阳市农业试验中心；高等院校有贵州大学和贵州省农业职业技术学院；企业有近50家，如贵州蔬菜集团有限公司、贵州卓豪农业科技有限公司、遵义劳仑丰农业科技有限公司等。育种人员400余人，其中，高级职称72人，占比18%左右，中级职称92人，占比23%左右；硕士90人，占比23%左右，博士15人，占比4%左右。中高级职称人数偏少，高层次人才缺乏。

研发平台以省级平台为主，国家级平台严重缺乏。其中，国家级研发平台仅有1个，国家特色蔬菜产业技术体系遵义综合试验站；省级研发平台有5个，贵州省蔬菜产业技术体系、贵州省辣椒产业技术体系、贵州省农业科学院山茂园艺工程技术中心、贵州省辣椒育种与栽培工程技术研究中心、贵州辣椒种质资源中期库；市级研发平台有1个，贵阳市蔬菜种质资源研究中心。

2. 科技支撑种源创新与现代生物育种方面

种质资源创新。贵州丰富的生物多样性形成了优质、独特、丰富的地方特色蔬菜品种。利用种质资源优势，全省生姜、大白菜、菜豆、山药、大蒜、芥菜、香椿等特色蔬菜资源可实现专业化、规模化开发。目前，针对产业发展需要，仅贵州省

农业科学院园艺所已育成白菜、青菜、甘蓝、辣椒、番茄、茄子、南瓜、黄瓜、苦瓜、丝瓜等42个品种在生产上应用,自育品种在全省应用率达20%以上;从国内外引进的1 500余个优良品种中,鉴选出适宜贵州不同生态区栽培的优良蔬菜品种100余个,良种覆盖率达90%以上。

蔬菜品种选育技术。使用传统的杂交育种技术,选育一个蔬菜优良新品种一般要花费5~8年的时间,品种选育周期长使得品种往往跟不上市场的变化。在科技创新的驱动下,自2009年开始,省农业科学院蔬菜团队创新运用单倍体育种技术,先后建立了单倍体(小孢子培养和子房培养)育种技术体系。现在,品种选育年限比常规育种缩短3~5年,选育出的新品种育种效率更高、品种更纯、性状更稳定。"小孢子培养"的新技术达国内先进水平;2016年建立的子房培养技术体系,达国际先进水平。

蔬菜新品种培育。针对喜凉蔬菜在3—5月易发生先期抽薹问题,现已利用贵州特有的耐抽薹大白菜、青菜地方资源和国外引进的耐抽薹品种,培育出黔白5号、黔白9号、黔甘1号、黔甘2号、黔青6号等多个耐抽薹蔬菜新品种,解决了春、夏反季节播种易先期抽薹的问题。其中,特耐抽薹大白菜新品种在省内的罗甸、清镇、威宁、平坝、播州等县区,省外的重庆、湖北、宁夏等试验示范县,累计实现良种良法配套推广130.81万亩,新增效益97.81亿元;近三年推广74.93万亩,新增效益57.54亿元。贵州省农业科学院园艺所"加工型叶用芥菜选育"获2015年贵州省科学技术进步奖三等奖,"耐抽薹大白菜的选育"获2019年贵州省科学技术进步奖二等奖。

野生蔬菜资源开发。野生蔬菜因其绿色干净、滋味鲜美、营养丰富等特点,在大宗蔬菜发展整体趋向饱和的基础上,有较高的研发利用潜力,越来越受到国内外消费者的青睐。近年来,科研机构已对贵州省内冰菜、荠菜、养心菜、枸杞菜、阳荷、香椿、藜蒿等野生蔬菜栽培情况进行初步调查,对部分野生蔬菜常规营养物质含量及重金属进行了测定和安全性研究,初步掌握部分野生蔬菜的生长习性。在黄平县建立了野生蔬菜优质资源研究与栽培技术试验示范基地,为全省野生蔬菜的产业化发展奠定了较好的基础。

3. 科技创新支撑蔬菜高效种植与绿色生产方面

贵州海拔落差大,立体气候十分明显。利用不同的气候优势,瞄准全国蔬菜淡季市场,采用错季栽培模式,错峰上市,有效提高了蔬菜生产的经济效益。

蔬菜高效种植。 利用选育的蔬菜新品种耐抽薹性和生态适应性，贵州省农业科学院通过增加复种指数，研发了"夏秋栽培、秋冬栽培、春夏栽培"等错季栽培模式，调整蔬菜种类、品种结构，合理间套作，大力推广优新品种、新技术，进一步优化各类组合模式，推动蔬菜产业发展和提质升级，激活农业增收潜能。其中，贵州蔬菜"321"（年亩产值3万元、2万元、1万元）高效种植技术研究与示范，研究总结出适宜不同生态区的一年多茬蔬菜高效种植技术模式100余套，引进国内外15个种类231个蔬菜品种进行引种试验，鉴选出61个优良品种推广应用。

蔬菜绿色生产。 以绿色发展为导向，大力推广绿色有机农产品种植，研究推广了蔬菜间套作和一年多茬的高效栽培模式。推广生态化栽培技术，提升蔬菜标准化生产水平，加强生产投入品监管，完善投入品监管制度，健全蔬菜产品质量安全可追溯体系，推进"两品一标"认证，推行化肥和农药双减措施，蔬菜质量安全抽检合格率达99%，高于全国平均水平，是全国最适宜发展绿色及有机农产品的地区之一。

4. 科技创新支撑蔬菜产业发展大数据技术方面

加快实施智慧农业工程。 贵州省积极推进物联网、大数据、3S技术等信息技术的融合与应用，积极开展智慧农业试验示范，涌现出了"贵州农业云"的物联网新模式，积极推进大数据、云计算、人工智能等在农业全产业链的应用，实现"互联网+"与农业生产、经营、管理、服务的有效融合，农业生产智能化水平不断提高。2020年，贵州农产品大数据平台（黔菜网）已上线3 622个蔬菜基地，共378.39万亩，覆盖87个县（市）。共有用户5 865个，其中，有供应商844个，共发布农产品2 585个，达成订单986单共7 721吨，实现交易金额5 868万元。

大数据推动农业精细化生产。 加强大数据在农业生产上的应用，建立从种植前端到销售末端全流程监管的大数据平台，加强对各大产业育苗（种）基地、扩繁基地、种植（养殖）基地、加工企业等农业生产主体的数据采集，特别是对产业选择、质量管理、包装销售、售后服务等生产管理行为的数据采集。通过数据分析，指导农业节水、节肥、节药、降费和农业气象预报等精细化生产，促进农业降本增效。

（五）科技创新支撑茶叶产业效果突出

2020年，贵州省茶园总面积700万亩，排名全国第一，占全国茶园总面积的15.2%；全年茶叶总产量43.6万吨、总产值503.8亿元。带动涉茶人数340万人，年人均收入 12 351 元。其中，都匀、湄潭、凤冈、石阡等 10 个县市的茶园面积均超过 20 万余亩。

1. 研发创新平台建设不断完善

2020 年，贵州省茶产业工程技术研究中心、贵州省茶种质创新工程技术研究中心在贵州省茶产业发展领导小组和贵州省科技厅的领导下，建成茶树资源与育种等专业实验室 6 个，扩建茶树种质资源圃，新建茶树杂交大棚。贵州省科研机构具备了茶树资源评价、分子育种、生理生化、病虫害鉴定、品质分析和功能成分分析等应用基础研究和技术研发能力，提升了新材料创制与特异种质筛选能力。这些科研机构当年就创制杂交组合 8 组，获得新材料 1 640 份；新增入圃茶树种质资源 491 份，资源保存量 2 824 份。筛选出高氨基酸、高 EGCG、低咖啡碱特异茶树种质资源 134 份；获植物新品种权证书品种 8 个，申请植物新品种权 2 个。

2. 黔茶系列新品种繁育推广成果显著

由贵州省农业科学院茶叶研究所培育的以黔茶 1 号、8 号、10 号和黔湄 601 为代表的黔茶系列新品种"育繁推"一体化工作推进迅速。黔茶 1 号从着手培育到获准推广经历了 16 年时间，而黔茶 8 号时间更长，持续了 24 年，2019 年 4 月两个品种获得农业农村部非主要农作物品种登记。黔茶 1 号具有优质高产、适应性强的特点，自带花香是其一大特色，具有成园快、早投产、产量高的优势，成龄茶园每亩可生产干茶 250 千克左右，产量比福鼎大白茶高 21.6%，在海拔 400～1 800 米范围都可种植，是全省调整优化茶树种植品种结构的区域主推品种；黔茶 8 号属于早生茶种，春季出芽时间比福鼎大白茶提前几天，适合发展为绿茶；黔茶 10 号对贵州茶园主发虫害抗性高。黔茶系列可生产绿茶翠芽、毛峰、红茶、白茶、花茶等茶产品，适制用途广，适宜全省各茶区推广种植。截至 2020 年底，贵州推广黔茶 1 号、黔茶 8 号 1.6 万亩。2020 年，黔湄 601、黔茶 1 号、都匀毛尖、石阡苔茶、贵定鸟王种等黔茶系列品种种植面积 95 万亩，占全省茶园总面积的比重提高到 13.6%。

3. 茶园标准化、绿色化发展提速

"干净茶"是贵州茶产业着力打造的一张名片。2014 年以来，贵州参照欧盟及日本标准，不断提升农药禁用量。贵州省是我国第一个在茶园禁止使用水溶性农药、草甘膦、除草剂的省份，且全域推广茶园绿色防控集成技术。目前，贵州禁用农药的数量达到 128 种，比国家规定的 62 种禁用农药数量高出 1 倍。在农业农村部和省级开展的茶叶质量风险监测中,贵州省茶样农残和重金属合格率连续10年保持100%。2020年12月,贵州省出台了第一部促进茶产业发展的省级地方性法规《贵州省茶产业发展条例》,重点围绕生态茶、干净茶、茶品牌等进行规范。2020年以来,贵州茶产业紧抓关键环节,从源头出发绿色防控、推广茶叶专用肥、推广黔茶系列茶树品种"三大行动"不断增强贵州茶产业的竞争力,目前绿色防控技术实现43个茶叶主产县全覆盖,截至2021年底,全省建立绿色防控试验核心示范基地20个3 400亩,推广面积269.55万亩。当前,全省达到无公害绿色茶叶要求的茶叶种植面积有300万亩,占投产茶园的96%。

4. 茶园标准化、绿色化发展为干净黔茶出口打开了新局面

贵州绿茶、都匀毛尖茶、凤冈锌硒茶、朵贝茶4个贵州茶叶地理标志产品被列入中欧地理标志协定保护名录。"贵州绿茶"授权使用企业数量达285家,基本实现了国家级、省级、市州级龙头企业使用全覆盖。全省培育出口基地茶园48万亩,有出口备案茶叶企业163家。2021年,全省茶叶出口额达到创纪录的3.3亿美元,贵州茶叶出口量和出口额分别跃升至全国第九位和第四位,出口单价更是高居全国第一。

5. 多品类茶叶加工能力及工艺技术进步明显

贵州省已形成以绿茶为主体,红茶、黑茶、抹茶加快发展,茶食品、茶用品并存,春茶、夏茶、秋茶并重的产品格局。2020年,贵州省绿茶、红茶、黑茶产量分别为33.55万吨、8.09万吨、1.51万吨,分别占比76.95%、18.55%、3.46%;春茶15.9吨、夏秋茶27.7吨,分别占比36.5%、63.5%。截至2020年10月,贵州具有200条碾茶线规模,实现4 000吨的精制抹茶产能,抹茶产量已占中国产量的1/5,世界产量的1/10,已建成世界最大的单体抹茶精制车间。全省茶叶加工企业及合作社5 746家,其中国家级龙头企10家,排名全国第二,占全国总数的19.6%。省级龙头企业260家,占全省总数的22.1%,市县级龙头企业384家。全省组建了贵茶集团、遵茶集团、黔茶联盟、都匀毛尖集团等21个茶产业集团(联盟)。以企业为主体加快建设茶叶生产线,全省现有初制加工生产线3 443条,精制生产线320条,深加工生产线18条。全省90%以上茶叶加工企业实现了标准化生产,实现了生产春茶向春夏秋三季生产转变,独芽茶原料向一芽一叶和一芽数叶原料转变。加工产品品质提升明显。绿茶加工更加注重工艺参数的精细化控制,企业在绿茶杀青、做形、提香等工艺环节更加注重工艺参数的精细化控制,掌握了炒

制温度及其作用时间与香气品质形成的关键技术。红茶加工水平提升较快，企业更加重视茶叶加工过程的物质变化，对发酵、提香关键工艺参数的控制及适度判断标准有了新的认识。

（六）科技创新支撑精品水果产业取得长足发展

2020年，贵州省园林水果果园面积达985.04万亩，产量521.27万吨，产值300.38亿元，比2015年分别增长136.51%、140.33%和323.78%。贵州水果种植面积从2015年的全国第18位跃居到2020年的全国第7位，蓝莓、李种植面积全国第一，猕猴桃、百香果种植面积全国前三，基本建成我国南方重要的精品水果产区。

1. 水果树种、品种不断优化

一方面，立足本省资源禀赋，积极培育和引进适宜区域发展的特色优质水果，调整优化水果树种结构，猕猴桃、蓝莓、百香果、火龙果、地方名李、特色樱桃六大优势树种种植面积不断扩大，占全省水果种植面积的比重已达43.91%。另一方面，积极引进和培育适宜区域发展的水果优新品种，逐步形成了重点突出、结构优化的水果品种发展格局：猕猴桃以"一红一绿""一早一晚"的贵长猕猴桃、红心猕猴桃为主，蓝莓以灿烂、蓝美1号、奥尼尔等鲜食兼加工实用型品种为主，火龙果以自花授粉品种金都一号、软枝大红为主，百香果以台农一号、芭乐味黄金百香果为主，特色樱桃以玛瑙红樱桃为主，地方名李以"一绿一红"的蜂糖李、脆红李为主，水果品种的结构明显改善，产业发展的效益不断提高。

2. "专班+专家+战队"现代水果产业技术服务体系为产业发展提供了内生动力

通过构建"专班+专家+战队"的贵州现代水果产业技术服务体系，贵州水果产业面积持续扩大、效益不断释放、品牌逐渐打响，已初步实现产业规模化、标准化、市场化升级，成为贵州现代山地特色高效农业发展的主导产业，在"十三五"期间，贵州水果产业带动216.72万人脱贫，带动脱贫户人均年增收2 262.3元。按照"优势产品在优势区域裂变式发展和规模化、标准化、品牌化发展"的要求，省水果专班立足资源禀赋、气候条件、产业基础和市场需求，瞄准百香果、猕猴桃、火龙果、蓝莓、地方名李、特色樱桃等"4+2+N"特色优势树种，整合土地、资金、技术、人才等发展要素，强力推进贵州水果产业发展。省水果专班通过抓好"4+2+N"优势树种发展，重点打造了22个"万亩片"、126个"千亩村"。全省水果规模快速扩张，基本形成了南北盘江、红水河流域百香果、火龙果等南亚热带水果产业带，北盘江、乌江流域地方名李产业带，黔中、黔西北猕猴桃产业集群，黔东南蓝莓产业融合发展区等优势产区。贵州猕猴桃、蓝莓等"4+2"特色优势水果面积比重由"十三五"初的33.67%增加到2020年的42.12%。

3.科研平台有效弥补产业发展短板

2021年6月，"贵州修文猕猴桃研究院"和"中国—新西兰猕猴桃'一带一路'联合实验室贵州中心"（以下简称为"一院一中心"）正式挂牌成立。"一院一中心"通过完善全产业链技术体系，在单产、品质、品牌、效益上实现新突破。我们计划经过5年的努力，在修文打造猕猴桃品牌示范基地20个以上，亩均单产提高到1 500千克以上，猕猴桃溃疡病、花腐病和果实软腐病防效达到80%以上，病虫危害损失率控制在5%以内，优质商品果率提高到85%以上。平台聚集了省内外猕猴桃育种、栽培、病虫害及采后贮藏保鲜专家，有效弥补了全省猕猴桃产业发展在技术、人才上的短缺。

4.专家团队攻技术促进产业提质升级

为加大水果产业科技支持力量，充分发挥好水果产业专家团队在技术指导、标准推广等方面的作用，指导各地水果产业迅速发展，贵州省水果专班组建了火龙果、百香果、猕猴桃、蓝莓、地方名李、特色樱桃、贮藏加工、信息经济8个省级专家团队及六大树种专班战队。专班安排专项资金，专家围绕产业关键瓶颈问题开展技术服务和科研攻关，为产业发展奠定了技术基础。为解决紫红龙火龙果高额的人工授粉成本制约产业发展的瓶颈，贵州省培育了可以自花授粉的黔蜜龙等火龙果品种，并在全省推广换种。另外，专家团队通过研发加密种植等技术手段，贵州的火龙果每亩平均产量从原来的500千克提高到至少4 000千克，亩产值可以从不足1万元提升到2万元以上。为解决玛瑙红樱桃产业链后端的问题，以采后处理的标准化促进果品品质的稳定性，省水果专班根据玛瑙红樱桃的特性研发了自发气调包装技术，将玛瑙红樱桃采后保鲜时间由3天延长至20天，并开发"保鲜包装＋蓄冷剂"技术用于电商宅配物流，实现玛瑙红樱桃48小时到北京、上海、广州、厦门后仍保持新鲜，销售半径和销售价格实现了大幅提升。

(七) 科技创新支撑中药材产业成绩显著

截至 2021 年底,贵州省全省中药材总面积 773.61 万亩,位居全国第二,其中,天麻、太子参等位居全国第一。天麻种植面积 21.08 万亩,大方、德江、雷山核心产区全国闻名。太子参种植面积 31.09 万亩,总产量占全国需求量的 40% 以上,初具全国定价权。石斛种植面积 16.93 万亩,近野生石斛面积、产量、产值位居全国第一。全省中药材产量 274.13 万吨,产值 262.59 亿元,10 万亩以上种植大县 25 个,200 亩以上规模化标准化生产基地 1 296 个,47 个单品种植规模超万亩,37 个单品产值超亿元,产业发展迅速。

1. 科技投入和产出呈增长趋势

以 2017 年为例,在全省 162 家医药工业和 16 家中药领域科研院所、大专院校的科研项目经费支出达 9.54 亿元,在支出上,主要是政府资金、企业资金以及金融机构贷款。同年,贵州省中药民族产业领域专利申请受理数合计 904 件,其中,发明专利 475 件,实用新型专利 179 件;发表科技论文 2 756 篇,其中,核心期刊 905 篇,被 EI、ISTP 收录的有 354 篇。除对产业研发方面的投入,贵州省也极其重视中药材产业后备人才培养,2017 年培养民族中药领域博士 138 人、硕士 298 人、服务于中药材产业科技创新团队 36 个。

2. 科研体系建设不断完善

全省先后建设和成立了贵州省中医药研究院、贵州省现代中药材研究所、贵州省中药材工程技术研究中心和贵州省中药材繁育与种植工程实验室等中药民族药研究机构。2009 年启动了"贵州省中药农业产业技术体系"建设,并附属配建了中药农业产业技术体系功能实验室和试验站,建成国家中药材产业技术体系试验站 1 个。相关高等院校及科研院所先后设立了中药材种植相关专业和中药材研究机构。各地针对当地生产需要,通过产学研结合,陆续开展了一些中药材野生变家种、引种栽培、规范化栽培等实用技术和推广工作,将中药材种植纳入农业技术推广和服务范围,加大对农技人员和药农的培训力度。全省中药材种植科研能力和技术水平得到进一步加强,从事中药材种植技术推广的技术人员迅速增加,支撑中药材产业发展的科技支撑体系初步建立。

3. 科技提高全省中药生产现代化的综合竞争能力和水平作用明显

围绕产业链部署创新链,围绕创新链安排资金链。2006—2016 年,积极组织凝练国家和省级重大科技专项1 500余项，投入研发经费6.9亿元。同时，按照渠道不变、优化集成、统筹使用、各记其功的原则，将相关各类建设资金进行整合，集中力量支持中药现代化基地建设，对重点项目给予重点扶持。通过科技创新、项目引领、企业培育、科研后补助等支持手段，强化企业创新主体意识。以企业为主体的研发力量显著增强，龙头骨干企业的工艺和设备水平达到国内先进水平，一批重点企业产品质量控制、生产经营效率大幅度提升。通过引进国内先进技术、人才，指导企业与省外研究机构建立技术联盟等措施，积极利用国内科研院所、高等学校的技术优势，提高全省中药现代化研究开发水平。

4. 科技示范引领推进中药材产业增收效果突出

充分发挥科技计划项目的示范带动作用。通过"半夏、何首乌、金钗石斛等八种药材规范化种植和野生保护抚育关键技术研究及应用示范""西南区域天麻、淫羊藿、太子参、何首乌等大宗中药材质量标准提高及其综合利用研究"等一批国家级、省级科技计划项目的实施，突破了一批地道特色品种的组培苗、扩繁和病虫害防治等产业技术瓶颈，为规范化、规模化种植提供了强有力的科技支撑。在施秉、赤水等中药材种植大县，组织实施国家级、省级科技惠民计划，将中药材种植技术中成熟度高、适用性强、特色鲜明的先进科技成果进行综合集成和应用示范，探索促进科技成果转化应用的新机制和新做法，形成了"政产学研用"五方协作的成果转化新模式，让更多百姓享受到科技进步的成果。通过科研人员的试验示范，推广"林药结合""草药结合""粮药结合""果药结合"等模式，将种植基地与文化、旅游发展结合起来，用有限的耕地填饱"肚子"，用中药材产业的发展增加农户的"票子"，产业覆盖带动数十万农户增收致富，在中药材种植重点县涌现出一大批年收入百万元、十万元种植户，实现百姓富与生态美的有机统一。

5. 科技创新推动市场规模不断扩大

以科技为支撑，围绕全省重点打造的天麻、太子参、石斛、刺梨、艾纳香、何首乌、桔梗、续断、半夏、淫羊藿、钩藤、头花蓼等品种，开展规范种植及良种繁育基地建设，从保护、改善药材生态环境入手，按照优质无公害中药材生产及中药材生产质量管理规范（GAP）指导原则，开展种质优选、良种繁育等方面研究，提高中药材生产管理水平，保证以高品质来保持高市场竞争力。通过政策扶持，鼓励和引导企业制定实施品牌发展战略，不断优化品种，提升品质，提高全省道地中药材知名品牌的市场占有率和美誉度。在全国形成了诸如施秉太子参、赤水金钗石斛、德江和大方天麻等贵州原产地品牌产品。2011年，为解决全省天麻产业发展中存在的关键共性技术问题，作为国家项目的配套支持，贵州省科技厅和贵阳市科技局联动，同时以重大专项形式对"天麻医药产业深度开发关键问题研究"给予资助，由12家单位共同组建产业联盟形式实施，通过科技支撑，进一步提升了"贵天麻"的有效性、安全性和质量可控性，增加产品科技含量和市场认知度。强力推进科技创新，取得良好效果。一方面，利用现代科技助力中医药的继承与创新，对传统中医药理论内涵进行科学解读，通过推进临床循证评价方法的普及应用，提高临床研究的质量，鼓励研发创新性强、科技含量高、市场前景好、拥有自主知识产权的创新药物。近十年来，中药民族药方面有四个项目获省级科学技术奖一等奖，其中，2015年"苗药理气活血滴丸的研发"获贵州省科技进步奖一等奖；"参芎葡萄糖注射液技术成果转化"获贵州省科技成果转化奖一等奖。另一方面，鼓励对中药名优品种进行技术提升和深度开发。2011年，组织实施了"9种名优中药品种的技术提升与深度开发"省级科技重大专项。选取市场占有率较高、需求量大、疗效肯定，且具有发展潜力的"仙灵骨葆胶囊""热淋清颗粒""妇科再造丸"等9个代表性名优品种作为研究对象，通过3年项目实施，9个品种新增产值26.41亿元，新增利税7.69亿元，实现了产品产业化规模和市场占有率的大幅度提升。2011年，支持贵州益佰对第3代铂类药物——"洛铂"进行再创新，这是科技部门首次支持洛铂开展对人不同卵巢癌体外抗肿瘤活性和体内疗效的系统药效学研究，已取得新增适应症临床试验批件，预计单品种可新增产值3亿元以上。

（八）科技创新支撑生态畜牧业作用突出

贵州省不断深化生态畜牧业产业结构调整，在稳定生猪生产的基础上，着力推进牛、羊等草食生态畜牧业发展，加快生态家禽产业发展。根据贵州省统计局数据显示，牛出栏数从2011年的97.21万头增加到2021年的180.06万头，羊出栏数从2011年的197.31万头增加到2021年的279.97万头，牛肉产量从2011年的12万吨增加到2021年的23.59万吨，羊肉产量从2011年的3.37万吨增加到2021年的4.88万吨，禽肉产量从2011年的14.35万吨增加到2021年的31.12万吨，猪肉在肉类产量中的占比从2011年的83.3%下降为2021年的72.8%，生态畜牧业产业结构不断优化。

1. 科技创新支撑生猪产业发展方面

生猪良种化产业化加快推进。全省建有种猪场80家,生猪改良站(点)8 662个,香猪、可乐猪、黔北黑猪等7大地方猪种均建有保种场(保护区)。平坝区已建成全国一流的现代化高标准大型种公猪站1个。以贵州地方猪种为育种素材的"黔猪配套系"已选育至第6个世代。国家级种猪核心育种场实现零突破,贵阳德康畜牧有限公司(中寨种猪场)通过全国畜禽遗传改良计划工作领导小组办公室和专家委员会组织的国家畜禽核心育种场遴选,入选国家生猪核心育种场,生猪良种繁育体系逐步建成。国家级产业化龙头企业德康、温氏、大北农等大型企业先后落户32个县(市、区),"政府+企业+农户(家庭牧场)"三位一体产业集群快速发展,设施设备水平不断提升,带动能力明显增强。

生猪标准化区域化进程加快。全省有省级以上生猪养殖标准化示范场112个,生猪规模化养殖水平达31.78%,畜禽良种化、养殖设施化、生产规范化、防疫制度化、粪污无害化等标准化生产技术推广持续有效推进。生猪养殖区域布局集中,遵义市、毕节市、铜仁市出栏量之和占全省总出栏量一半以上,威宁县、七星关区、播州区、习水县等10县(市、区)出栏量之和占全省总出栏量的三分之一。

生猪绿色养殖水平进一步提升。创建了国家级非洲猪瘟无疫小区3个,省级非洲猪瘟无疫小区23个。大力推广猪—沼—菜(粮、果、茶)等生态循环农业模式,建立了多个生态循环农业示范点,加大有机肥使用比例。探索建立了畜禽粪污资源化利用整县推进机制。

2. 科技创新支撑肉牛产业发展方面

肉牛良种繁育创新平台建设进一步提高。2020年底建成贵州省种公牛站,现拥有成套冻精生产线1条和专业化队伍,初步建成集商业化生产与科研创新于一体的创新平台。2021年3月,贵州省种公牛站正式获得种畜生产经营许可证,饲养本地黄牛种公牛51头(包括关岭牛和思南牛),年产常规冻精30万剂,性控冻精1万剂。另外,引进外来品种种公牛(包括西门塔尔牛、安格斯牛、利木赞牛及和牛)39头,年产常规冻精120万剂,性控冻精3万剂,现存种公牛100余头,年可生产优质冻精150余万剂。

肉牛品种改良体系进一步健全。孕育了关岭黄牛、思南黄牛、黎平黄牛、威宁黄牛、务川黑牛5个优良地方品种,是我国牛品种资源基因库的宝贵资源。为改良贵州地方牛种体型小、生长慢的特点从而适应肉牛产业发展的需要,自20世纪90

年代起，贵州省逐步引进西门塔尔、安格斯、利木赞等优良肉牛品种对本地黄牛进行改良。在品种改良过程中广泛推广人工授精技术，培养了一支黄牛改良技术队伍，建立了关岭黄牛核心保护群，为进一步开发利用本地黄牛奠定了基础。

3. 科技创新支撑肉羊产业方面

科研投入不断增加。2019年以来，贵州省科技厅高度重视肉羊产业科技支撑工作，从项目、平台、人才等方面，持续为产业发展提供科技供给，共立项支持肉羊产业科技项目37项、资助经费近2 000万元。其中，肉羊育种技术攻关项目13项、资助经费1 237万元，如支持贵州大学开展"贵州白山羊新品系培育及推广应用""黔北麻羊肉用新品系选育关键技术研究与示范"，贵州工程应用技术学院开展"贵州黑山羊新品系培育及生态养殖关键技术研究"，习水县富兴牧业有限责任公司开展"提高黔北麻羊纯繁选育的成果技术示范与推广"等项目研究；搭建贵州省动物遗传育种与繁殖实验室、贵州省动物生物制品工程技术研究中心等创新平台；培养百层次创新型人才2人、贵州省优秀青年科技人才3人、骨干科研人才30余人。同时，还支持省内科研机构联合国内高校院所开展肉羊育种技术攻关，如支持贵州省畜牧兽医研究所联合四川农业大学开展"贵州黑山羊繁殖基因挖掘、高繁品系选育及示范推广"，贵州省种畜禽种质测定中心联合南京农业大学等单位开展"贵州黑山羊高繁殖性能相关基因的筛选、克隆及验证"等项目研究。项目实施取得较好成效，已围绕贵州黑山羊、贵州白山羊收集遗传资源2 000余份，挖掘贵州黑山羊优良性状基因5个，选育出新品系4个，示范养殖新品系10余万只，为全省地方品种山羊的繁育体系建立以及产业发展提供了保障。

品种培育实现零突破。经过几代畜牧人的努力，全省自主培育的贵乾半细毛羊新品种经国家畜禽遗传资源委员会审定，成功入选国家畜禽新品种名录，实现了贵州畜禽品种国家审定"零突破"。如今，贵乾半细毛羊在贵州已有近20万只，拥有三个核心种羊场，涉及养殖户近万户，在农业现代化和乡村振兴中发挥重要作用。

4. 科技创新支撑生态家禽产业方面

地方特色优良家禽品种的保种选育和开发利用取得新进展。矮脚鸡原产贵州省兴义市，属优良稀有品种，品质口味优，但因生产性能较低，养殖量锐减，已列入濒危品种。贵州省生态家禽产业技术体系品种选育功能实验室对其实施抢救性保种，结合常规保种选育，对矮脚基因进行定位，构建矮脚鸡系统发育树，探索矮脚鸡分子育种模式，建立了矮脚鸡60个家系；平坝灰鹅受市场冲击和外来品种影响，出现养殖数量锐减、品种不纯、优良性能退化等问题，体系贵阳安顺综合试验站为快速推动平坝灰鹅现代化规模化发展，以江苏农业科学院畜牧研究所为技术依托，获得省科技厅项目支持，在安顺市平坝区大力推广农业农村部主推"种鹅反季节高效繁殖生产技术"，取得显著成效；织金白鹅由于多种因素影响，也已处于濒危状态，体系首席科学家、贵州农业职业学院院长邓庆生牵头，多次深入织金、大方等县，走乡串寨开展织金白鹅种源分布调查、收集保护等工作，已取得积极进展；黔南综合试验站积极推进州内家禽品种普查，重点摸清了荔波瑶山鸡、长顺绿壳蛋鸡和三柳源鸡家底，普查家禽遗传资源135.94万羽。

产业技术服务工作实现省内重点区域全覆盖。2021年，贵州省生态家禽产业技术服务工作专家组和工作队根据各县区的产业发展方向和技术需求，增加鹅和鸭方面养殖专家，技术服务工作在原有15个服务县区之外，扩大技术服务县区范围，增加养殖白鹅的织金县、养殖灰鹅的平坝区、养殖三穗鸭的三穗县等，组建适合于贵州生态家禽产业发展需要的生态家禽技术服务队，解决服务区域内发展养殖业的关键共性技术问题，围绕各区域养殖户的亟待解决的技术需求，面向基层技术人员、生产经营主体技术人员、技术带头人、养殖户等不同对象开展不同层次的精准培训，共计集中培训2 000余人次、分散指导176人次，实现省内涉及特色生态家禽产业发展重点地区全覆盖。

（九）科技创新支撑辣椒产业成效斐然

2021年，全省辣椒种植面积38.07万公顷、产量787万吨、种植产值271亿元、加工产值150亿元，产加销均位居全国第一。主推"遵椒""遵辣""黔椒""黔辣"等特色优势系列品种，规模化标准化基地良种覆盖率达100%，集中育苗率近80%。2021年全省辣椒交易额达800亿元，辣椒已成为贵州最重要的优势特色产业之一，也是贵州农业产业结构调整的重要产业之一。

1. 研发团队建设稳步推进

贵州省农业农村厅、省教育厅、贵州大学、贵州省农业科学院等单位成立了辣椒专家团队和技术专班。贵州省农业科学院将分散在园艺、蚕业两个研究所的辣椒科研力量，整合成立了全国唯一、专业从事辣椒研究的省级科研机构——贵州省农业科学院辣椒研究所。该所拥有种质资源创制、新品种选育、栽培与质量控制、采后处理与加工等41人专业研发团队。贵州大学整合农学院、生命科学学院、酿酒与食品学院有关辣椒科技骨干成立了贵州辣椒研究院。遵义市顺应产业需求建设了院士工作站，成立了辣椒产业技术研究院。贵州省教育厅批复了辣椒专业硕士培养计划。

2. 自育良种供给能力不断提升

建成保存能力10 000份辣椒种质资源中期库，为贵州辣椒种质资源智能化管理和种质创新利用奠定了基础。贵州省农业科学院辣椒所、遵义市农业科学研究院以优质、丰产、高效为目标，育成"辣研""黔辣""黔椒""遵辣""遵椒"系列辣椒新品种42个，提纯复壮认定地方优良品种31个，引进筛选品种120个。遵义市率先实施换种工程，2019—2020年换种面积40余万亩。重点产区主推优良品种占比达80%以上，基地良种覆盖率达95%以上。例如，2019年中国·贵州第四届国际辣博会，全省推送辣椒新品种（组合）140余个，约占展示品种的1/5。其中，选育的黔椒4号、骄阳6号、遵辣10号、黔辣10号等7个品种荣获第4届贵州遵义国际辣椒博览会优秀辣椒品种（组合），遵义朝天椒、大方皱椒2个品种入选第五届贵州遵义国际辣椒博览会十大名椒，其中，遵义朝天椒位居榜首，大方皱椒位列第三。

3. 技术研发及培训不断加强

贵州省农业科学院、贵州大学等科研院校（所）立足贵州辣椒产业发展实际需求，研发推广漂盘（穴盘）育苗、间套轮作、轻简化栽培、配方施肥、水肥一体化、病虫草鼠害绿色防控、机械化耕种等绿色高质高效生产技术和"菜—椒—菜"接茬模式，制定修订种植、生产、加工、加装、贮藏、运输、追溯、销售等全产业链标准近70项。开展"两品一标"认证，建立产地准出和市场准入制度，有效提升贵州辣椒产量与质量，确保贵州辣椒绿色、生态和优质。例如，全省推广的漂浮育苗技术单产提高1~2成，有的可高达3成；在地热河谷区域推广"椒—稻"水旱轮作模式，亩产值超万元，既避免了连作导致病虫害积累问题，又提高了椒农的收益；推广自育的簇生型辣椒品种'辣研102'+应用播种、整地、移栽、管理、采收等机械种植方式，相比传统种植方式，人工成本降低了30%~40%。

2020年，贵州省辣椒专班、贵州大学、贵州省农业科学院辣椒研究所、遵义市农业科学研究院等相关单位专家，通过选派"驻村第一书记"、乡镇科技副职、科技特派员、农业辅导员，采取课堂授课、田间演示、现场指导等多种方式开展培训，培养了一大批懂辣椒、爱辣椒的椒农和产业工人，稳定了一支专业队伍。尤其是 2020 年疫情期间，广大科技工作者更是身先士卒，通过编教材、录视频、线上线下"两手抓"，把春耕、春种最急需的技术送到椒农手中。全年赴 48 个辣椒产业重点县和"9+3"贫困县开展调研指导培训 300 余次，发放资料 25 000 余份，培训椒农 12 000 余人次，保证了辣椒产业持续稳定发展。

（十）科技创新支撑刺梨产业实现产业提升

贵州省已经完成了刺梨从野生到人工种植的转化，围绕刺梨的研发形成了一条生态、健康、特色的朝阳产业链条，2021 年刺梨种植面积达 210 万亩，实现产值 111 亿元。在刺梨产业发展过程中，逐步形成了六盘水市、黔南州、毕节市等刺梨种植和加工的产业集中区域。六盘水市是最为集中的种植区域，黔南州都匀市、平塘县、贵定县、龙里县和毕节市七星关区、黔西市、大方县也是刺梨产业分布较多的地区，合计占全省种植面积的 80% 以上。

1. 刺梨种植技术体系逐步完善

经过多年发展，贵州省刺梨栽培种植和田间管理方面取得了重要进展。在刺梨种苗繁殖、移栽定植、水肥管理、整形修剪、病虫害防治、果实采收等方面，积累了重要的经验，形成了《刺梨无公害栽培技术规程》《刺梨扦插育苗技术规程》《刺梨标准化栽培示范项目》《黔南州刺梨主要病虫害无公害防治方法》《黔南州刺梨主要害虫监测预报方法》等技术规程和方法。这些技术成果的涌现，既是对刺梨种植的经验总结，又为进一步推进刺梨种植提供了技术支撑。

2. 刺梨加工技术体系初步形成

随着刺梨种植规模扩大和刺梨产业发展，刺梨加工技术体系也不断发展。对刺梨中生物活性成分如黄酮类化合物、有机酸及抗坏血酸、刺梨多糖、超氧化物歧化酶、刺梨挥发性成分的研究取得重要进展，防褐变加工技术、刺梨保鲜技术、刺梨果汁澄清工艺技术、护色工艺技术逐步成熟，刺梨发酵产品、刺梨复合饮料、刺梨果脯及其他刺梨产品加工技术体系初步形成，促进了贵州刺梨产业进一步发展。

3. 刺梨产业政策体系逐步形成

刺梨作为贵州省标志性的绿色经济作物，在实现乡村振兴和区域特色产业培育方面均有着重要意义。近年来，贵州在省、地/州/市、县/市/区层面出台了诸多推动刺梨产业发展的政策文件。省级层面，贵州省人民政府出台了《贵州省推进刺梨产业发展工作方案（2014—2020 年）》《贵州省十大千亿级工业产业振兴行动方案》《贵州省生态特色食品产业振兴行动实施方案》《贵州省刺梨产业 2020 年工作要点》《贵州刺梨产业 2021 年高质量发展工作要点》等相关政策文件，其中，《关于安排开展推进十大千亿级工业产业项目经费、农村产业革命 12 个特色项目经费和相关工作专班经费的通知》，对刺梨产业的发展提供专项政策和资金支持。地、州、市层面，如黔东南州，成立了刺梨产业发展工作专班，陆续出台《关于加快刺梨产业发展的意见》《关于推进刺梨产业高质量发展的实施意见》等相关政策、意见和规划，引领刺梨产业高质量发展。

（十一）科技创新支撑林下产业起步有力

林下经济是以林地资源和生态环境为依托，以林下种植、林下养殖、林产品加工、森林景观和森林旅游为主的立体复合型经济，是农业农村经济的重要组成部分。林下经济的发展，林下空间和土地资源、生物资源的有效开发利用，不但可以缓解贵州地区土地资源相对匮乏的困境，还能利用林地自然的生态条件生产绿色、有机、特色农产品，满足人们越来越高的生活品质要求，更是可以带动林下产品加工业和林下旅游业的发展，拓宽了农户收入渠道，促进了农户收入增长。2020 年，贵州省林下经济总产值达 400 亿元，占全省林业总产值的 11.84%，林下经济发展初具规模、潜力巨大。

基于贵州省作为我国主要的天然林资源分布地的区位优势、森林覆盖率达到 59.95% 以及全省森林蓄积量达到 5.97 亿立方米的资源优势、亚热带湿润季风气候温暖湿润的气候优势，从 2013 年 5 月贵州省政府办公厅印发《关于加快林下经济发展的实施意见》到 2021 年 7 月贵州省在全国率先以省委省政府名义出台《关于加快推进林下经济高质量发展的意见》，再到 2022 年 1 月 26 日国务院印发《国务院关于支持贵州在新时代西部大开发上闯新路的意见》中明确指出"大力发展林下经济，加强山区特色经济林建设"，贵州省农业发展的目光持续聚焦在林下经济产业的发展之上。

1. 加大科技创新资金支持力度

农业科技创新是农业结构优化的原动力，科技知识水平和扩散的速度及运用水平决定了农业产业的发展。近年来，贵州省加大了对林下经济产业科技创新的资金支持，有力促进了产业科技创新的长足发展。贵州省科学技术厅科技计划、科技支撑计划、科技成果应用及产业化计划等近两年来支持林下经济项目 6 项；2020 年贵州省林业局省级林业产业发展专项资金拟扶持项目补助天柱县林业产业发展办公室实施的林下黄精种植项目，补助金额 100 万元，林业局贵州省特色林业产业计划支持林下经济项目 2 项，贵州省林业局林业产业资金专项补助项目对 51 个林下经济项目进行了支持，补助资金 14 695 万元；2021 年，贵州省林业局林业产业资金专项补助项目中关于林下经济的项目申报成功 14 项，获得补助资金共计 5 280 万元；2022 年，贵州省林业局林业产业发展专项资金项目对 23 个林下经济项目予以支持，补助资金 7 400 万元；2023 年，贵州省林业局林业科学技术研究项目申报指南中将林下经济关键技术研究列为重点支持方向。以上林下经济项目的立项及支持资金足见贵州政府对林下经济产业科技创新的高度重视。此外，科技支持方向也呈多样化趋势，研究内容也不断拓展到更多的林下相关领域。

2. 加大生产标准的制定

随着政府资金不断投入和科技创新能力不断提高，贵州林下经济产业也不断得到了升级改造，科技创新成效斐然。在国家林业和草原局办公室相继下发的关于印发《林下经济发展典型案例》的通知以及第 5 批国家林下经济示范基地名单的通知中，黔东南州、兴仁市、锦屏县 3 地入选全国林下经济发展典型案例，黎平县、镇远县、荔波县等 8 个基地入选国家林下经济示范基地。截至目前，贵州共有国家林下经济示范基地 30 个。同时，贵州林下经济科技创新的进程中，制定了诸多相关产业标准，例如，贵州省黔东南州制定《雷山乌杆天麻生产技术规程》等多项地方标准，启动制定《林下食用菌生产经营管理规范》等 11 项地方标准的进程。

3. 加强科研项目产业支撑力度

通过省内科研院所的研究工作和项目的实施带动，解决了不少制约产业发展的技术瓶颈问题，有力地支撑和促进了贵州林下经济产业的发展。例如，贵州省现代农业发展研究所及贵州省畜牧研究所的技术专家通过实验研究证明了蜜蜂因其与自然植物之间的高度协同进化，能提高向日葵、棉花、桃子、梨等作物的坐果率和结实率，实验表明，蜜蜂已经特异性进化出一些形态性状，专门适用于授粉；中蜂授粉可促进猕猴桃早熟，使其提前上架，增强果实风味、质地和口感，提高其抗氧化性；中蜂授粉对蓝莓产量与品质有明显提升和改善作用等结论。在科技创新结合实践的过程中也探索出了很多新型的种植模式。例如，贵州省锦屏县探索林中活树种石斛，实现了石斛组培、驯化育苗、大棚种植、搭架种植、活树近野生种植等栽培方式；探索林下综合种养，充分利用林地资源，采取"林+N"林下经济发展模式，实施林下套种淫羊藿、魔芋等，林下发展养鹅、养鸡等产业，有效提高林地资源利用率和经济效益；探索林外精深加工，大力推进石斛啤酒、石斛饮料、石斛日化用品和鹅肉加工、羽毛球制作等精深加工。

（十二）科技创新支撑农产品加工业长足发展

2022年，贵州全省年销售收入500万元以上的农产品加工经营主体达到4 000家，省级以上农业产业化重点龙头企业达到1 200家，农产品加工业总产值达7 500亿元，农产品加工转化率59%以上，农产品加工业总产值与农林牧渔业总产值比达1.57∶1。

1. 技术创新成为产业发展有力支撑

我国农产品加工领域自主创新能力实现了由整体跟跑向"三跑"并存转变，科技对农产品加工产业发展的贡献率达到63%，为农产品加工业长久稳定发展提供了强有力的支撑。农产品精深加工、产后减损和绿色供应链产业化关键技术装备不断取得突破。在生鲜农产品动态保鲜与冷链物流、产地初加工、小麦制粉、低温榨油、冷却肉加工、传统食品工业化等方面取得了一系列技术突破，制粉、榨油、榨汁、畜禽屠宰分割等关键核心装备实现从依靠引进向自主制造转变，自主创新能力明显增强。

2. 激发技术升级活动

科技创新为贵州实施农产品加工业提质增效行动带来了明显成效。实施的农产品加工重点科技项目，按照"产学研推用"模式，组织企业与高校、科研院所联合，共建创新平台、研发关键技术、创制设施装备，攻克了一批加工领域的"卡脖子"技术。通过举办"科企对接"活动，组织国内农产品加工领域的高等院校、科研单位和加工企业对接，发布推介一批成熟适用的农产品加工新技术、新工艺、新产品和设施装备，促进科技成果转化和设施装备升级。以贵州省贵三红食品有限公司为例，作为国家级龙头企业，公司深耕辣椒产品加工行业，共发展了6个系类，100多个辣椒制品，其糟辣椒成功入选首批"黔系列"品牌"黔食"类产品。通过配置国内最领先的自动化无尘灌装系统和引进巴氏消毒技术，在保证发酵类辣椒风味口感的同时，确保了产品的安全卫生，开启了公司产品大规模走出贵州、走向全国的产业发展之路。

3. 创新机构与平台建设不断加强

贵州省研究农产品科技加工的重点院校与科研院所建立较多，相关企业也创建了研发中心，国家、部门与地方初步形成科研体系。截至2018年数据，农产品加工业规模以上工业企业中有R&D活动的企业227家、有研发机构的企业102家、有新产品销售的企业167家。贵州永红食品有限公司在2008年被认定为全国农产品加工（牛肉）技术研发专业分中心，是贵州首个获得农业部认定的农产品加工技术研发分中心的企业。贵州省现代农业发展研究所（贵州省农产品加工研究所）、贵州大学酿酒与食品工程学院是国家农产品加工科技创新联盟的常务理事单位。贵州省具有农产品加工类专业的学院有贵州农业职业学院（食品加工技术专业）、贵州食品工程职业学院（食品加工技术专业）、黔南民族职业技术学院（农产品加工与质量检测专业）、铜仁职业技术学院（农产品加工与质量检测专业）、贵州轻工业职业技术学院（酿酒技术专业、烹饪工艺与营养专业）以及黔东南民族职业技术学院（农产品加工与质量检测专业）等6所高职院校。2006—2008年，贵州省促进农产品加工业发展领导小组和贵州省乡镇企业局分别命名了12家省级农产品加工示范基地和3家以农产品（食品）加工为主的省级乡镇企业集群区。涉及农副食品加工业高新技术企业2018年数据：统计个数5个，年末从业人员434人，营业收入919 255千元，工业总产值90 926.2万元，新产品产值7 425.0万元，上缴税费总额633.2万元，科技活动经费支出1 493.7万元。

（十三）农机创新（农业机械化）有力支撑农业产业发展

2019年6月，贵州省政府出台了有关于推进农业机械化发展的政策，使得该地区的农业生产机械化水平得到了进一步提高。到2021年年底，贵州省的农用机械总动力已经达到了3 020.08万千瓦；全省共使用300台大型拖拉机，农用水泵624 600台，联合收割机4 200台。与2018年相比，贵州省农业生产环节的农机用量得到了大幅上涨，农业生产的机械化水平也得到了提高。

1. 主要农作物机械化水平持续提高[①]

"十三五"以来，贵州省大力发展现代高效山地农业，以建设现代高效农业园区为抓手，推动土地流转实现适度规模经营，着力提高农业机械化水平，主要农作物耕种收综合机械化率逐年稳步上升。2018年贵州主要农作物耕种收综合机械化

---

① 周丕东，等.贵州山地农业机械化发展现状及对策建议[J].中国农机化学报，2020，41（07）：231-236.

率达到36.32%，比2013年提高18.16个百分点；2018年，贵州省水稻综合机械化率为54.93%、油菜31.69%、马铃薯26.04%，分别比2013年提高13.21、23.77和23.79个百分点。2018年，贵州省机耕、机播、机收水平分别为73.53%、2.86%、20.16%，比2013年机耕（41.72%）、机播（1.59%）、机收（9.20%）分别提高31.81、1.27和10.96个百分点。表现尤为突出的是水稻机械化水平有质的提高，近年来，贵州省以建设山地高效农业为突破口，着力发展适应山区特点的农业机械化技术，水稻种植机械技术呈现多样化发展，如机械精准穴直播、机械钵苗移栽、机械抛秧实现零的突破。机收作业水平显著提高，2018年达到61.22%；水稻机械烘干技术也不断普及，极大地提高了水稻产后的质量，减少收获后由于天气原因造成的产量损失。其次，马铃薯和油菜机收近2年发展较快，2018年马铃薯机收面积达5.348万公顷，油菜机收面积达1.509万公顷。

2. 果菜茶经济作物田间机械化作业水平不断提升

"十三五"期间，在茶叶、水果和蔬菜等经济作物大力推广机械化作业，如机械施肥、除草、病虫防治实现零的突破，机械中耕、茶叶修剪快速普及。2018年，贵州茶叶面积46.581万公顷，其中，茶园机械中耕面积达9.525万公顷，机械施肥面积达0.189万公顷，机械植保面积达9.610万公顷，机械修剪面积达18.242万公顷；茶叶机械加工一条龙清洁化生产快速普及，保证了茶叶生产的高质量和水平。为实现贵州生态绿色茶叶生产目标，茶园机械化除草发展迅速，大力减少了化学除草污染。2018年，贵州果园面积57.962万公顷，产量291.663万吨，其中，机械中耕面积达14.632万公顷，机械施肥面积达0.379万公顷，机械植保面积达9.696万公顷，机械修剪面积达1.545万公顷，分别占种植总面积的26.01%、0.67%、17.24%、2.76%。2018年，贵州蔬菜播种面积达133.333万公顷以上，在农业科技示范园区和坡度低于5°的山区坝区均已基本实现蔬菜生产的机械化耕作、起垄、覆膜、移栽。2017年，贵州省启动了辣椒产业技术体系，辣椒科研机构和农机研发机构协同攻关，推进"农机+农艺、良种+良法"的生产全程机械化发展模式，选育出适宜机械化采收的簇生型辣椒新品种辣研102，并研发出专用辣椒收获机。近年来，贵州省山地农业机械研究所在遵义市播州区等2个县区实施了辣椒、食用菌、大葱、甘蓝机械化示范推广项目，推广面积133.33公顷，大葱已实现全程机械化生产。

3. 畜牧业机械化发展稳步推进

推进牧草生产机械化和机械化规模养殖为贵州大力发展草食畜牧业提供强有力的科技支撑。2018年，贵州机械收获饲料秸秆量增长11%，机收率6.5%；饲料（草）加工机械设备总动力82.43万千瓦，收获的饲草秸秆总量1 462.696万吨，饲草料加工总量377.74万吨。机械化养殖水平大幅提高，2018年，贵州畜禽总数（折算为羊单位）6 486.51万个，畜牧机械总动力87.96万千瓦，其中，饲养机械总动力5.25万千瓦，机械饲喂的畜禽数量193.28万个，机械挤奶的家畜数量5.91万个，机械捡蛋的蛋禽数量2.56万个，机械环控的畜禽数量7.72万个。

4. 农机新技术新装备示范推广力度不断加大

"十三五"以来，贵州围绕山地农业产业革命，积极推广农机新技术新机具，特别是在农业示范园区和坝区农业生产中，蔬菜播种和收获机械试验示范逐步推开。2018年，贵州拥有蔬菜移栽机35台，自动化蔬菜播种机械不断增加，叶菜类收获机械正在示范推广。如贵州遵义市播州区2018年拥有蔬菜移栽机8台、果蔬烘干机2 000余台、蔬菜育苗生产线3条及大型辣椒烘干线13条、农用无人机8台，农机总动力达60.08万千瓦。全区蔬菜机械化收获达到0.1万公顷，机械化起垄覆膜面积1.333万公顷，年机耕面积4.0万公顷、机播面积1.0万公顷、机插秧面积0.8万公顷、机收面积1.067万公顷，全区农机化率达到34.2%。设施栽培技术已成为蔬菜、猕猴桃、火龙果、茶叶生产的重要方式，温室和大棚温室面积为849.68万平方米，滴灌和喷灌栽培面积达2.392万公顷。无人植保机械在农田、果园、茶园生产中开始运用，2018年全省投入使用的农用无人机73架；先进的水稻机械化直播技术从无到有；山地轨道设施在铜仁山地茶园和六盘水山地猕猴桃生产中得到初步运用；食用菌生产机械化水平也不断提升，如贵州铜仁市2018年投入使用的食用菌类生产机械累计达0.5万台（套）。

三、农业科技成果转化应用能力明显提升

（一）科技创新提升成果转化应用能力

省级现代农业产业技术体系布局更趋合理，基本建立起以产业发展需求为导向，"省、市、县"协同、"产学研用"一体的农业科技创新成果应用体系和协作

机制，初步构建起农业科研、技术推广等农业科技资源向产业技术聚集，国家农业科研机构、农技推广机构、农民教育培训机构、涉农企业、农民专业合作组织、大户及高素质农民等各类资源向特色优势产业聚合、协作的格局，以产业链布局创新链的构架初步搭建形成。结合全省农业主导产业发展需要，围绕粮食和特色优势产业，已建成水稻、马铃薯、小杂粮、油菜、蔬菜、茶叶、辣椒、食用菌、精品水果、中药材、肉牛、生猪、特色水产、生态家禽等 17 个体系，建立 40 个功能研究室、60 个综合实验站，体系分别增加了辣椒、食用菌、生态家禽三个体系，增设了 15 个功能实验室和 15 个综合试验站，体系布局更紧密结合实际需要，功能实验室综合试验站设置更贴近技术需求。以黔茶 1 号、黔茶 8 号等为代表的选育的 10 余个新品种并在生产上的广泛应用，有效支撑了全省茶产业的快速健康发展，全省茶产业规模发展到全国第一。辣椒体系新选育的黔辣 8 号等十余个新品种，及配套的辣椒穴盘育苗技术规程、辣椒机械育苗播种技术规程、辣椒果实镉控制田间生产技术规程、机采辣椒密植高产栽培技术规程等产业化技术集成和应用，全面提升了辣椒产业的竞争力。马铃薯体系引进 200 多个新品种和资源材料，促进品种向专业化方向发展，筛选出鲜食型品种、薯片加工型品种、主食化加工品种、蒸煮食用品种和功能性营养特色品种 10 个，选育出黔芋 7 号、黔芋 8 号等 5 个新品种，集成贵州马铃薯半机械化生产技术规程、马铃薯晚疫病预警技术规范、贵州西部地区马铃薯抗旱保墒栽培技术规程、马铃薯包装及运输技术规程、马铃薯—苦荞复种轮作技术规程等 15 项技术规程，有力支持贫困地区马铃薯产业发展。水稻"两增一调"高产高效技术、蔬菜"321"示范工程、"稻+"新模式等一批产业化生产技术，成为全省农业产业发展的重要支撑；茶叶、辣椒、食用菌、鲟鱼等特色优势产业发展规模已跃居全国前列[①]。绿色防控、轻减化栽培、生态养殖、循环农业等农业绿色高质高效技术的集成、组装，引领农业产业高质量发展方向，加快了农业科技创新与产业发展的契合、融合发展，茶叶、辣椒、食用菌、鲟鱼等特色优势产业发展规模已跃居全国前列，蔬菜、茶叶、辣椒、食用菌、马铃薯、肉牛、中药材、冷水鱼等产业，已成为多地产业脱贫的主导产业。

（二）科技创新助力保障粮食安全

"十三五"时期，全省共育成通过全国或省级审定的主要农作物新品种 128 个，

---

① 贵州省农业农村厅. 贵州省农业科技教育"十四五"规划，2020 年。

其中，水稻品种 47 个、玉米品种 76 个、小麦品种 4 个、大豆品种 1 个。通过这些成果的转化应用，推广水稻、玉米等培育良种及配套技术，贵州粮食作物在播种面积调减的情况下，主要粮食作物产量保持基本稳定。粮食作物播种面积由 2010 年 4 526.58 万亩调减至 2019 年 4 064.11 万亩，减少了 462.47 亩，粮食作物面积在这期间只减少了 23.11 万亩，粮食单产率从 2010 年的 0.24 吨/亩增长至 2019 年的 0.26 吨/亩；稻谷种植面积从 2010 年 1 068.05 万亩调减至 2019 年 997.09 万亩，减少了 70.96 万亩，这期间稻谷产量不减反增，稻谷产量增加了 97.28 万吨，稻谷单产率从 2010 年 0.31 吨/亩提升至 2019 年 0.43 吨/亩；小麦种植面积从 339.15 万亩调减至 2019 年 205.82 万亩，减少了 133.33 万亩，这期间小麦产量只减少了 16.11 万吨，小麦单产率从 2010 年 0.27 吨/亩提升至 2019 年 0.29 吨/亩；玉米种植面积从 2010 年 1 343.19 万亩调减至 2019 年 795.88 万亩，减少了 547.31 万亩，这期间玉米产量减少了 134.29 万吨，玉米单产率从 2010 年 0.14 吨/亩提升至 2019 年 0.16 吨/亩。

（三）科技创新促进农业科研单位成果转化效率提升明显

以贵州省农业科学院为例，示范推广水稻、玉米、马铃薯等粮食作物优良品种及先进技术 1 013.58 万亩，示范推广茶叶、蔬菜、油菜、水果等经济作物优良品种及先进技术 820.18 万亩，草地畜牧业牧草种植及技术示范 29.54 万亩，畜禽养殖 103.22 万头（羽、只），开展水产健康养殖技术示范 1 384.2 万尾，推广错季节蔬菜 1 150 多万亩。粮食、油料、蔬菜、水果等增产 200 多亿千克。科技成果转化率不断提升，其中，粮油作物新品种转化率达 80% 以上，经济作物新品种转化率达 60% 以上，新技术、专利转化率达 50% 以上。同时，加强农产品加工研究和开发，研制出薏仁米酒、饼干等 13 个精制薏仁米产品和火龙果干花、火龙果酒、紫苏油等系列优质科技产品，收到了较好的经济效益和社会效益。植物学科与动物学科论文进入 ESI 前 1% 行列，成为高被引论文占比最高的科研机构之一。新增茶叶、蔬菜、精品水果、水稻、玉米等新品种、新技术核心示范面积 1 200 万亩，推广畜禽良种 550 万羽（头、只）、水产苗种 700 余万尾，推广草地生态畜牧业配套技术 17.3 万亩。累计示范推广新品种、新技术、新模式等 1 500 万亩，新增经济社会效益达 30 亿元，绿色生产技术助推农业生态环境持续改善。

四、农业科技推广体系逐步完善

(一)农业技术推广基础进一步夯实

全省县级农技推广机构已实现全部覆盖,乡镇农业服务中心已覆盖所有乡镇和涉农街道办。基层农技推广队伍总体稳定,人员逐年增加,专业和年龄结构更为趋向合理。"十三五"期间,基层农技推广体系改革与建设补助项目累计投入资金 31 693 亿元,建立了部、省、县农业主推技术推介发布制度,累计推介发布农业主推技术 2 054 项,培训基层农技人员 2.631 3 万人次,实现了对现有人员轮训一遍以上的目标,建设农业科技示范基地 726 个,培育农业科技示范主体 13.957 8 万个。以农业科技示范基地为平台,有效聚合省现代农业产业技术体系专家团队、基层农技推广队伍和新型农业生产经营者,初步构建起"农业专家+农推人员+基地+示范主体"的农业科技成果快速转化通道。全省农业科技不断进步,农业科技进步贡献率不断提高,农业主推技术到位率达到 95% 以上。

(二)产学研一体的农业科技推广体系建设进一步推进

加大农业科研的服务力度,建立产学研一体的农业科技推广体系,搭建好农业科技信息的共享平台,积极推广和普及农业科技信息。一是贵州省农业科学院与贵州大学、安顺学院等院校合作,联合培养涉农专业硕士研究生 200 余名,接收本科生毕业实习 1 000 余名。省农科院各研究所围绕农业产业发展主题,在生产上大量推广新品种、新技术、新模式,技术服务全省农业企业、专业合作社等各类农业经营主体 170 余家,推广新品种、新技术、新模式 3 000 余万亩,培训农技人员和农户 40 余万人次。二是充分利用"贵州 12316 信息服务网""贵州省信息进村入户综合服务平台"等现有平台,通过热线电话、个性化短信、自主图文+视频等多种远程互动模式,为社会公众、农民、农业农村工作者、农业生产经营者等提供"三农"咨询、技术服务。已推送短信 200 余万条,服务 12 万余人次。

(三)农技推广体系改革进一步深化

深化基层农技推广体系改革,夯实基层农技推广基础。在农业农村部大力支持下,连续实施基层农技推广体系改革与建设补助项目,进一步健全基层农技推广机构，县级农技推广机构已实现全部覆盖，乡镇农业服务中心已覆盖所有乡镇和涉农街道办。基层农技推广队伍总体稳定，人员逐年增加，结构更为趋向合理。基层农技推广机构办公基础条件基本具备，有固定的办公场所，基础设施较为齐备。2011—2020年，基层农技推广体系改革与建设补助项目累计投入资金6.33亿元，培训基层农技人员7.14万人次，实现了对现有人员轮训两遍以上的目标；已建立部、省、县农业主推技术推介发布制度，累计推介发布农业主推技术4 000余项，培育45.95万个带头应用先进技术的农业科技示范主体，农业主推技术到位率达95%，培育农业科技示范主体10万余个。此外，以农业科技示范基地为平台，有效聚合省现代农业产业技术体系专家团队、基层农技推广队伍和新型农业生产经营者，初步构建起"农业专家+农推人员+基地+示范主体"的农业科技成果快速转化模式[①]。

五、新型职业农民队伍不断扩大

到"十三五"期末，以农广校为主体，农业科研院校、农技推广服务机构及其他社会力量为补充的"一主多元"新型职业农民培育体系基本建成，建立起"精准"培育机制，分产业、分类型开展培训，初步形成短期培训、职业培训和学历教育相互衔接的新型职业农民培育新格局。"十三五"期间，全省创建部级新型职业农民培育示范综合基地6个、省级培育示范基地20个，培育新型职业农民（高素质农民）16.3万人，提高了农业从业者素质，催生了一批经济实力强、带动能力强的家庭农场、农民专业合作社、农业企业等新型农业经营服务主体[②]。

（一）高素质农民队伍不断壮大

围绕全省12个农业优势特色产业发展和新型农业经营主体发育，结合实际发展需求，重点培育返乡入乡创业者等经营管理型、种养大户等专业生产型和从事生产经营性服务的技能服务型高素质农民。

从2014年至2021年11月底，全省高素质农民培育（新型职业农民培育）工作共完成培育数近27万人。其中，培育经营管理型近35 000人、培育专业生产型

---

① 贵州省农业农村厅.贵州省农业科技教育"十四五"规划，2020年。
② 同上。

近110 000人、培育技能服务型近60 000人、培育其他类型近65 000人。培训产业覆盖种植业（含粮油、茶叶、水果等）、养殖业（含家畜、家禽、淡水养殖等）和其他乡村产业（含农产品加工、电商流通、刺绣等特色产业）。开展高素质农民培育（新型职业农民培育）工作，进一步提升了参训农民的科学文化素质、技能水平以及职业化能力，打造了一批爱农业、懂技术、善经营的高素质农民队伍，为贵州开展农村产业革命、实现农业农村现代化提供了人才支撑。

（二）培育主体能力不断增强

加强农业科教教育资源融合。"十三五"期间，整合全省农业科教内部资源，加强与涉农院校联系，创建部级、省级新型职业农民培育示范综合基地26个。2020年以来，在原有基地基础上进行重新评定，评选出省级高素质农民培育试点示范基地12个，并在政策和资金上给予支持。教育资源的整合，让农民在具体的农业生产中与专家面对面，技术与田间零距离对接，达到发现解决问题及时、技术推广指导到位的效果。为推动和促进全省高素质农民培训工作向产业引领、创业创新和跟踪服务几个方向深入发展，探索出新的培育方式。

管理能力和师资能力得到进一步提升。近年来，全省组织近百名各级农广校校长、专兼职教师参加全国、省级基层农广校校长能力提升研修班和师资示范培训班，转观念，提能力，初步形成一支结构合理、业务精湛、充满活力的高素质农民培育管理师资队伍。其中，6名农广校老师获得全国优秀农民教育培训教师荣誉，3名农广校校长获全国优秀农民教育培训基层农广校校长荣誉，3所田间学校获得全国优秀农民田间学校荣誉，2个案例入选全国案例宣介。2022年，贵州各级高素质农民培育项目实施部门通过抓资源整合、建培训基地、建设师资队伍等方式，强化自身培育能力，积极开展培训前期摸底和学员遴选，分层级、分类别，针对不同人群开展培训，高素质农民培育对象不断延伸，培育领域和内容不断拓展，立足地方特色，培育适合当地农业农村发展人才的能力逐步加强。目前，已培育高素质农民近2万人。

（三）技能学历得到进一步提升

从培训新型职业农民到培育高素质农民，贵州大力实施乡村人才振兴计划，深化"技能和学历"双提升，将高素质农民培训和农民学历提升有机结合起来，积极推荐符合条件的学员参加贵州省农广校业余中专、贵州省农职院校全日制大专学习。

在两项工作融合过程中，贵州充分发挥和依托各级农广校、乡镇农业中心干部，村干部等群体，加强招生宣传和引导，探索中高职学历教育与高素质农民培育项目的结合、互促和导引，采取灵活多样的教学模式，通过加强与相关中高职院校对接协作，在课程设置、招录、人员引导等环节充分参与和配合，实现职业技能等级证书与学历证书互通衔接。"十三五"期间，贵州累计引导1 782名高素质农民学员参加农广校中职学习。

六、科技创新扶贫及巩固脱贫效果显著

科技兴则民族兴，科技强则国家强。科技扶贫是国家科委于1986年提出并组织实施的农村反贫困战略举措，其宗旨是利用科技提高农民的科学文化素质，有效促进其资源开发水平和劳动生产率，加快经济发展，最终脱贫致富。贵州省是全国贫困人口最多、贫困发生率较高的省份，扶贫工作一直是贵州发展的重中之重。为打赢脱贫攻坚战，贵州紧紧围绕"五个一批"和"六个精准"提供技术支持和人才保障，充分发挥科技创新对精准扶贫、精准脱贫的支撑作用。2019年，贵州省在助推脱贫攻坚方面全年投入3.6亿元，实施涉农科技项目570项；全面落实《2018—2020年科技支撑脱贫攻坚十条措施》，开辟深度贫困县科技项目绿色通道，实行单独申报、单独评审、单独支持；制订出台《科技支撑农村产业革命"三个'1+1'"试点方案》，开展重大科技项目与科技特派员项目"两项结合"、股份合作社与专业合作社"两社联动"、合作制与股份制"两制双返"试点。

（一）省、市、县三级科技扶贫联动机制形成有力支撑

在脱贫的实践过程中，贵州省立足县域的脱贫科技需求，建立省、市、县三级科技扶贫联动的工作机制，加大对基层科技管理部门的支持力度，集成省、市、县三级创新资源，链条部署，精准施策，形成合力。同时，推动集中连片特困县和扶贫开发工作重点县建设成为科技成果转化示范县，开展科技成果转化政策的先行先试，创新科技成果转化和产业化模式，向全省提供示范，为"脱贫攻坚战"提供了有力支撑。

（二）科技助力扶贫产业发展

贵州扶贫工作的一项重要内容是推进产业扶贫，依靠发展蔬菜、中药材、食用菌、生态家禽等扶贫产业脱贫致富、促农增收。完善技术转移服务体系，按产业领域组建30个技术服务团队，在全省开展技术服务和培训。在贫困县实施30个优良品种引进、高效生产、采后储运、精深加工等成果转化项目，引进发酵工程、生物萃取等精深加工技术，以"八要素"机制让贫困群众更多分享增值收益。发布高端化、绿色化、集约化现代山地特色高效农业技术榜单，探索高寒山区、林地等山地条件下高效农业发展路径。2019年，贵州省科技厅以12个农业特色产业为重点支持经费5 920万元，立项实施10个重点成果转化项目、22个平台项目。在威宁实施"农业4.0（机械化、自动化、信息化、智能化）"科技重大专项，推动大数据、人工智能与农业深度融合；系统组织7个重大项目、投入4 300万元资金支持食用菌产业裂变式发展。通过一系列科技扶贫项目的实施，科技扶贫助力农业产业大发展，茶叶产量40万吨以上；辣椒种植面积512万亩，产量680万吨；食用菌裂变式发展，产量113.8万吨，迈入全国食用菌生产第一梯队省份。茶叶、蓝莓、李子种植面积全国第一，辣椒产加销全国第一，猕猴桃、火龙果、刺梨等产业名列全国前茅；百香果从无到有，产业规模挤进全国前三；太子参产量占全国需求量的40%，初具全国定价权。以500亩以上坝区为重点，特色优势农业产业持续发展，经营模式不断创新，生产要素加速集聚，农业提质增效取得新进展，助农增收贡献突出。到2020年，全省坝区土地流转率48%，同比提升15.5个百分点；坝区平均亩产值7 500元以上，同比增长30%以上；全年坝区农民人均可支配收入13 800元，比全省平均水平高28%以上。

（三）农业科技示范园区示范带动作用凸显

近年来，全省各重点贫困县不断加快农业科技示范园区的建设步伐，在重点贫困县加大培育农业科技示范园区。通过园区示范带动作用，促进重点贫困县经济社会发展。全省已分批次建设了121家省级农业科技示范园区和10家国家级农业科技园区，成效显著。比如，湄潭国家级农业科技园区在全国136个园区中排名第六。在农业科技示范园区建设过程中，立足地方自然禀赋实际，聚焦区域主导产业发展，引进新品种、新技术，实现对全省主要农业产业全覆盖。在技术研发上，园区的企业通过和省内外科研机构开展产学研科技合作，建立联合技术研发中心、工程技术研究中心、国家科技特派员创业基地、科技创新人才团队、科技孵化器等科技创新平台116个，吸引和培育了949家企业、591家合作社入驻园区。

以"十三五"期间贵州省新增的黔西南、毕节市两个国家级农业科技园区为例，毕节市国家级农业科技园区共引进精品果树及优质蔬菜、马铃薯等新品种130个，转化应用果树、花卉等方面的科技成果172项，开发新产品9个、新工艺和技术规程9个、获科技成果10项、申报专利16项。2016年园区入驻企业达47家，较2013年前的15家增加了32家，培育孵化出省级龙头企业8家。园区年净利润3 362.11万元，已成为毕节市农业科技成果转化和应用的重要平台、现代农业发展的标杆和引领。黔西南州国家农业科技园区已孵化企业112个，研发新品种10个、新技术96个、新产品30个，制定地方标准39个，园区核心区农业增加值从2013年的13.408亿元上升到2016年的28.94亿元，并先后探索出食用菌领域和林下养鸡的扶贫新模式。

（四）"两制双返"创新科技扶贫模式助力脱贫取得实效

为了探索一条脱贫群众的后续发展之路，贵州省科技厅实施了"两制双返"这项工作。"两制"就是合作社制和科技服务公司制，"双返"就是合作社70%以上的利润返还给农户，科技服务公司70%以上的利润分配给以科技人员为主的企业员工。农民专业合作社制就是针对贫困地区农村单个农民无法有效组织规模化生产、经营的难题，建立由专业经理人管理，覆盖农业生产、加工、贮藏、运输、销售等环节的农民专业合作社，把全职农民转变为职业农民，通过全产业链生产，把农产品的增值利益留在农民手中，提高农户收益。科技服务公司制针对科技成果转化激励力度不足、科技人员服务产业积极性不高的问题，引导科研人员组建科技服务公司，用股份期权将科研人员的利益与技术服务公司的发展紧密结合起来，从而建立向劳动价值和知识价值倾斜的利益分配机制，充分调动科技人员和农户的积极性，强化对贵州省大扶贫战略行动的科技支撑。截至2017年12月，贵州省科技厅组建的林下养鸡和食用菌等方面的合作社和科技服务公司，为脱贫的后续发展注入了长久活力。以剑河县为例，2017年广东佛山商家已和剑河县签订了1 600多万元的购销协议，贵州黔灵菌源科技服务公司也吸纳了来自中国科学院、贵州大学等高校及科研院所的60余名专业人员参加。按照"两制双返"科技扶贫模式计算，每个贫困户半年收入0.85万元，当年即实现了脱贫。

（五）科技特派员制度精准支撑脱贫攻坚成效显现

对于基层缺乏技术人才，贵州省采取了科技特派员制度。近年来，贵州持续优化选派机制、创新服务方式、完善管理模式，改变科技特派员选派对象的标准条件，由市（州）级以上专业技术人员调整为县级以上，扩大了专业技术人员选派范围。2020年，贵州省科技厅围绕农村产业革命和决胜脱贫攻坚任务，以贫困村和样板坝区、达标坝区为服务重点，选派1 235名科技特派员赴基层开展技术服务。据不完全统计，近年来，贵州科技特派员累计帮助各地制定产业发展规划8 000余个，帮助指导项目实施4 000余个；举办农业技术座谈会和培训会5万余场次，培养农村实用人才近20万人次，培养致富带头人和科技二传手5.5万余人；推广农作物新品种2 000余个，农业新技术2万余项，科技人才下沉，聚焦农村产业革命、精准支撑脱贫攻坚的成效不断显现。

在支撑乡村振兴方面，2021年以来，全省坚持把推进科技特派员工作作为科技人才服务乡村振兴的重要举措，选派了4 000人次科技特派员赴乡镇、行政村、农业园区、企业（合作社）开展科技服务。贵州省科技厅联合省委组织部从省内外110家高校、科研机构，整合覆盖全省粮食作物、蔬菜水果、中药材、畜禽养殖、水产养殖、林业、草业等产业的科技人才资源，共结对选派1 200名省级科技特派员，指导各地先后选派835名市（州）级科技特派员，组成102个科技特派团赴基层开展帮扶。科技特派员制度是实现科技人才下沉，促进科技成果转化，解决科技政策落地、助推产业升级的重要制度创新，在巩固拓展脱贫攻坚成果同乡村振兴有效衔接的过程中发挥了积极作用。

七、农业科技（管理）体制机制进一步完善

农业科技体制改革进一步深化，遵循农业科技发展规律，科研立项、评价、投入与联合协作机制进一步完善，科技管理与资源利用效率逐步提高，以管理创新促进农业科技创新。

（一）农业科研机构改革进一步深化

2015年，农业部发布了《关于深化农业科技体制机制改革 加快实施创新驱

动发展战略的意见》，贵州省在这方面进行了积极的实践，深化了全省农业科研机构的改革。以贵州黔西南喀斯特区域发展研究院（黔西南州农业林业科学研究院）（简称"州喀院"）为例，通过事企剥离，充分发挥社会公益属性。按照事企职能分开、资产分开、资质分开、人员分开的原则，对州喀院下属企业制定"一企一策"改革实施方案，进行事企剥离，提高国有资本营运水平，实现国有资产最大限度保值增值。通过对机构编制事项进行优化调整，例如，变更单位名称、调整经费形式、调整优化内设机构设置，对编制结构进行调整，强化党的建设，对党的机构、纪检监察机构按相关规定进行设置等改革措施，其功能定位更加科学，职能职责更加精准，地方农业林业特色更加鲜明，有效激发人才创新活力，为产业链、供应链提供强大支撑。

（二）农业科研项目管理改革进一步深入

为加强对农业科研项目的管理，全省进行了一系列的改革，优化项目指南编制与发布机制，优化项目申报程序，完善项目评审立项机制，完善科技专家库管理运行机制，改进省级科技计划项目组织实施方式，委托专业机构参与科技计划项目管理，加强科技计划项目绩效评估，改进项目检查和验收程序，放宽科研项目经费管理使用自主权，提高项目间接费用核定比例，加强横向科研项目经费管理，赋予高校、科研院所科研仪器设备政府采购自主权。通过改革，进一步提高了农业科研项目的管理效率，取得了良好效果。

（三）农业科技人才评价和管理机制进一步完善[①]

统筹科技人才计划，分类评价科技人才，树立正确的科技人才评价使用导向，强化用人单位科技人才评价主体地位，加大基础研究，稳定支持培养科技人才，激励科研人员创新创业，加大高层次人才引进培养。

（四）农业科研机构评估和绩效管理进一步强化

实行科研院所章程管理，引导新型研发机构有序发展，建立科研机构中长期绩效评价制度，完善省级科技创新平台评价体系，强化高校、科研院所主体责任。

---

① 关于公开征求《贵州省深化项目评审、人才评价、机构评估改革提升科研绩效的实施意见（征求意见稿）》意见的通知［EB/OL］. https://www.guizhou.gov.cn/zmhd/zjdc/opinion/201905/tOpinion_602.html.

以贵州省农业科学院为例，成立新一届贵州省农业科学院学术委员会，组建6个专业委员会，负责统筹全院科研项目立项评审、成果咨询等工作。制定了《贵州省农业科学院青年科技论坛暂行管理办法》《贵州省农业科学院咨询专家库建设与专家咨询费管理暂行办法》《贵州省农业科学院促进科技成果转化暂行办法》《省农科院出国管理规定》，修订完善了《贵州省农科院外事工作管理暂行办法》。对全院到期科技项目进行清理，并形成常态化工作，实现一年一清。对项目经费使用情况定期进行督促检查，提高项目预算执行率。

（五）监督评估和科研诚信建设进一步加强

完善监督评估机制。按照"事前实行诚信承诺制、事中进行重点监督和随机抽查、事后强化绩效评估和动态调整"的基本要求，将监督和评估嵌入"三评"活动事前、事中、事后全过程，加强对申报人员、评审专家、工作管理人员、各类主体履职尽责和任务完成情况的监督评估，确保科学、规范、高效。改革省级科技计划管理，实行项目申报、项目评审、项目执行相对独立互相制衡的管理机制。加强与纪检监察机关等的信息沟通，自觉接受监督。加强科研诚信建设。建设科研采集信息系统，建立责任主体科研诚信记录等级制度，对科技计划项目承担单位、项目管理受托机构、第三方科技服务机构等法人机构，以及项目承担人员、咨询评审专家等自然人守信和失信的科研行为给予相应的激励和惩戒，对严重失信的责任主体进行联合惩戒。推动各责任主体完善调查核实、公开公示、惩戒处理等制度，落实对严重违背科研诚信行为查处的规定要求，对科研不端行为零容忍。将科研诚信监管关口前移，推动高校、科研院所等单位完善学术管理和科研诚信教育制度，加强对科技人员的科研诚信教育，引导其树立正确的科研价值观，潜心科研、淡泊名利。

八、区域科技创新取得明显成效

实施创新驱动发展战略，基础在县域，活力在县域，难点也在县域。习近平总书记强调，越是欠发达地区，越需要实施创新驱动发展战略。然而，县域科技创新存在许多方面的不足。长期以来，中西部等不发达地区的县级科技管理部门由于职能较弱、作用不明显，在历次机构改革浪潮中成为被"撤并"的主要对象。目前，贵州省约有89%的县域科技机构以各种形式均合并到其他单位，且多为下设部门，人才队伍弱化，县域科技工作缺乏有力抓手。为了应对新形势下县域科技创新问题，贵州省的一些县级科技部门转变思维方式，在科技体制、工作机制上积极创新探索，以改革力量推动县域的科技创新，促进县域经济高质量发展，充分凸显了县级科技部门的地位和作用。

（一）建立多部门协同机制，增强科技服务力量

以科技部门牵头进行多部门联动，积极联合其他政府部门和社会组织，让其他单位部门、协会联盟、中介机构等参与到科技治理中来，改变过去科技部门单打独斗的工作局面，有效增强了科技服务能力。一是积极与其他政府部门协作，多部门开展企业服务。贵州省县级科技部门积极与县级税务部门、政务服务中心、科研院所等部门和单位进行协作，解决企业在税收政策、科技政策、技术方面面临的问题。例如，遵义市务川县由科技服务中心牵头，每季度召集税务部门、科研院所、培育企业3家部门具体责任人座谈会，了解企业创新需求，明确工作任务，寻求政策支持，推动政策落地。务川县在企业的多部门联合服务中，税务专员负责企业税务政策解读、惠企政策落地、协助企业完善财务制度；科技专员负责对科技需求征集、科技人才引进、产学研合作、科技项目的申报管理，以及其他事务综合协调工作；技术专员专门负责理清企业发展思路、建立企业研发平台，培育技术骨干，呵护企业成长。二是积极与科技服务机构等社会部门进行协作。部分县级科技部门积极与科技中介机构联合，利用市场主体力量增强了科技服务能力。例如，贵阳市观山湖区建立了科技服务中介白名单，对中介机构进行培训，组建科技专家服务团，围绕建设重点企业技术人才需求库和10万元以上研发项目库开展高质量科技中介服务，对企业税收加计扣除，研发高企，培育专精特新小巨人企业培育申报、关注省市各类科技计划项目和省科技厅科技成果转化示范项目、开展科技直接融资试点，帮助企业匹配资源，着力解决融资难、融资贵问题，以及开展科技招商和优质企业、优质科技人才团队的引进。又如，贵阳市息烽县为了帮助企业进行高新技术企业申报，努力促进企业与科技服务机构的对接，甚至带着企业人员前往贵阳市的科技服务中介机构进行拜访。

（二）依托多种信息平台，提高科技服务能力

积极应用互联网、大数据等新技术、新手段，通过线上平台，构建专家人才库、重点企业人才需求库、企业科技创新项目库、政府科技政策信息库等数据库，形成线上线下同步推进、快速反应的工作机制，提升科技服务的效率和便捷度。

一是充分利用省级科技政策超市平台。贵阳市观山湖区的科技政策超市已经建成并在试运行，该系统覆盖国家、省、市、区4级项目申报、财政补助、税收减免等相关政策快讯、申报通知和政策服务，科技政策超市实现了省、市、区科技政策产品线上发布、展示、查询和服务申请。截至2022年8月25日，观山湖区的科技政策超市上线科技创新政策达360个，高校科技成果416项，政策产品13件。遵义市务川县科技管理部门、税务部门、科研院所积极依托省级政策超市平台开展科技服务，企业在平台上找到想要的人才、需求的政策和研发的方向，实现企业科技创新政策端、人才端、项目端互通互联。二是充分利用其他科技创新系统平台。除了省级科技政策超市之外，各县区还充分利其他科技创新平台积极开展企业服务。例如，贵阳市观山湖区依托高新技术企业培育平台、县级科技计划项目申报平台，积极拓宽服务企业范围，按照创新性、成长性高低梳理出重点企业名单，同时建立了观山湖区重点产业科技创新动态项目储备库和重点企业人才储备库。

（三）创新服务方式，增强科技部门职能作用

有为才有位，不断深化科技体制机制改革，积极主动作为，努力推动科技项目管理向创新服务转变，扎实推进科技创新工作，全面提升服务水平，实现集众智、谋良策、解难题的目标。一是围绕企业发展需求，创新科技服务机制。例如，遵义市务川县创新探索"三员一平台"（技术专员、科技政策联络员、税务联络专员和科技政策超市平台）的企业技术创新机制，集结科技管理部门、税务部门、科研院所3个部门的政策、技术、人才等行业优势，明确1个技术专员、1个科技政策联络员、1个税务联络专员定点服务1家企业，破解企业创新意识薄弱、科技人才缺乏、政策落地难等问题。贵阳市观山湖区科技局以探索建立"3+N"科技创新治理新机制为主抓手，以构建立体化、多层次、全周期的科技创新服务体系为主攻点，以搭建科技政策超市、组建科技服务团队、推进科技项目实施（"3"）和培育建设"N"个科技创新企业为主路径，推动科技创新驱动高质量发展。二是组建科技服

务团队，多渠道主动服务企业。贵州省许多县级科技部门组建科技服务团队，积极利用"千企面对面"、培训会、交流会等活动，多渠道开展科技服务。例如，遵义市务川县科技服务中心会同税务部门通过"千企面对面"走访活动，对县域企业发展情况进行摸底，重点围绕科技型中小企业、高新技术企业以及成长性较好的企业，纳入政策落地示范培育名册，建立科技创新示范企业数据台账，明确重点服务培育对象。除了利用"千企面对面"活动之外，贵阳市观山湖区科技局还采取培训会、交流会等方式，收集企业科技需求，不定期为全区企业提供高新技术企业认定、"三上"企业财务归集、研发费用加计扣除、科技创新项目申报等培训，打通服务企业的"最后一公里"。

第三节 科技创新支撑贵州农业现代化问题诊断

一、农业科研机构科技创新存在的问题

（一）农业科技创新投入不充足

农业科技投入是农业科技创新的关键要素，投入不足已对农业科技创新构成了阻碍。自20世纪80年代以来，全球范围内的许多国家都开始重视对农业科研的投资，其投资与农业总产值的比重达到了1%以上。然而，我国的这一比例却明显偏低，仅为0.17%～0.27%，远低于低收入国家的平均水平0.35%。另外，科研机构创新能力的评估指标之一是研发投入占GDP的比重，即投资强度。2020年，我国农业科研的投资强度为0.77%，而同期全国的科研投资强度为1.7%。国际上农业科研的投资强度平均水平是1%，发达国家一般为3%～5%，而我国仍未达到FAO规定的发展中国家应确保的1%的标准。2008—2020年，我国的科技总投入和农业科技投入经费持续增长，但"十三五"时期的投入增速明显低于"十一五"时期。尽管国家加大了农业科技投入，贵州等地也积极增加农业科技投入，但由于现有科技经费由不同的部门掌握，存在严重的条块分割现象，导致配置比例不合理，难以集中使用。大部分农业科研单位的基础设施和科研力量还有待改善，无论是在试验条件、基础设施、科研力量，还是承担项目与获得经费资助方面，都与发展高质量

现代农业对科技创新的要求存在较大的差距。

（二）农业科技创新人才队伍结构性矛盾突出

尽管科技队伍的结构在逐步优化，但我们仍然面临着高水平科研人员相对短缺的问题。现有的农业科技人才队伍的结构性矛盾，已成为制约农业科技创新能力提高的重要因素。贵州农业科技创新对具有外向型、复合型和高科技顶尖水平的人才的需求仍然不足，特别是在新兴学科、薄弱学科和交叉学科等前沿领域以及特色产业学科。在市（州、地）级以下的农业科研机构中，高级农业科技人员相对较少，这导致了科研人员的分布不均。同时，科研人员的知识结构在满足现代农业高质量发展的科技创新需求上还存在一定的差距。此外，还存在一定程度的人才流失和断层现象，这使得人才基础仍然较为薄弱。因此，必须采取有效措施，加强人才队伍建设，以满足贵州农业科技创新的需求。

（三）符合农业科研规律的稳定支持机制尚未形成

农业具有多种特性，如长周期性、自然属性、市场属性和健康属性等，这些特性共同构成了农业的丰富内涵。要尊重农业科研的规律，就必须明确农业科研的基础性和公益性定位。在发达国家，国家级的农业科研机构得到了稳定的资金支持，这一比例占70%～80%，然而在我国，这一比例还远远达不到。因此，需要加强农业科研投入，以确保农业科研的持续发展，满足社会和人民的不断增长的需求。同时，也需要加强对农业科研机构的管理和监督，确保科研成果能够更好地服务于社会和人民。

（四）国家级科研机构普遍面临较大的工资压力

以中国农业科学院为例，院所两级的经济实力普遍较弱。首先，人员经费的财政保障水平较低，财政保障率不到40%，经费结构也不合理。科研经费更注重物质投入而忽视了人才投入，导致"有资金用于项目，但无资金用于人才"。其次，农业科研工作的公益性很强，但创收能力却不足。在激烈的人才竞争中，农业科研机构处于明显劣势。长期来看，科研队伍的稳定性受到影响，这将对国家战略性科技力量的发挥造成严重影响。

（五）管理体制和运行机制不适应农业经济发展的要求

根据机构分类，贵州省农业科研机构主要属于公益一类事业单位，受到政府机关单位模式的统一管理。在资产、经费、人事、分配、保障等方面都受到政府的权限管理，表现出强烈的计划性，并且国家的指向要求也十分明确。然而，随着农业经济的快速发展，这种管理体制逐渐变得不适应。主要的问题包括：科研与经济发展的联系不够紧密；产权与经营权、管人权与用人权等出现分离，管理体制相对单一；投资主体单一，研究经费分散，导致资源与财力浪费严重。由于这些因素的制约，贵州省农业科研机构的体制与机制仍有待完善。在内部机构的设置、管理模式、重大问题的决策程序、用人制度等方面，这些机构与农业高质量发展的科技创新需求仍存在一定的差距。

二、科技支撑龙头企业、农民专业合作社及家庭农场存在的问题

（一）科技人才缺乏

对于企业来说，专业农业技术人才的匮乏使他们在生产过程中面临巨大的技术风险，各种技术保障方面的不足和漏洞导致他们难以满足生产需求，服务质量与生产要求相脱节，这对规模化经营的质量和效益产生了负面影响，从而阻碍了企业规模化集约化的进程。在农民专业合作社和家庭农场的发展过程中，他们不仅需要懂得生产技术、市场销售、财务会计等专业技能的人才，更需要具有复合型管理能力的专业人才。由于技术人才的缺失，农民专业合作社的技术劣势十分突出，这对其发展前景造成了严重影响。由于技术人才的不足，许多农民专业合作社在面临突发且不常见的重大经营风险时，往往难以有效应对，从而造成较大的损失。这种人才缺失的问题，不仅影响了农民专业合作社的发展，也给整个农业产业带来了挑战。因此，需要更多的专业农业技术人才来推动农业的发展，提高农业的效益和竞争力。

调研发现，17家合作社（占比为49%）缺少专业技术人才，18家合作社（占比51%）在生产过程中遇到过技术使用及专业技术人员缺乏方面的问题，造成平均每家合作社损失27万元。农民专业合作社一般地处郊区，生活环境、工资待遇与城市相比均存在一定差距，再加上受薪资待遇、社会地位的影响，农民专业合作社难以招到人才，更难以留住人才。缺乏专业的科技人员是合作社发展的制约因素，

会造成农民专业合作社发展跟不上潮流,逐渐被市场淘汰。

(二)科技资金投入不足

在农民专业合作社中,资金来源主要依靠社长和理事长的自筹,同时,也有混合出资、政府补贴或世行贷款等方式。这些资金主要用于合作社的前期运营,如修建厂房、向农户发放土地流转费用等。然而,用于技术投入的资金却相对较少,特别是在效益较好的合作社中,在农机具研发、发展高新技术农业方面,往往缺乏专项经费拨款,导致科研经费不足,科研设备落后,这在一定程度上加剧了农业科技人才流失,制约了农民专业合作社的科技创新能力。因此,需要探索更多的资金来源和投资方式,以满足农民专业合作社在科技创新和可持续发展方面的需求。

(三)科技作用宣传不到位

村干部及合作社负责人对科技作用的宣传不到位,导致一些农户未认识到科技对农业生产的重要性。当合作社推广一项新技术,66.5%的农户会选择立即学习使用,10%的农户是邻里参加才参加,7%的农户是强制要求才参加;66%的农户经常参加村里技能培训,4.6%的农户从不参加村里技能培训;30位农户(占比12%)认为合作社在推广农业新技术方面的作用一般。15家农场(占比为14%)使用了"测土配方"施肥技术,30家农场(占比为27.8%)未使用其技术。

(四)缺乏技术指导

合作社理事长会为农户提供农业技术指导,帮助农户解决生产过程中遇到的难题,包括农作物品种的选购指导、种植和经营技术、病虫害防治技术。46%的合作社社员未曾享有技术指导和培训服务,仅35%的社员认为合作社为其提供了农业技术培训,有理事长表示,当农业生产中出现突发情况且自己又束手无策时,只能临时求助其他公司和合作社,但始终远水不解近渴。

家庭农场方面,出现了猕猴桃病虫防治、喷灌和机收等技术规模化种植等专业服务跟不上的问题,相关农药在一些县内无法购买,只能从外县采购,势必影响规模经营和质量效益,增加农场规模种植、规模养殖生产风险。

在企业方面,一些涉农企业缺乏技术创新意识和技术创新能力。多数企业是由当地农户集资成立,农户缺乏管理企业的经验。农业企业科技创新能力较弱,在农业科技上投入不足,农业技术推广部门专业技术人员少,选聘的科技特派员业务水平不高,缺乏有效的科技指导。缺乏技术指导会使龙头企业、农民合作社及家庭农场发展面临技术推广无法因地制宜、科技成果转化率低、成本控制力度不足等困境。

三、科技创新支撑种业发展存在的主要问题

(一)种质资源保护和利用不足[①]

随着贵州省城镇化进程加快,农业种植养殖结构调整不断进行,生态环境发生了重大变化。这一过程中,部分珍稀地方品种面临消失的风险,例如,白洗猪、黔东花猪等资源濒临灭绝。同时,威宁黄牛、毕节大蒜、黄杨小米辣等地方特色种质资源也未得到充分保护和发掘,优良性状逐渐退化。对现有种质资源的鉴定评价工作尚显不足,优异核心种质资源的创制和优异基因的挖掘数量不多。此外,规范的作物种质资源保存库、资源圃的建设尚处于起步阶段,缺乏完善的保护技术体系。畜禽遗传资源的保存也存在困难,保种场、基因库的数量不足,对种质资源的保护和利用产生了极大限制。

(二)育种创新能力不足

全省的育种创新能力并未跟上特色产业的快速发展。自育品种并未能够充分支撑产业的增长。根据2020年底的数据,水稻良种的自给率仅为19.4%,茶的自育品种占16.3%。对于大宗食用菌,自育品种的母种仅占20%。在蔬菜方面,自育品种占7.5%,而辣椒的自育品种占比为28%。百香果的种苗有68%是从省外引进的。至于特色道地中药材,省内自繁供应仅占15.2%。全省的畜禽种源主要依赖从省外调入。牛的本地品种养殖量仅占33%;羊的本地品种养殖约占57%;生猪的地方品种养殖量仅占6%,而国外引进品种占90%以上。快大型白羽鸡的祖代、优质种牛的精液和胚胎大多依赖从国外引进。这种依赖省外种源的情况在一定程度上制约了全省特色产业的发展。

---

① 贵州省农业农村厅、贵州省发展和改革委员会.贵州省十四五农业种业规划,2022.

(三)良种生产能力亟待提升

目前,国家级和省级农作物制繁种基地的设施尚未满足高标准农田建设的要求。基地的田间工程配套并不完善,导致种子生产的机械化程度较低。此外,基地的精选、处理、仓储等设施设备也不齐全,加工贮藏能力不足。这些因素使得基地的抗风险能力较低,并且专业化服务也跟不上需求。黔北黑猪和关岭牛等特色畜禽资源核心育种场在畜禽生产能力方面存在不足。良种繁育和生物安全防护设施条件的配套也不完善。

(四)种业企业整体竞争力不强

全省有 129 家农作物种子企业,其中大多数企业的规模较小,主要是国际国内大型种业企业的代理商。部分企业只负责引进种子,但并不进行育种、选育工作,因此,缺乏一家全国性的集育种、繁育、推广于一体的企业。同时,全省缺乏具有影响力的领军企业,这使得我们在商业化育种方面起步较晚。在商业化育种方面,70% 的企业缺乏自主创新能力,研发投入不足,品种单一,同质化严重,导致市场竞争能力较弱,市场占有率较低。全省 106 家种畜企业中,仅有 1 家在全国范围内处于领先地位。

(五)种业支撑体系建设仍需加强

全省只有一个 DUS 测试中心,仅能对水稻、玉米和小麦等少数作物种类进行 DUS 测试。此外,该中心只有一个 DNA 指纹图谱数据库,而农作物品种测试评价体系的机械化、信息化和智能化水平也不高。在种畜禽生产性能测试方面,也存在能力不足的问题。全省只有一家农作物种子质量检测机构,而市(州)级的检测中心尚未完成考核认证。另外,只有一家种畜禽质量检测机构,其质量控制能力亟待提升。由于部分基层种子管理机构被拆并,种子检验检测和执法取证等管理能力也被削弱。全省种业信息化程度不高,农作物种子的产供需信息采集、供种调试和分析预警能力不足。同时,一些基层机构也存在人员编制不足的问题,需要进一步加强管理和改进工作。这些问题在一定程度上影响了全省农作物种业的发展和监管工作。为了提高农作物种业的发展水平和监管能力,需要加强 DUS 测试中心的建设和管理,完善 DNA 指纹图谱数据库和农作物品种测试评价体系,提高种畜禽生产性能测试能力，加强农作物种子质量检测机构和种畜禽质量检测机构的建设和管理，提高基层种子管理机构的工作效率和管理能力。同时，也需要加强种业信息化建设，提高农作物种子的产供需信息采集、供种调试和分析预警能力。

四、科技创新支撑农业科技推广存在问题

（一）农业科技创新推广人员队伍建设滞后

农业科技创新推广人员队伍建设是农业科技创新推广的关键。当前，贵州省农业科技创新推广人员队伍建设存在以下问题。

1. 农业科技创新及推广人员专业知识水平低

贵州省基层科技创新推广人员较少，有很大一部分不具备农业科技创新推广资格的人员在从事农业科技创新推广工作，他们缺乏足够的科学文化知识，处在一种现学现用的状态，对于一些知识水平较高的农业科技创新不能完全适应。

2. 农业科技创新及推广人员出现人才断层

贵州省现有的基层农业科技创新推广人员年龄偏大、知识老化，有一技之长的大学生和学历较高的新生代农民大多不愿扎根农村从事农业科技创新推广工作，导致农业科技创新推广人才出现严重断层。

3. 农业科技创新及推广人员的知识更新和知识层次结构不合理

由于经费不足等原因，农业科技创新推广人员没有适时参加各种继续教育学习和专业培训，大多数农业科技创新推广人员知识处于低级水平，具有高级水平和中级水平的农业科技创新推广人员占比过小，使得一些先进的农业科技创新技术无法得到有效推广。

（二）农业科技创新推广资金不足

农业科技创新推广离不开资金的保障，资金的有效运用与否决定了农业科技创新推广成效。当前，贵州省农业科技创新推广的资金主要来源于以下几个方面：中央或者省政府等部门的投资、投资推广单位自己筹备的资金、有关政府部门争取的农业科技创新推广项目经费、银行等有关方面的科技贷款，以及其他单

位出资等（表4-5）。虽然资金来源渠道较多，但是，政府投资是农业科技创新推广的主要来源，并且市县乡的经费投入严重不足。没有足够的资金来源，农业科技创新推广人员的工资津贴等难以保障，严重影响其工作积极性。同时，没有足够的资金作为保障，各种配套设施不齐全，难以真正发挥作用，农业科技创新推广难以顺利进行。

（三）基层农技推广机构服务能力亟待提高

基层农技推广机构的管理体系存在一定的问题，主要是由于这些机构主要由乡、镇政府进行管理，这就使得县级农业部门在指导工作上存在一定的困难。自从乡镇农技推广站改为综合设置服务中心之后，县级农业部门在行使指导职能时受到了更大的限制。近年来，大量的乡镇农技人员被抽派从事非农技推广工作，这导致实际在编不在岗的情况变得较为严重。这种状况已经严重影响到乡镇农技推广的公益性职能的履行。另外，推广业务经费没有得到落实，乡镇农技推广机构的业务推广经费并未纳入财政预算。因此，县乡两级在开展农技推广工作时，只能依靠上级安排的项目资金来维持，这使得基层农技推广工作的正常开展变得困难重重。

五、科技创新支撑贵州农业现代化的制约因素分析

改革开放以来，贵州省农业科技在多方面都取得了重大突破，整体农业科技达到了较高水平，取得了令人瞩目的成就。但是，在科技建设高速发展的今天，贵州省农业科技与发达国家及先进省市相比，尚有很大的差距，制约贵州省农业科技创新的因素主要有如下几个方面。

（一）农业科技创新资金投入不足，经费来源渠道单一

当前，我国农业科技整体水平与国外的差距逐渐缩小。在前沿和关键技术方面，如转基因、新品种选育等，我国农业科技整体水平与国际同步，有些领域甚至达到国际先进水平，领先于发展中国家。然而，与这些成就相比，我国农业科研投资占农业总产值的比重却不高。到20世纪末，农业投资强度仅维持在0.2%，不到同期发达国家平均水平的十分之一；到2005年末，仅提高到发达国家平均水平的约0.56%；至今，仍未突破1%（联合国建议的发展中国家应确保的水平）。这与发

达国家平均3%以上的水平相去甚远。此外，经费由不同部门掌握，条块分割，配置不合理，难以集成使用，实际执行过程中经常拖欠，不能按时到位。贵州省农业科研基础条件差，对农业科研开发、推广的投入不足，对研发机构创新能力的保障力度不够，很大程度上影响了农业科技成果的转化，限制了研发人员待遇的提高，严重制约着农业科技发展。同时，由于贵州省农业科研机构和管理部门层次多，本来就十分有限的投资经费又因分散管理和中间环节流失而大大削弱了经费的使用价值。

农业科技推广的资金投入是推动此项工作的重要基石，但一个普遍的共同特点是，农业科技推广经费的主要来源是地方政府财政，其比例远高于中央财政。然而，地方政府财政紧张或投入不足现象普遍存在，甚至在某些情况下无法提供配套资金，这严重制约了科技兴农的步伐。此外，由于农业科技推广投资具有周期长、风险大、市场不完善等特点，农业企业、个人以及经济合作组织等往往不愿意投入。尽管各级财政预算中农业投入逐年增加，但由于各种因素的制约，贵州省农业科技投入长期处于较低水平（表4-5）。据统计，近年来贵州省农业科技投入占农业总产值的比例仅为0.2%左右，仅为全国平均水平的三分之一。全省所有乡镇农技机构的人头和办公经费都全额纳入县级财政预算，但经费基数较低，平均每人每年办公经费仅为800元左右。此外，全省还有29个县（市、区）没有落实乡镇农技推广机构的业务推广经费。另外，农业科技人员的工资和生活待遇较低，一些政策性的补贴尚未落实，这严重影响了科技人员的积极性。这些因素都限制了农业科技推广工作的顺利开展，阻碍了农业科技的进步和创新。因此，需要采取有效的措施来改善这种状况，提高农业科技投入水平，促进农业科技推广工作的顺利开展。

表4-5　2012—2014年贵州省农业科技推广投入资金情况表　（单位：万元）

资金来源	年份		
	2012	2013	2014
省级投入	29 851	34 593	20 379
中央投入	19 245	19 490	17 890
小计	49 096	54 083	38 269

数据来源：农业部、财政部、贵州省财政厅、贵州省农业厅文件。

（二）农业科技创新人才不足，质量不高

贵州农业科技创新人才存在供不应求或分布不均的问题，有损于农业科技对农业发展的支撑力度。有关数据显示，贵州省的农业科技人员（包括农业、科技和教育部门的员工）总数仅2万余人，而其中真正致力于农业科技推广和成果转化的仅有数千人。此外，贵州的基层政府和农村普遍缺乏科技人才，这个问题在一定程度上是由于农村科技人才的流动性强、稳定性不足、收入不高以及技术能力有限所导致的。这些问题在一定程度上加剧了农村科技人才的短缺，对农业科技创新和农业发展产生了一定的影响。

由于广大农民收入水平偏低，教育程度普遍不高，导致他们的文化素质整体水平不高，缺乏科技意识、竞争意识和经营远见。这种情况制约了农村新技术的采用。许多农民对现代农业技术缺乏了解，由于新技术的采用需要较大的成本，农户对新技术的反应迟钝，限制了农业技术创新。同时，分散的"家庭联产承包"土地经营也制约了农业科技成果的转化。尤其突出的是，农业劳动生产效率低、成本高，无法形成规模效应，这严重阻碍了农业新技术、新成果的统一采纳和应用以及农业产业化发展的进程。农业科研成果普遍具有的社会效益远高于经济效益的属性，使其推广过程必须直接面对千家万户分散的土地经营。由于农业科研成果个体应用的经济效益不十分显著，造成农户自愿接纳的原动力缺失，最终影响了农业科技成果推广、转化的深度和广度。

（三）农业科技成果供需失调，有效转化率不高

科研与生产的脱节以及科研与市场的错轨，是农业科技领域一个深层次的问题，这与当前农业科技体制的不顺畅有着密切的关系。农业科技成果的转化难度大，已成为制约农业发展的重要因素。现有的科研体制往往更关注研究者发表论文、评定职称、增加研究内容，以及获得科研经费的支持，而对科技成果的产业化却缺乏足够的重视。因此，很多科研人员对真正的市场需求了解不足，缺乏市场导向，导致科研成果的实际应用价值不高。这种情况下，科技和经济自然难以实现有效的融合，从而造成了科研与生产、市场之间的脱节和错轨现象仍然存在。

当前，贵州省的农业创新技术主要停留在常规技术、产量技术和生产技术层面，而缺乏高新技术、品质技术以及加工技术的创新。虽然表面上看农业技术成

果并不少，但实际上有效的农业技术供给却不足。随着人们生活质量的提高，对农产品质量的需求也越来越高，因此农业技术创新需要能够将知识形态的技术逐渐转化为现实生产力技术。农业技术与市场需求的脱节主要是由于农业科研运行体制所导致，农业科研活动始终在政府推动下实施，缺乏有效的反馈机制，农业科研管理手段被行政化，导致农业科研的技术创新、技术推广、农业生产之间相互脱节，最终农业科研资源浪费现象严重，技术创新效率低。因此，需要改革农业科研运行体制，建立有效的反馈机制，使农业科研管理手段更加市场化，以提高农业科研的技术创新、技术推广和农业生产之间的衔接效率，从而更好地满足市场需求。

（四）科研创新主体错位，创新效率不高

我国农业技术创新的引领者是农业企业。这是因为只有企业能直接接触并融入市场，它们可以将创新技术迅速转化为实际的生产力，并通过市场激励来引导农业科研方向。然而，当前农业技术创新的主体主要依赖政府农业科研机构和农业院校。此外，农业科研单位的行政依赖问题较为突出，导致机构设置重复，而科研骨干和经费却严重不足。经费短缺严重影响了科研项目的顺利推进，使得科研要素无法实现合理的流动。

在农业科技投入模式上，多种投资和融资渠道已经逐渐形成，市场机制也初步展示其在农业科技资源配置中的重要作用。农业科技的体制改革在不断深化，相关推广机制在日益完善，成果转化效率持续且大幅度提高，新型的农业科技体系正在逐步构建。然而，贵州省在农业科技创新体制和机制方面尚未完全建立，主要表现为农业发展急需且有效的农业技术创新资源不够充足，成果转化率偏低。

在当前的科技体系下，贵州省、地市级的科研机构的业务工作存在大量交叉和重复，导致各个农业科研机构的研究效率低下，浪费严重。这种现象主要是陈旧的体制和管理方式所导致的。在农业系统中，农业科研和推广之间缺乏协调，导致农业技术创新过程不畅。虽然农业科研机构取得了大量的科研成果，但许多成果并未转化为现实的生产力。这些问题的根源在于没有建立一个与现代市场经济相适应的农业技术创新体制。此外，还存在农业科技与生产脱节等严重问题。企业对于农业科研经费的自掏腰包投入以及技术创新的积极性都很低，并未成为科技创新的主体。以省内种业企业为例，绝大部分的研发投入仅占销售额的1%，这种投入下的创新作用也就极其有限了。

（五）科技创新平台建设缺乏协同机制，运行效率低

当前，农业科研主要采用课题制的管理方式，这种管理方式下，课题组往往以"小团队""小作坊"的形式存在，缺乏协同创新组织和平台的支持。这种情况对产生重大科研成果不利。在科研团队内部，许多成员并没有真正参与到科研活动中来，研究任务的实施往往只落在课题负责人的肩上。科研工作因此变得相对孤立，团队成员之间的协作效应无法得到发挥，这种现象尤其明显。以课题制为主的管理模式导致科研资源和力量分散，难以形成跨专业、综合性的协同创新团队和平台，进而导致科研效率偏低。因此，需要寻找一种更加有效的管理模式，以促进农业科研的发展和进步。

以贵州省现代农业产业技术体系为例[①]，制约其发展的主要因素有：一是现代农业产业技术推广机制不健全。农业科研、示范推广和广泛应用的农业科技成果转化机制尚未完全建立，农科教、产学研脱节情况普遍存在。以贵州省重点发展的茶叶、蔬菜、食用菌、中药材、精品水果、生态养殖等12个特色农业产业为主导，在省、市层面都有根据产业发展提出农业发展技术方案和具体需要解决的农业攻关课题，但具体到乡、村基层一线还是按照传统种植技术操作，农业示范推广和成果转化比较困难，主要还是在于贵州省农业科研、技术推广和实际应用主体密切联系机制不健全，农业科技成果转化机制尚未建立，农业科技成果转化率较低，全省农业科技进步贡献率53%，明显低于全国平均水平。二是现代农业科技投入不足。现代农业产业技术体系建设没有形成稳定的农业科技投入机制，科技投入资金来源渠道狭窄，主要依靠中央和省级财政投入，市（州）、县（市、区、特区）对农业科技创新的重视程度不够和财政困难，主要依赖上级财政支持，本级财政和社会资金投入较少，致使现代农业产业科技投入资金不足，农业科技创新缺乏持续资金支持，一定程度上影响了基层农业科研人员创新创业积极性，同时也导致市、县农业产业转型和应对未来农业发展的技术储备缺乏，影响了现代农业产业技术体系建设发展。三是现代农业科技教育人才缺乏。农业科技领军人才缺乏，高水平农业科技人才不足，农业科技创新主要依托农业科研院校，以研究员、教授为主的农业科技领军人才严重不足，且老、中、青人才结构不合理。农业科技人员主要来自省、市农业科研院校，县、乡农业科技人员严重缺乏，基层农技人员更是身兼数职，农业科技创新能力有待进一步提高。同时，县域农业科技能力薄弱，主要依赖省、市层

---

① 王培.贵州省现代农业产业技术体系发展研究［J］.安徽农业科学，2022，50（21）：218-220+231.

面的农业科技创新,在承接农业科技成果转化方面载体不强,成果转化"最后一公里"问题仍较突出。基层农技人员学历以本科和大专为主,专业结构上以农学、植保专业占比大,而食用菌、水产养殖、蔬菜园艺、中药材和农产品加工等专业人员很少,且普遍缺乏继续教育培训机会,专业素质不高、知识老化严重,难以适应当前农业生产发展需要。

(六)农业科技资源配置不够均衡

自新中国成立至今,我国农业科技进步贡献率从20%逐渐提升,虽然期间有所波动,但到"十一五"末已达到52%。近年来,这一比例更是达到了64%。然而,农业科技资源配置存在明显的不均衡现象。在许多情况下,创新要素难以集中在优势农产品产区,科技资源在农业生产的前、中、后期的配置也极不平衡。数据显示,大约75%的经费被用于技术研究。此外,多个行政层级的领导也一定程度上削弱了经费的使用效果。更为重要的是,大量的科技资源集中于城市,而农村的科技发展投入不足、资源匮乏、技术落后。另一个不可忽视的问题是,农科教、产学研的合作不够紧密,呈现出低效率。相关科研更多地关注学术导向,而农业发展所需要的是以产品为导向,这两者之间的矛盾仍然存在。

农业作为国家重要的基础性产业,理应得到政府的大力支持和稳定投入。然而,在过去的一段时间里,政府对农业科研的投入相对较低,导致农业科技创新的投入没有在公共财政支出中得到应有的体现。财政基本支出的不足,竞争性项目数量的减少,公共基础研究性项目稳定性支持比例过低,以及科研人员忙于"揽活"等现象,都使得农业科技人员的创新时间急剧减少。此外,项目主持人在申请课题和应对各项检查方面花费了过多的时间和精力。相关调查显示,许多骨干科研人员直接从事科研的时间比以前减少了二成以上。科研人员疲于争取项目和揽活干,花费了太多时间,处于一种"创收大于创新"的尴尬状态。这种情况对于农业科技的发展和创新无疑产生了不利影响。因此,为了促进农业科技的发展和创新,政府应该加大对农业科研的投入力度,提高农业科技创新的投入比例。同时,应该优化公共基础研究性项目的支持比例,为科研人员提供更加稳定和充足的科研环境。此外,还应该鼓励科研人员专注于科技创新,减少他们疲于"揽活"的现象,让他们有更多的时间和精力投入到科研工作中。只有这样,才能真正推动农业科技的发展和创新,为国家的农业产业作出更大的贡献。

第五章

农业科技创新政策法规分析

党的二十大报告强调，我们必须坚持科技是第一生产力、创新是第一动力，深入实施创新驱动发展战略，开辟发展新领域新赛道，不断塑造发展新动能新优势。中国新一轮改革正在不断深化，科技创新在经济社会中的地位越来越突出。为了响应国家号召，各省陆续出台了一系列政策，营造了良好的科技创新政策环境。任何国家的科技创新政策都是鼓励技术创新、影响创新行为或结果的政策组合。创新政策是一个综合的概念，它包括科技政策和产业政策的协调结合，是科技政策的重要组成部分，并与经济政策和产业政策紧密相关。农业科技创新政策则是针对农业方面而言的一系列科技制度的安排，包括财政、金融、土地、技术市场、人才等有关方面的规定。农业科技创新政策与国家科技创新政策是密不可分的，国家科技创新政策内容也与农业科技创新政策密切相关。

科技创新政策的实施方式可以分为三种类型：供给型、环境型和需求型。供给型政策工具主要着重于政府对科技创新的推动力。这包括通过提供科技信息、基础设施、科研资金等方式，直接为创新活动提供物质基础。这些政策工具可以分为教育培训、人才激励、科技信息支持、技术支持、科技基础设施建设、科技资金投入、公共服务等。环境型政策工具侧重于政府通过法律、规划、税收等政策工具为科技创新活动提供环境因素。这些政策工具可以分为目标规划、金融支持、税收优惠、知识产权保护、法规管制、策略性措施等。需求型政策工具则关注政策对科技创新活动的拉动力，政府借助技术采购与贸易管制等手段提升市场的确定性。这些政策工具可以分为政府订购、服务外包、贸易管制、海外机构、示范工程、技术认定等。以下将按照上述政策划分类型进行梳理。

第一节 科技创新政策

一、国家科技创新政策

（一）国家科技创新综合性政策

自2006年以来，我国政府始终重视并推动自主创新，不断加大政府科技投入以促进创新。此外，政府还积极引导企业参与研究开发活动，投入大量精力推动科技创新。在国家层面上，政府出台了重大科技专项计划，为实现创新型国家的目标设定了研发投入指标。同时，政府还制定了一系列政策措施，以推动国家科技创新体系的建设。这些政策措施包括提高研发投入强度、优化科技创新环境、加强科技人才培养等。政府还通过实施税收优惠政策等措施来鼓励企业加大科技投入，推动科技创新和产业升级。这些举措有力地推动了我国的自主创新进程，为实现创新型国家的发展目标提供了有力支撑。

2006年，中国政府正式发布《国家中长期科学和技术发展规划纲要（2006—2020年）》，确立了建设创新型国家的发展战略，将科技发展引领到一个全新领域。自2006年以来，国家科技创新政策数量不断增加，科技创新的力度进一步加强，同时政府也及时出台了引导类政策，使得国家科技创新改革的方向更加明确。

2012年，国家发布《关于深化体制机制改革 加快实施创新驱动发展战略的若干意见》，明确提出要积极推动创新驱动发展战略的实施，以形成深度融合的开放创新格局。同年9月23日，党的十八大进一步强调，要将科技创新置于我国最核心的位置，为我国综合国力的提升提供根本支持。这些重要政策文件的颁布，表达了国家对于创新驱动发展的高度重视和坚定决心，也为推动创新、提升国家竞争力指明了方向。

为了推动体制机制改革与创新，国务院于2015年6月16日发布《关于大力推进大众创业万众创新若干政策措施的意见》。此后，中央深化改革领导小组于2015年9月24日发布《深化科技体制改革实施方案》，明确了坚持中国特色自主创新道路、构建中国特色国家创新体系的目标，并强调了推动科技创新与全面创新、促进军民融合深度发展、营造有利于创新驱动发展的市场和社会环境等核心内容。这些举措旨在激发大众创业、万众创新的热情与潜力，适应和引领经济发展新常态，加快创新型国家建设步伐。

2016年5月8日，国务院办公厅发布《关于建设大众创业万众创新示范基地的实施意见》，明确提出要构建一个有利于创业创新的生态系统，加强双创文化的建设。同时，高效和科研院所示范基地应充分利用人力和技术资源等，加速科技成果的转化。这一政策的出台，旨在推动大众创业、万众创新，激发全社会的创新活力，为我国经济发展注入新的动力。

国务院于2017年7月21日发布《关于强化实施创新驱动发展战略进一步推动大众创业万众创新深入发展的意见》。该意见指出，近年来，市场新生力量大量涌现，有效提高了创新效率、缩短了创新路径。下一步，要充分发挥市场配置资源的决定性作用，整合政府、企业、社会等多方资源，健全创新创业服务体系；优化激励机制，共享创新资源，加速科技成果向现实生产力转化。同时，要加强创新创业基础设施建设，提升创新创业服务水平，为创新创业提供更加优质、更加便捷、更加高效的服务。2018年，正值中国改革开放40周年之际，习近平总书记在庆祝大会上明确指出："我们要坚定以创新为引领、人才为基础的理念，实施创新驱动发展战略，完善国家创新体系，以自主创新推动经济社会新发展。"科技创新对于提升国家的综合实力和国际竞争力具有决定性的作用。在新时代，科技创新需要进一步强化战略导向、目标导向和问题导向，坚持"三个面向"的战略方向，推动科技创新与体制机制创新"双轮驱动"，为高质量发展提供更有效的支持，为应对风险挑战提供更坚实的支撑，夯实进入创新型国家行列的基础。习近平总书记关于科技创新的重要论述不断丰富和发展，成为实施创新驱动发展战略、建设创新型国家的指导思想和行动指南。

2019年5月14日，国务院召开常务会议，旨在制定措施以发挥企业主体作用并提高创新能力，进一步推动产业提质升级。会议决定，首先需要完善创新体系，激发企业创新活力，支持企业积极参与创新活动，汇聚社会创新资源。此外，还需加快科技成果的转化和推广应用，以鼓励企业开展国际创新合作，参与国际技术标准制定。为确保知识产权得到有效保护，侵权行为将受到更严厉的惩罚。

2019年，习近平总书记倡导构建新型举国体制，以在社会主义市场经济条件下攻关关键核心技术。这一倡议在2020年3月2日北京新冠肺炎防控科研攻关工作的考察中得到了总书记的进一步强调。总书记明确指出，我们需要完善关键核心技术的攻关新型举国体制。这种体制的完善，对于推动我国经济的高质量发展、保障国家安全、不断开辟"中国之治"新境界，具有极其重要的意义。

由表5-1的综合政策效力分析发现，这些政策文件大多由国家科技部发布，表明在2006年之后，国家科技创新政策的力度得到了进一步加强。这充分显示了国家对科技创新政策的高度重视，并为此出台了多项相关政策以推动国家科技创新的发展。在这些政策中，引导型和强制型政策成为中坚力量，确保科技创新政策的落地实施。

表 5-1　国家科技创新综合性政策汇总表

发布部门	政策文件名称	文件号/时间
中华人民共和国国务院	国家中长期科学和技术发展规划纲要（2006—2020年）	2006年
科技部、国家发改委	关于加强创新工作方法的若干意见	国科发财〔2008〕197号
科技部	关于深化科技体制改革加快国家创新体系建设的意见	2012年09月23日
中华人民共和国国务院	中共中央　国务院关于深化体制机制改革　加快实施创新驱动发展战略的若干意见	中发〔2015〕8号
国务院办公厅	深化科技体制改革实施方案	2015年
科技部	科技部关于进一步推动科技型中小企业创新发展的若干意见	国科发高〔2015〕3号
中华人民共和国国务院	国家创新驱动发展战略纲要	2016年
国务院办公厅	国务院办公厅关于完善国家级经济技术开发区考核制度促进创新驱动发展的指导意见	国办发〔2016〕14号
中华人民共和国国务院	国务院关于强化实施创新驱动发展战略进一步推进大众创业万众创新深入发展的意见	国发〔2017〕37号
国务院办公厅	国务院办公厅关于推广第二批支持创新相关改革举措的通知	国办发〔2018〕126号
中共科学技术部党组	中共科学技术部党组关于坚持以习近平新时代中国特色社会主义思想为指导推进科技创新重大任务落实深化机构改革加快建设创新型国家的意见	国科党组发〔2018〕1号
科技部	关于新时期支持科技型中小企业加快创新发展的若干政策措施	2019年
国务院办公厅	国务院办公厅关于推广第三批支持创新相关改革举措的通知	国办发〔2020〕3号
科技部	国家科学技术奖励条例	中华人民共和国国务院令第731号
国务院	关于支持贵州在新时代西部大开发上闯新路的意见	国发〔2022〕2号

（二）国家科技创新人才政策

从表 5-2 反映的财政政策效力看，目前采取的多为具体操作实施的管理办法，这些办法便于理解和执行。通过补贴或奖励的方式，从多个层面支持科创企业发展。科技创新水平在很大程度上反映地区的经济发展水平和潜力，而企业作为科技创新成果转化的基地，是科技创新的最主要组成部分。财政政策为科技创新企业发展提供了强有力的资金支持，同时也成为政府部门推动科技创新发展的有力推进器。因此，为了进一步提升企业的财政支持力度，需要采取更多的措施和策略。

表 5-2　国家科技创新供给政策：财政政策

发布部门	政策文件名称	文件号/时间
中华人民共和国国务院	关于深化中央财政科技计划（专项、基金等）管理改革的方案	2014 年
中华人民共和国国务院	国家科学技术奖励条例	2017 年 01 月 15 日
国务院办公厅	国务院办公厅印发关于深化科技奖励制度改革方案的通知	国办函〔2017〕55 号
财政部、科技部、国资委	关于扩大国有科技型企业股权和分红激励暂行办法实施范围等有关事项的通知	2018 年
财政部、科技部、国资委	关于扩大国有科技型企业股权和分红激励暂行办法实施范围等有关事项的通知	财资〔2018〕54 号
财政部、科技部	中央财政科技计划（专项、基金等）后补助管理办法	2019 年
财政部、科技部	国家科学技术奖励绩效评价暂行办法	2019 年
财政部、科技部	中央引导地方科技发展资金管理办法	2019 年
国务院办公厅	改革完善中央财政科研经费管理的若干意见	国办发〔2021〕32 号

（三）国家科技创新人才政策

由表 5-3 可以看出，国家对人才培养的重视程度非常高，把人才培养放在了至关重要的位置。这是因为科技创新需要人才发挥其主观能动性，只有具备了优秀的人才，才能推动科技创新的发展。从长远角度看，国际竞争的核心实际上就是人才之间的竞争。面对日益激烈的国际竞争和国内发展挑战的复杂性，必须从基础性、前瞻性、战略性和全局性出发，来强化和完善我国的科技创新人才体系。这意味着我们必须致力于培养出更多具备专业能力、前瞻视野、战略思维和全局观念的人才，以适应这个日新月异的世界。在这个过程中，不仅要注重人才的数量，更要注重人才的质量。通过各种方式来提高人才培养的质量和效率，包括但不限于改革教育制度、优化人才选拔机制、加强人才培训等。只有这样，才能真正实现从人才大国到人才强国的转变，为我国的科技创新和国际竞争提供坚实的人才基础。

表 5-3　国家科技创新供给政策：人才政策

发布部门	政策文件名称	文件号/年份
教育部、科技部	高校学生科技创业实习基地认定办法（试行）	教技厅〔2010〕2号
科技部、国家发改委	创新人才推进计划实施方案	国科发政〔2011〕538号
中共中央办公厅、国务院办公厅	关于深化项目评审、人才评价、机构评估改革的意见	中办发〔2018〕37号
中共中央办公厅、国务院办公厅	关于分类推进人才评价机制改革的指导意见	2018年

（四）国家科技创新成果转化政策

根据表5-4所示，近年来，成果转化的政策越来越受到重视。国家出台了一系列政策来引导原创知识创新向科技产品转化，将知识创新转变为科技产品的创新，从而推动科技进步和经济增长。这些政策的出台，不仅有利于促进科技创新，也有利于提高国家的整体竞争力。

表 5-4　国家科技创新需求政策：成果转化政策

发布部门	政策文件名称	文件号/年份
全国人大常委会	中华人民共和国促进科技成果转化法（2015年修订）	2015年
国务院办公厅	促进科技成果转移转化行动方案	国办发〔2016〕28号
科技部、财政部	关于研究开发机构和高等院校报送科技成果转化年度报告工作有关事项的通知	财科教〔2017〕22号
科技部	国家科技成果转化引导基金设立创业投资子基金公告	2018年1月15日
科技部、财政部、税务总局	关于科技人员取得职务科技成果转化现金奖励信息公示办法的通知	国科发政〔2018〕103号
财政部	财政部关于进一步加大授权力度促进科技成果转化的通知	2019年
科技部等9部门	赋予科研人员职务科技成果所有权或长期使用权试点实施方案	国科发区〔2020〕128号
国务院办公厅	完善科技成果评价机制的指导意见	国办发〔2021〕26号

（五）国家科技创新高新技术产业支持政策

由表5-5的政策信息可以看出，国家对高新技术产业越来越重视。高新技术产业是我国实施创新驱动发展战略的重要载体，它对于转变发展方式、优化产业结构、增强国际竞争力等都发挥了重要的作用。因此，必须努力推动高新技术产业的发展，走出一条具有中国特色的高新技术产业化道路，进一步促进国家高新技术产业的高质量发展。同时，还要发挥好创新引领和辐射带动作用，为我国经济的持续发展注入新的动力。

表 5-5 国家科技创新需求政策：高新技术产业支持政策

发布部门	政策文件名称	文件号/年份
科技部	高新技术创业服务中心管理办法	国科发火字〔2005〕15号
科技部、财政部	高新技术企业认定管理工作指引	2008年
国务院办公厅	国务院办公厅关于推进农业高新技术产业示范区建设发展的指导意见	国办发〔2018〕4号

（六）国家科技创新知识产权支持政策

由表 5-6 所示的知识产权支持政策可以看出，我国在近年来对知识产权的政策扶持取得了较大的进步。知识产权制度是推动科技创新发展的关键，因此，加强知识产权制度建设就等同于推动创新驱动发展。而针对知识产权的支持政策则旨在保护科技创新成果，激发科技创新热情。

表 5-6 国家科技创新需求政策：知识产权支持政策

发布部门	政策文件名称	文件号/年份
知识产权局教育部、科技部	关于深入实施国家知识产权战略 加强和改进知识产权管理的若干意见	2014年
国务院办公厅	知识产权综合管理改革试点总体方案	2016年
国务院	"十三五"国家知识产权保护和运用规划	2017年
中共中央办公厅、国务院办公厅	关于强化知识产权保护的意见	2019年

（七）国家科技创新环境税收/金融政策

由表 5-7 可以看出，国家税收和金融政策体系在不断完善。政府出台了一系列鼓励扶持政策，以支持企业和高校开展科技研发、技术创新和产学研合作。现有的鼓励科技创新的税收政策内容丰富，涉及的税种较多，管理方式变革和商业模式政策规定也较为细致。然而，总体上仍存在政策格局不够合理、政策内容不够科学、优惠力度有待加大等不足。进一步完善和加强鼓励科技创新的税收政策对于推动经济结构调整、打造发展新引擎、增强发展新动力具有重要意义。金融与科技创新的深度结合能够促进科技创新成果的实现，同时，也为科技创新带来新的动力，具有重要的战略意义与实施意义。

表 5-7 国家科技创新环境政策：税收/金融政策

发布部门	政策文件名称	文件号/年份
财政部、科技部、国资委	国有科技型企业股权和分红激励暂行办法	2016 年
财政部、国家税务总局	财政部国家税务总局关于国家大学科技园税收政策的通知	财税〔2016〕98 号
财政部、海关总署、国家税务总局	关于"十三五"期间支持科技创新进口税收政策的通知	财关税〔2016〕70 号
财政部、海关总署	关于支持科技创新进口税收政策管理办法的通知	财关税〔2016〕71 号
财政部、国家税务总局	关于完善股权激励和技术入股有关所得税政策的通知	财税〔2016〕101 号
财政部、税务总局、科技部	财政部税务总局科技部关于提高科技型中小企业研究开发费用税前加计扣除比例的通知	财税〔2017〕34 号
财政部、税务总局、商务部、科技部	财政部税务总局商务部科技部国家发展改革委关于将技术先进型服务企业所得税政策推广至全国实施的通知	财税〔2017〕79 号
财政部、税务总局、科技部、教育部	财政部税务总局科技部关于科技人员取得职务科技成果转化现金奖励有关个人所得税政策的通知	财税〔2018〕58 号
财政部、科技部、国资委	关于扩大国有科技型企业股权和分红激励暂行办法实施范围等有关事项的通知	财资〔2018〕54 号
财政部、税务总局、科技部、教育部	关于科技企业孵化器大学科技园和众创空间税收政策的通知	财税〔2018〕120 号

二、贵州省科技创新政策

通过贵州省人民政府官方网站查询到近年以来发布的科技创新相关政策共 62 项。综合类科技创新政策 24 项，从政策效力看，其中，21 项为贵州省科学技术厅发布，2 项为贵州省科技创新领导小组办公室发布，1 项为贵州省人民政府发布；科技创新供给财政类政策共 15 项，为贵州省人民政府和贵州省科学技术厅发布；科技创新供给人才政策共 5 项，为贵州省科学技术厅和贵州省人力资源和社会保障厅发布。科技创新需求政策 16 项，其中，科技成果转化政策 6 项，为贵州省科学技术厅、贵州省财政厅和贵州省人大常委会发布；高新技术产业政策 2 项，为贵州省人大常委会发布；知识产权保护政策共计发布 8 项，其中，贵州省知识产权局发布 3 项，贵州省教育厅发布 1 项，贵州省科学技术厅发布 5 项；科技创新环境政策发布 2 项，均为税收政策 2 项。这一系列科技创新政策的出台，充分说明了贵州省对科技创新政策的重视。

（一）贵州省科技创新综合性政策

从政策效力上看，表 5-8 所列文件多是贵州省科技厅发布，可见省科技厅将科技创新政策放在了很重要的位置，为贵州省科技创新的发展前后多次出台了多项相关政策。这些政策性质多是办法、管理细则类。要想使得颁布的这些政策更好地贯彻落实，必须制定一系列的配套方案和实施措施，将政策目标制定得更加清晰，这样才容易执行，更好量化，也便于后期对政策实施效果进行合理评估。

表 5-8 贵州省科技创新综合性政策文件

汇总表发布部门	政策文件名称	文件号/年份
贵州省科学技术厅	贵州省国际科技合作重点项目计划管理暂行办法	黔科通〔2002〕109 号
贵州省科学技术厅	贵州省软科学研究计划管理办法	黔科通〔2004〕37 号
贵州省科学技术厅	贵州省科技计划项目招标投标管理暂行办法	黔科通〔2006〕125 号
贵州省科学技术厅	贵州省重大专项管理办法（试行）	黔科通〔2011〕19 号
贵州省科学技术厅	贵州省工程技术研究中心管理办法	黔科通〔2011〕20 号
贵州省科学技术厅	贵州省院士工作站管理办法（试行）	黔科通〔2011〕67 号
贵州省科学技术厅	关于调整贵州省科技攻关计划重大专项计划和科研机构创新能力建设专项科研体制改革专项经费管理办法若干规定的通知	黔科通〔2012〕113 号
贵州省科学技术厅	贵州省关于启动科有研机构服务企业行动计划的通知	黔科通〔2013〕108 号
贵州省科学技术厅	贵州省科技创新券管理办法（试行）	黔科通〔2014〕178 号
贵州省科学技术厅	贵州省众创空间遴选和管理办法（试行）	黔科通〔2015〕89 号
贵州省科学技术厅	贵州省科技型企业成长梯队遴选及管理办法	黔科通〔2015〕104 号
贵州省科学技术厅	贵州省科技计划科技报告管理暂行办法	黔科通〔2015〕103 号
贵州省科学技术厅	贵州省新购大型科研仪器设备联合评议管理办法（试行）	黔科通〔2016〕155 号
贵州省科学技术厅	贵州省科技企业孵化器遴选和管理办法（试行）	黔科通〔2016〕174 号

续表

汇总表发布部门	政策文件名称	文件号/年份
贵州省科学技术厅	贵州省大型科研仪器设备共享服务评估与补助暂行办法	黔科通〔2016〕179号
贵州省科学技术厅	贵州省技术转移示范机构遴选办法（试行）	黔科通〔2016〕184号
贵州省科学技术厅	贵州省技术先进型服务企业认定管理办法（试行）	黔科通〔2017〕178号
贵州省科学技术厅	贵州省科学技术奖励办法实施细则	黔科通〔2018〕129号
贵州省科学技术厅	贵州省软科学研究计划管理细则	黔科通〔2019〕+++号
贵州省科学技术厅	贵州省科技支撑计划项目管理细则	黔科通〔2019〕+++号
贵州省科学技术厅	贵州省科技重大专项管理细则	黔科通〔2019〕+++号
贵州省人民政府	贵州省重点实验室建设管理暂行办法	黔府办发〔1996〕67号
贵州省科技创新领导小组办公室	贵州省科技创新平台和服务体系建设实施办法	黔科领〔2013〕2号
贵州省科技创新领导小组办公室	贵州省创新型领军企业遴选及培育办法（试行）	黔科领〔2014〕2号
贵州省科学技术厅	贵州省新型研发机构支持办法（试行）	
贵州省科技厅、贵州省委宣传部、贵州省发展和改革委员会	贵州省科研诚信管理暂行办法的通知	黔科通〔2020〕9号
贵州省科学技术厅	贵州省"十四五"科技创新规划	2021年

（二）贵州省科技创新财政政策

从表5-9财政政策的效力看，多为政策文件的性质，管理办法类较多，便于具体操作实施。但是财政支持类文件总体数量不多，可见贵州省对科技创新发展的财政支持力度还不够，并没有针对不同类型企业、高校有更为细致具体的扶持办法，当今社会的经济发展、社会进步无不依靠科技创新，科技创新水平在某种程度上代表着一个地区的经济发展水平和发展潜力。企业是科技创新成果转化的基地，是科技创新的最主要组成部分，因此，对于企业的财政支持力度还需要进一步加大。

表5-9 贵州省科技创新供给政策文件：财政政策

发布部门	政策文件名称	文件号/年份
贵州省科学技术厅	贵州省科技体制改革专项资金管理暂行办法	黔科通〔2000〕116号
贵州省科学技术厅	贵州省应用技术研究与开发资金管理暂行办法	黔科通〔2005〕86号

续表

发布部门	政策文件名称	文件号/年份
贵州省科学技术厅	关于下发《贵州省科学技术基金项目管理办法》的通知	黔科通〔2007〕140号
贵州省科学技术厅	贵州省科研院所技术开发研究专项资金管理暂行办法	黔科通〔2007〕114号
贵州省科学技术厅	贵州省科学技术学术著作出版基金管理办法	黔科通〔2007〕115号
贵州省科学技术厅	贵州省重大科技专项经费预算评审（试行）办法	黔科通〔2009〕65号
贵州省科学技术厅	贵州省科研机构创新能力建设专项资金管理办法（暂行）	黔科通〔2009〕86号
贵州省科学技术厅	贵州省加强科技创新加快科技进步奖励补助办法实施细则（暂行）	黔科通〔2012〕114号
贵州省科学技术厅	贵州省应用技术研究与开发资金后补助管理暂行规定	黔科通〔2014〕154号
贵州省科学技术厅	贵州省科技保险补助资金管理暂行办法	黔科通〔2015〕22号
贵州省科学技术厅	贵州省技术市场培育资金后补助管理暂行办法	黔科通〔2015〕138号
贵州省科学技术厅	贵州省科学技术基金项目管理细则	黔科通〔2019〕+++号
贵州省人民政府	贵州省科学技术奖励办法	黔府令〔2001〕56号
贵州省科学技术厅	贵州省科学技术奖励办法实施细则	黔科通〔2011〕60号
贵州省科学技术厅	贵州省科技保险保费补助实施方案（暂行）	黔科通〔2015〕82号
贵州省科学技术厅	贵州省应用技术研究与开发资金管理暂行办法	黔财教〔2021〕152号
贵州省财政厅、贵州省科学技术厅	贵州省科研机构创新能力建设专项资金管理办法	黔财教〔2021〕159号
贵州省财政厅、贵州省科学技术厅	贵州省科学技术奖励专项资金管理办法	黔财教〔2021〕160号
贵州省财政厅、贵州省科学技术厅	贵州省中央引导地方科技发展资金管理实施细则	黔财教〔2022〕153号

（三）贵州省科技创新供给政策：人才政策

从表5-10的人才政策看，贵州省近年来出台了一系列人才政策，政府部门极其重视人才培养，把培养人才放在至关重要的位置，诚然科技进步要靠创新，创新就需要人才发挥其主观能动性。从现有的关于人才的政策文件看，贵州省重培养轻管理，缺少人才引进、人才评估和人才使用有关的更为翔实的细则。

表 5-10　贵州省科技创新供给政策文件：人才政策

发布部门	政策文件名称	文件号
贵州省科学技术厅	贵州省优秀青年科技人才培养对象选拔、培养管理办法	黔科通〔2010〕160号
贵州省科学技术厅	贵州省优秀青年科技人才培养对象专项资金管理办法	黔科通〔2010〕161号
贵州省科学技术厅	关于深入推进百千万科技特派员基层创业行动的通知	黔科通〔2012〕153号
贵州省科学技术厅	贵州省科技创新人才团队管理办法	黔科通〔2012〕24号
中共贵州省委组织部、贵州省科学技术厅、贵州省人力资源和社会保障厅、贵州省财政厅	贵州省高层次创新型人才遴选培养实施细则（试行）	黔组发〔2014〕7号
贵州省科学技术厅	贵州省自然科学研究系列专业技术职务任职资格申报评审条件（试行）	黔人社通〔2020〕174号

（四）贵州省科技创新成果转化政策和高新技术产业支持政策

从表 5-11 的成果转化政策看，贵州省关于成果转化的政策是近些年来才愈发重视的。近年来，贵州省出台了 4 项关于成果转化的政策，引导科技机构和高校将原创知识创新向科技产品转化，将知识创新转变为科技产品的创新，进而促使科技进步、经济增长。而关于高新技术产业的支持政策也相对较少，且不够细化。其政策发布情况如表 5-12 所示。

表 5-11　贵州省科技创新需求政策文件：成果转化政策

发布部门	政策文件名称	文件号/时间
贵州省科学技术厅	贵州省科技成果重点推广计划项目管理办法	黔科通〔2001〕63号
贵州省科学技术厅	贵州省科技成果转化应用及产业化计划项目管理细则	黔科通〔2019〕+++号
贵州省人大常委会	贵州省促进科技成果转化条例	2018-01-01
贵州省科学技术厅	贵州省科技成果转化股权投资管理暂行办法	黔科通〔2019〕66号
贵州省财政厅	贵州省科技成果转化基金管理暂行办法	黔财金〔2015〕18号
贵州省教育厅	贵州省高等学校科学研究优秀成果奖（科学技术）奖励办法	黔教科研发〔2014〕23号
贵州省省科学技术厅、贵州省教育厅	关于完善科技成果评价机制的实施方案的通知	黔科通〔2022〕43号
贵州省科学技术厅成果处	贵州省省级科技计划项目验收规则（试行）的通知	黔科通〔2023〕3号

表 5-12 贵州省科技创新需求政策文件：高新技术产业支持政策

发布部门	政策文件名称	文件号/年份
贵州省人大常委会	贵州省高新技术产业发展条例	2007-09-24
	贵州省高新技术企业认定专家管理办法	2009-09-16
贵州省科学技术厅	关于推进全省高新技术产业开发区高质量发展的实施方案	黔科领发〔2021〕1号

（五）贵州省科技创新知识产权支持政策和税收/金融政策

从表 5-13 的知识产权支持政策看，其中尤为重视对知识产权的尊重、保护其相关政策最多，维护发明创作者的独有权力，激发人们创新激情，促使大众创新，尤为重要。而贵州省亦制定关于科技创新相关的环境政策相对较少，其中只有 2 项关于税收的政策。其政策发布情况如表 5-14 所示。

表 5-13 贵州省科技创新需求政策文件：知识产权支持政策

发布部门	政策文件名称	文件号
贵州省科学技术厅	贵州省重大科技项目知识产权管理暂行规定	黔科通〔2006〕142号
贵州省科学技术厅	贵州省科技（知识产权）信用管理办法（试行）	黔科通〔2018〕5号
贵州省科学技术厅	贵州省重大科技项目知识产权管理细则	黔科通〔2019〕++号
贵州省知识产权局	贵州省知识产权奖励办法	黔知发〔2010〕47号
贵州省科学技术厅	贵州省知识产权优势企业遴选办法（试行）	黔科通〔2015〕90号
贵州省科学技术厅	贵州省发明专利运营试点后补助方案	黔科通〔2017〕195号
贵州省知识产权局	贵州省专利行政委托执法暂行办法	黔知发〔2013〕25号
贵州省知识产权局	贵州省专利行政案件物证管理办法	黔知发〔2013〕26号

表 5-14 贵州省科技创新环境政策文件：税收/金融政策

发布部门	政策文件名称	文件号
贵州省国税局	贵州省国家税务局关于深入贯彻落实高新技术企业所得税优惠政策的通知	黔国税函〔2016〕135号
贵州省科学技术厅	贵州省科技厅贵州省财政厅贵州省税务局关于明确企业研究开发费用加计扣除项目技术鉴定相关事项的通知	黔科通〔2019〕24号

第二节　农业科技创新政策[①]

习近平总书记对农业科技创新给予了高度关注。2013年在山东省农业科学院考察时，他作出了重要指示，强调农业发展的出路在于现代化，而农业现代化的关键在于科技进步。他明确指出，我们必须比以往任何时候都更加重视和依靠农业科技进步，走内涵式发展道路。习近平总书记的这一指示，突显了农业科技创新在实现农业现代化过程中的重要性，也为我们指明了农业科技发展的方向和路径。

在我国科技体系变革的进程中，农业科技创新政策扮演了推动农业科研机构创新与农业科技成果转化的重要角色，它通过法律与政策手段提供了有力的支持。据初步统计，自我国改革开放以来（1978—2015年），全国人大及其常委会、国务院及国务院办公厅、农业部、科技部、财政部等部门共发布了1 513条农业科技创新政策。其中包括法律12条，条例、部令25条，暂行条例、条例、规定等388条，办法、意见、规划等375条，以及通知、公告713条。这些数据来源于《科技法律法规与政策选编》（1985—2008年）、《中国科技政策要目概览》（1949—2010）、《中国政府及相关部门官网及北大法宝法律数据库》。考虑到农业科技创新环境政策的时效性，我们重点梳理了近10年的农业科技创新环境政策文件，具体情况见表5-14。

一、2015年至今国家农业科技创新政策

（一）农业科技创新体系改革及相关政策

2015年以来，中国农业科技体制改革迈出了崭新的一步。2015年，中共中央国务院发布了《关于深化体制机制改革　加快实施创新驱动发展战略的若干意见》（中发〔2015〕8号），农业农村部也发布了《关于深化农业科技体制机制改革　加快实施创新驱动发展战略的意见》。这两个重要的政策文件，贯彻了党的十八大提出的创新驱动发展战略，预示着在新时代，我国农业科技创新体系改革将继续深化（表5-15）。

[①] 陈剑平，万忠，刘艳，等.农业科技创新驱动发展战略研究［M］.北京：科学出版社，2021.

2015年3月13日,《中共中央 国务院关于深化体制机制改革 加快实施创新驱动发展战略的若干意见》强调,实施创新驱动发展战略,必须发挥市场在资源配置中的决定性作用,同时,更好地发挥政府作用。要打破一切制约创新的思想障碍和制度藩篱,激发全社会的创新活力和创造潜能,提升各种生产要素的效率和效益。要推动科技与经济紧密结合,实现创新成果与产业对接、创新项目与现实生产力对接、研发人员创新劳动与其利益收入对接。这样,科技进步对经济发展的贡献度将得到提升,为进入创新型国家行列提供有力保障。到2020年,适应创新驱动发展要求的制度环境和政策法律体系将基本形成。人才、资本、技术、知识将自由流动,企业、科研院所和高等学校将协同创新。创新活力将竞相迸发,创新成果得到充分保护,创新价值得到更大体现。创新资源配置效率将大幅提高,创新人才将合理分享创新收益。这将使创新驱动发展战略真正落地,为经济增长和就业创业打造新引擎,构筑参与国际竞争合作的新优势,推动形成可持续发展的新格局,促进经济发展方式的转变。

在发布这两个文件之后,我国又接连发布了多份政策文件和法律法规,以推动国家农业农村科技创新体系的建设(表5-15)。此外,原农业部等部门也发布了《农业部关于深入贯彻落实中央一号文件 加快农业科技创新与推广的实施意见》《关于深化农业科技体制机制改革 加快实施创新驱动发展战略的意见》《农业部关于促进企业开展农业科技创新的意见》和《关于加强农业科技社会化服务体系建设的若干意见》等文件。这些政策文件紧密围绕国家重大农业发展问题,对我国农业科技创新事业进行了具有战略性和全局性的规划。

表5-15 2015年以来我国农业农村科技创新体系建设相关的重要政策文件及法律法规

序号	文件发布信息
1	2015年3月13日,中共中央、国务院发布《中共中央 国务院关于深化体制机制改革 加快实施创新驱动发展战略的若干意见》(中发〔2015〕8号)
2	2015年8月24日,农业部发布《农业部关于深化农业科技体制机制改革 加快实施创新驱动发展战略的意见》
3	2015年8月29日,全国人民代表大会常务委员会通过《中华人民共和国促进科技成果转化法》(2015年修订)
4	2015年9月24日,中共中央办公厅、国务院办公厅发布《深化科技体制改革实施方案》
5	2016年1月1日起《中华人民共和国种子法》开始实施
6	2016年4月21日,国务院办公厅发布《国务院办公厅关于印发促进科技成果转移转化行动方案的通知》(国办发〔2016〕28号)

续表

序号	文件发布信息
7	2016年5月19日,国务院办公厅发布《国务院办公厅关于深入推行科技特派员制度的若干意见》(国办发〔2016〕32号)
8	2016年5月19日,中共中央、国务院发布《国家创新驱动发展战略纲要》
9	2016年7月19日,财政部发布《中央级公益性科研院所基本科研业务费专项资金管理办法》
10	2016年7月31日,中共中央办公厅、国务院办公厅印发《关于进一步完善中央财政科研项目资金管理等政策的若干意见》(中办发〔2016〕50号)
11	2016年8月8日,国务院发布《"十三五"国家科技创新规划》(国发〔2016〕43号)
12	2016年11月7日,中共中央办公厅、国务院办公厅发布《关于实行以增加知识价值为导向分配政策的若干意见》
13	2016年11月18日,教育部发布《高等学校"十三五"科学和技术发展规划》(教技〔2016〕5号)
14	2016年11月23日,农业部发布《农业科技创新能力条件建设规划(2016—2020年)》(农计发〔2016〕98号)
15	2016年12月8日,农业部办公厅发布《农业部基本科研业务费专项资金管理办法》(农办财〔2016〕85号)
16	2016年12月30日,财政部、科技部印发《国家重点研发计划资金管理办法》(财科教〔2016〕113号)
17	2017年1月25日,农业部发布《"十三五"农业科技发展规划》(农科教发〔2017〕4号)
18	2017年6月9日,国务院办公厅发布《关于深化科技奖励制度改革方案的通知》(国办函〔2017〕55号)
19	2017年6月9日,科技部等发布《"十三五"农业农村科技创新专项规划》(国科发家〔2017〕170号)
20	2017年11月17日,国家外国专家局发布《国家引才引智示范基地管理办法》(外专发〔2017〕199号)
21	2018年1月29日,国务院办公厅发布《国务院办公厅关于推进农业高新技术产业示范区建设发展的指导意见》(国办发〔2018〕4号)
22	2018年7月24日,国务院发布《国务院关于优化科研管理 提升科研绩效若干措施的通知》
23	2018年12月28日,财政部发布《关于进一步完善中央财政科技和教育资金预算执行管理有关事宜的通扣》(财库〔2018〕96号)
24	2018年12月29日,教育部发布《教育部关于印发〈高等学校乡村振兴科技创新行动计划(2018—2022年)〉的通知》(教技〔2018〕15号)
25	2019年1月3日,国务院办公厅发布《国务院办公厅关于抓好赋予科研机构和人员更大自主权有关文件贯彻落实工作的通知》(国办发〔2018〕127号)
26	2019年1月14日,科技部发布《创新驱动乡村振兴发展专项规划(2018—2022年)》(国科发农〔2019〕15号)

续表

序号	文件发布信息
27	2019年1月22日，科技部、财政部印发《科技部 财政部关于进一步优化国家重点研发计划项目和资金管理的通知》（国科发资〔2019〕45号）
28	2019年6月11日，中共中央办公厅、国务院办公厅印发《关于进一步弘扬科学家精神 加强作风和学风建设的意见》
29	2020年6月30日，为深入贯彻落实党中央、国务院关于实施创新驱动发展战略和乡村振兴战略的部署要求，进一步加快联盟建设，大力推进产学研深度融合，确保联盟围绕农业节本增效、质量安全、生态环保需求高质量发展和规范化运行，农业农村部办公厅提出《关于国家农业科技创新联盟建设的指导意见》
30	2021年1月4日，中共中央国务院发布《关于全面推进乡村振兴 加快农业农村现代化的意见》
31	2021年7月7日，农业农村部发布《关于加快发展农业社会化服务的指导意见》
32	2022年7月21日，农业农村部办公厅发布《关于扶持国家种业阵型企业发展的通知》
33	2022年1月6日，为更好指导"十四五"农业农村科技事业发展，充分发挥科技对全面推进乡村振兴、加快农业农村现代化的支撑引领作用，农业农村部组织编制了《"十四五"全国农业农村科技发展规划》

（二）近10年我国的中央一号文件关于农业科技创新的内容回顾

近年来，我国中央一号文件一直高度重视农业科技创新（表5-16）。作为国家全年工作的指导性文件，中央一号文件在农业科技创新方面发挥着重要作用。本文梳理了2012—2022年中央一号文件关于农业科技创新的内容。2012年，中央一号文件强调坚持科教兴农战略，将农业科技放在更加突出的位置。2013—2016年，重点是推进农业现代化发展，农业科技政策体现在强化现代农业科技创新推广体系，建设国家现代农业示范区、国家农业科技园区，培育新型职业农民等方面。2017年，中央一号文件提出加大农业科技研发、强化农业科技推广、完善农业科技创新激励机制等重点内容。2018年，中央一号文件提出将创新发展融入农业发展各个领域，提升农业发展质量、培育乡村发展新动能。2019年，中央一号文件强调强化创新驱动发展，实施农业关键核心技术攻关行动。2020年，中央一号文件提出强化科技支撑作用，部署一批重大科技项目，抢占科技制高点。2021年，中央一号文件提出强化现代农业科技和物质装备支撑。2022年，中央一号文件提出大力推进种源等农业关键核心技术攻关，提升农机装备研发应用水平。

表 5-16 2012—2022 年中央一号文件关于农业科技创新的相关内容一览表

年份	名称	农业科技创新相关内容
2012 年	《关于加快推进农业科技创新 持续增强农产品供给保障能力的若干意见》	强调依靠科技创新驱动,引领支撑现代农业建设
2013 年	《关于加快发展现代农业 进一步增强农村发展活力的若干意见》	强调支持高校院所通过建设新农村发展研究院、农业综合服务示范基地等方式,开展农业技术推广
2014 年	《关于全面深化农村改革 加快推进农业现代化的若干意见》	强调推进农业科技创新,深化农业科技体制改革,加大农业科技创新平台基地建设和技术集成推广力度
2015 年	《关于加大改革创新力度 加快农业现代化建设的若干意见》	强调强化农业科技创新驱动作用,健全农业科技创新激励机制
2016 年	《关于落实发展新理念加快农业现代化 实现全面小康目标的若干意见》	强调强化现代农业科技创新推广体系建设,加快推进现代种业发展
2017 年	《关于深入推进农业供给侧结构性改革 加快培育农业农村发展新动能的若干意见》	强调强化科技创新驱动,引领现代农业加快发展
2018 年	《关于实施乡村振兴战略的意见》	强调加快建设国家农业科技创新体系,深化农业科技成果转化和推广应用改革
2019 年	《关于坚持农业农村优先发展 做好"三农"工作的若干意见》	强调加快突破农业关键核心技术,建设农业领域国家重点实验室等科技创新平台基地,强化企业技术创新主体地位
2020 年	《关于抓好"三农"领域重点工作 确保如期实现全面小康的意见》	强调强化科技支撑作用,加强农业关键核心技术攻关
2021 年	《关于全面推进乡村振兴 加快农业农村现代化的意见》	强化现代农业科技和物质装备支撑
2022 年	《关于做好 2022 年全面推进乡村振兴重点工作的意见》	大力推进种源等农业关键核心技术攻关,提升农机装备研发应用水平

(三)农业科技成果转化政策

1. 修订出台了有利于技术成果转化的法律法规

2015 年 8 月 29 日,中华人民共和国全国人民代表大会常务委员会第十六次会议正式通过了《全国人民代表大会常务委员会关于修改〈中华人民共和国促进科技成果转化法〉的决定》。这一决定标志着我国在科技成果转化领域进入了一个新的阶段。2016 年 2 月 26 日,国务院发布了《实施〈中华人民共和国促进科技成果转化法〉若干规定》(国发〔2016〕16 号),这一规定为科技成果的转化提供了更为具体的指导。2016 年 4 月 21 日,国务院办公厅印发了《促进科技成果转移转化行动方案》(国办发〔2016〕28号),这一方案提出了具体行动计划,为科技成果的转移转化提供了实际的操作指导。这样,国家层面形成了从修订法律条款、制定配套细则,到部署具体任务的科技成果转移转化"三部曲",为技术市场持续发展提供了重要保障。这一系列的政策措施,不仅体现了国家对科技成果转化的重视,也为科技成果的转化提供了强有力的支持。

2. 成立了全国与省级农业科技成果转移服务中心

2015年7月7日,全国农业科技成果转移服务中心正式投入运行。农业部在2017年1月发布的《"十三五"农业科技发展规划》明确提出,该中心的建设将遵循公益性与经营性相结合的原则,致力于开展农业科技成果的征集确认、评价评估、宣传推介、转让交易以及众创服务。中心的目标是建立一套目标一致、分工明确、权责明晰、利益共享的成果转移服务体系。同时,建立一套知识产权保护与开发利用的相关规则和机制,并构建科学合理的农业科技成果评估体系。通过完善市场化运行机制,推动"中心"走上专业化、市场化的发展道路。在全国农业科技成果转移服务中心的带动下,广东省农业科技成果转化公共服务平台、浙江省农业科技成果转化系统等省级平台也相继开发和启动。这些举措进一步健全了我国农业技术转移服务体系,为农业科技成果的转移转化提供了更为全面和专业的支持。提出推动科研机构与科技人员参与农业科技成果转化的激励措施。

一是赋予高校、科研院所科技成果转让转化收益权。2016年8月,国务院发布的《"十三五"国家科技创新规划》中明确提出,要落实高等学校和科研院所对其持有的科技成果的自主决定权,包括转让、许可或作价投资等,除涉及国家秘密和国家安全外,无须审批或备案。同时,高等学校和科研院所拥有依法以持有的科技成果作价入股确认股权和出资比例的权利,并通过发起人协议、投资协议或公司章程等形式对科技成果的权属、作价、折股数量或出资比例等事项进行明确约定,以明晰产权。此外,科技成果转化所获得的收入全部留归单位,但在扣除对完成和转化职务科技成果作出重要贡献人员的奖励及报酬后,应主要用于科学技术研发与成果转化等相关工作,并对技术转移机构的运行和发展给予保障。

二是鼓励高校、科研院所成立和发展专业化科技成果转移转化机构。2013年中央一号文件曾提出,支持高校、职业院校和科研院所通过设立新农村发展研究院和农业综合服务示范基地等方式,面向农村开展农业技术推广。而在2019年1月,科技部发布的《创新驱动乡村振兴发展专项规划(2018—2022年)》进一步鼓励高校和科研院所建立健全专业的科技成果转移转化机构,并建立面向企业的技术服务站点网络。这些机构和网络可以推动科技成果与产业、企业进行有效的对接,并加强农业科技成果的评估。为了实现科技成果的市场价值,这些机构和网络通过研发合作、技术转让、技术许可和作价投资等多种形式与企业进行合作。这些举措将有助于加快农业科技成果的产业化进程,为农村的发展提供有力的科技支持。

三是保障和提升科研人员科技成果转化收益。2016年8月,国务院发布的《"十三五"国家科技创新规划》提出,在科技成果转化过程中,高校和科研机构应对科技人员的奖励不低于净收入的50%,且在研究开发和科研科技成果转化中作出主要贡献的人员获得奖励的份额应占到奖励总额的50%。对于担任领导职务的科技人员获得科技成果转化奖励,需按照分类管理的原则进行执行。2019年1月,《国务院办公厅关于抓好赋予科研机构和人员更大自主权有关文件贯彻落实工作的通知》进一步明确,科研人员在履行好岗位职责、完成本职工作的前提下,经过所在单位的同意,可以到企业和其他科研机构、高校、社会组织等兼职并取得合法报酬。同时,为了鼓励科技成果转化,科研人员获得的职务科技成果转化现金奖励应计入当年本单位绩效工资总量,但不受总量限制,不纳入总量基数。这些规定和要求的落实将有助于赋予科研机构和人员更大的自主权,促进科技成果的转化和应用。

自我国科技成果转化法律法规日益完善以及技术转移服务体系持续优化以来,科研人员的创新活力得到了进一步释放,技术要素的市场化配置速度得以加快。这一趋势使得技术市场的流动性和活跃度不断增强,全国技术交易规模呈现显著增长。2017年,我国共达成技术合同367 586项,成交总额高达13 424亿元。其中,农业技术合同交易增长尤为显著,全年共达成农业技术合同19 590项,成交总额达407亿元。

3. 提出了产学研用深度融合发展的政策措施

一是推动国家农业高新技术产业示范区和国家与省级农业科技园区建设。2019年1月,科技部公布了《创新驱动乡村振兴发展专项规划(2018—2022年)》。该规划强调,为了突出农业科技园区的"农业、高科技、科技"的定位,必须针对现存问题采取行动,并坚持"一个园区一个主题"的原则。为了实现这一目标,要推动体制机制的创新,并实施农业科技园区的"333"布局。这意味着将建设30个国家农业高新技术产业示范区、300个国家农业科技园区，并鼓励地方创建3 000个省级农业科技园区。通过这种方式，推动农业科技园区的全面发展，带动乡村经济的振兴。

二是推进农口产业技术创新战略联盟发展。2019年1月，科技部公布了《创新驱动乡村振兴发展专项规划（2018—2022年）》。该规划强调了整合各单位、各学科、各领域的创新力量，推动农口产业技术创新战略联盟的建设，以实现联合攻关与协同创新。该联盟将积极支持农业上市公司和龙头企业建立高水平的研发机构，并实施以企业为主导、科研机构协同的"一条龙"组织模式。联盟将在解决农业基础性、区域性、行业性重大科技问题上发挥关键作用。同时，政府将加大财政支持力度，引导企业、风险投资和社会资本支持联盟的建设，以推动乡村振兴的科技创新发展。

三是提出建立农业农村科技成果定期征集机制。2019年1月，科技部为推动创新驱动乡村振兴发展，发布了一项专项规划，名为《创新驱动乡村振兴发展专项规划（2018—2022年）》。该规划提出了一系列措施，其中重要的一项是围绕乡村振兴的科技需求，建立定期征集农业农村科技成果的机制。这一机制旨在广泛征集农业农村的先进适用技术、乡村绿色技术以及高新技术成果，并加强这些技术的集成应用和示范推广。

4. 提出了促进基层农业科技创新服务能力的政策措施

加强基层农业科技创新服务能力，是推动农业科技成果转化的重要途径。为了实现这一目标，我国政府近年来制定了一系列有针对性的政策制度。

一是科技特派员制度。2016年5月19日，国务院办公厅发布了《国务院办公厅关于深入推行科技特派员制度的若干意见》（国办发〔2016〕32号），强调了在新时期我国需要进一步完善科技特派员制度，并提出了一系列政策措施。其中包括壮大科技特派员队伍、完善科技特派员选派政策、健全科技特派员支持机制等。这些措施旨在推动科技特派员制度的发展，加强科技创新和成果转化，为我国的现代化建设提供强有力的支持。

二是星创天地建设。2016年，科技部颁布了《发展"星创天地"工作指引》（国科发农〔2016〕210号），为推动创新驱动乡村振兴发展专项规划提供了重要指引。为了进一步落实该规划，2019年1月，《创新驱动乡村振兴发展专项规划（2018—2022年）》明确提出打造农村版众创空间，以农业科技园区、新农村发展研究院、科技型企业、科技特派员创业基地、农民专业合作社等为载体,利用线下孵化器和线上网络平台,面向科技特派员、大学生、返乡农民工、职业农民等群体,建设 3 000 个星创天地。这一举措旨在通过创新驱动,推动乡村振兴发展,为农村地区注入新的活力。

三是创新型县(市)建设。2017 年,科技部等部门联合发布了《"十三五"农业农村科技创新专项规划》,明确提出一项重要任务,即建设一批创新型县(市)。为了实现这个目标,计划从全国范围内选择 100 个具有产业优势、创新基础坚实、示范带动能力强的县(市),与优势科研单位合作,共同建设科技合作平台,以加快发展县(市)科技成果转化与创新服务平台。这一举措旨在推动农业农村科技创新,促进县域经济发展。

四是全国县(市)创新能力监测和评价。《创新驱动乡村振兴发展专项规划(2018—2022 年)》明确指出,要全面实施国家创新调查制度,开展全国县(市)域科技创新能力监测与评估工作。这项工作的目标是及时、准确、系统地了解县(市)域科技创新状况,发现科技创新先进的县(市),并总结提炼县域科技创新的典型经验和有效模式。通过这种方式,更好地推动乡村振兴发展,实现全面建设社会主义现代化国家的目标。

二、贵州省农业科技创新政策

通过对贵州农业科技创新政策的梳理(表 5-17),在国家层面,出台的《国务院关于支持贵州在新时代西部大开发上闯新路的意见》强调发展生态农业的科技创新,支持绿色农药等优势前沿领域培育建设国家级重大创新平台。同时,强调积极吸引山地农业等行业领军人才,探索多元化柔性引才机制,为大力发展山地农业提供科技人才保障。在省级层面,出台的《贵州省科技创新实施纲要(2021—2035)》是贵州推进农业科技创新的指导性、纲领性文件,分别对 2025 年、2030 年和 2035 年贵州科技创新拟达到的战略目标进行了谋划,对贵州省未来农业科技创新重大战略和重点领域技术进行了描述;出台的《贵州省"十四五"科技创新规划》也对农业科技创新进行了谋划,主要提出构建农业农村现代化的技术体系,通过建设创新创业载体建设,加速科技成果转化应用;出台的《贵州省"十四五"现代山地特色高效农业发展规划》对农业重点领域科技创新、科技创新平台建设、农业协同创新

表 5-17 2021 年以来贵州省发布和实施的农业科技创新的主要文件一览表

颁布单位	文件名称	农业科技创新相关内容	年份
国务院	国务院关于支持贵州在新时代西部大开发上闯新路的意见	提升科技创新能力，支持绿色农药等优势前沿领域培育建设国家级重大创新平台，积极吸引山地农业等行业领军人才，探索多元化柔性引才机制	2022
贵州省科技厅	关于进一步加强农业科技创新推进农村产业革命的意见	深化科技创新供给侧结构性改革，以农业科技革命推进农村产业革命，加快发展现代山地特色高效农业，提出加强重点领域科技支撑的"八大工程"及整合优化科技资源配置深化体制改革的做法	2021
贵州省人民政府	贵州省"十四五"科技创新规划	提出构建支撑农业农村现代化的技术体系，支持有条件的农业科技园区创建国家农业高新技术产业示范区，支持国家农业高新技术产业示范区、国家农业科技园区、星创天地等创新创业载体建设，推动产业和企业聚集，加速科技成果转化应用	2021
贵州省发展改革委、贵州省农业农村厅	贵州省"十四五"现代山地特色高效农业发展规划	加强农业重点领域科技创新，推进重大科技创新平台建设，完善山地特色农业协同创新体系，健全山地特色农业科技创新机制	2022
中共贵州省委、贵州省人民政府	贵州省科技创新实施纲要（2021—2035）	提出了农业科技创新驱动贵州现代山地特色高效农业发展的重大战略项目及重点领域技术创新	2022
科技部办公厅 贵州省人民政府办公厅	"科技入黔"推动高质量发展行动方案	加强农业领域科技创新，支撑乡村振兴战略实施支持贵州围绕粮食安全、耕地保护、林下经济等提升科技支撑能力，开展现代种业、特色杂粮、茶叶、辣椒、中药材，以及山地适用农机、农产品加工等关键核心技术攻关，大力发展山地特色高效农业。支持将贵州乡村振兴重点帮扶县科技需求纳入国家科技计划支持范围，鼓励国内高校院所在贵州设立科技示范和成果转化基地。支持共建"100+N"开放协同创新体系，促进创新主体协同互动和创新要素聚集，以"一县一团"方式，选派科技特派团助力重点帮扶县打造主导产业	2022

体系、农业科技创新机制进行了科学谋划；出台的《"科技入黔"推动高质量发展行动方案》强调加强农业领域科技创新，支撑乡村振兴战略实施，支持贵州围绕粮食安全、耕地保护、林下经济等提升科技支撑能力，开展现代种业、特色杂粮、茶叶、辣椒、中药材，以及山地适用农机、农产品加工等关键核心技术攻关，大力发展山地特色高效农业。支持将贵州乡村振兴重点帮扶县科技需求纳入国家科技计划支持范围，鼓励国内高校院所在贵州设立科技示范和成果转化基地。支持共建"100+N"开放协同创新体系，促进创新主体协同互动和创新要素聚集，以"一县一团"方式，选派科技特派团助力重点帮扶县打造主导产业。出台的《关于进一步

加强农业科技创新推进农村产业革命的意见》针对贵州实施的农村产业革命，提出了加强重点领域科技支撑的"八大工程"及整合优化科技资源配置深化体制改革的做法。这些由国家或是贵州省出台的明确支持贵州省农业科技创新的文件，与前两节梳理的国家关于科技创新的文件一道，共同构成贵州农业科技创新支撑农业现代化发展的政策文件体系。

（一）形成以规划、纲要、意见等为核心的顶层设计

国家层面，国发〔2022〕2号文件首次提出"科技入黔"，随后国家科技部和省人民政府办公厅联合发布《"科技入黔"推动高质量发展行动方案》，提出到2025年基本形成具有贵州特色的全域创新、开放创新格局，到2035年，贵州综合科技创新水平进入全国中上游的总体目标，为贵州科技创新带来重大政策机遇。在省级层面，贵州先后出台《贵州省"十四五"科技创新规划》（简称《规划》）、《贵州省科技创新实施纲要（2021—2035年）》（简称《纲要》）、《关于进一步加强科技创新推动高质量发展的意见》（简称《意见》），对全省区域创新能力及综合科技创新水平提升进行了战略部署，《纲要》《意见》《规划》是贵州创新驱动发展的"黔中策"，构成建设特色科技强省的"四梁八柱"。聚焦农业层面，《规划》中明确提出构建支撑农业农村现代化的技术体系，面向农业现代化和乡村振兴战略总要求，针对喀斯特地貌地形和立体气候条件，围绕提高农业资源利用率、土地产出率、劳动生产率，构建支撑现代山地特色高效农业发展的技术体系，提升农业科技水平，支撑引领农业现代化和乡村振兴。另外，《贵州省"十四五"现代山地特色高效农业发展规划》提出深入实施创新驱动战略，面向重点农业特色优势产业关键技术瓶颈，围绕农业全产业链部署创新链，把农业科技创新融入山地特色农业发展全过程全要素，着力构建产学研用深度融合的现代农业科技支撑体系，全面提升山地特色农业科技水平。

（二）修订促进科技成果转移转化的法规政策

2017年，修订通过的《贵州省促进科技成果转化条例》共六章五十二条，主要从科技成果转化的原则、政府和部门的职责、组织实施、保障措施、技术权益等方面对贵州科技成果转化活动进行了规范。为激发科技人员的积极性和创造性，保障科学的权益分配，条例明确了财政资金设立的研发机构、高等院校转化科技成果

取得收入的用途、奖励范围和比例，规定了其他单位申请科技成果转化的条件和程序。对于财政资金设立的研究开发机构、高等院校，依法对完成、转化职务科技成果做出重要贡献的人员给予奖励，以技术转让或者许可方式转化职务科技成果的，应当从技术转让或者许可所取得的净收入中提取不低于70%的比例用于奖励；以科技成果作价投资实施转化的，应当从作价投资取得的股份或者出资比例中提取不低于70%的比例用于奖励；将该项职务科技成果自行实施或者与他人合作实施的，应当在实施转化成功投产后连续5年，每年从实施该项科技成果的营业利润中提取不低于10%的比例用于奖励；在研究开发和科技成果转化中作出主要贡献的人员，获得奖励的份额不低于奖励总额的50%。

（三）省内各高校、科研院所制定完成科技成果奖励激励制度和科技成果转化收益分配制度

《省人民政府办公厅关于抓好赋予科研机构和人员更大自主权有关文件贯彻落实工作的通知》（黔府办函〔2019〕19号）要求各高校、科研院所要按照《中华人民共和国促进科技成果转化法》有关规定，制定本单位转化科技成果的专门管理办法，完善评价激励机制，对科技成果的主要完成人和其他对科技成果转化做出重要贡献的人员，区分不同情况给予现金、股份或者出资比例等奖励和报酬。2019年以来，贵州省科技厅、贵州省教育厅在工作中加强对高校、科研院所的督促指导，要求高校、科研院所加快完善科技成果转化相关管理制度。如贵州医科大学于2021年3月30日重新修订了《贵州医科大学科技成果转化实施管理办法》，规定可将科技成果转化分配收益的80%奖励给科技成果完成人，学校享有余下的20%。

（四）完善激励企业创新政策

以贯彻《贵州省科技创新实施纲要（2021—2035年）》（黔党发〔2022〕14号）和《中共贵州省委 贵州省人民政府关于进一步加强科技创新推动高质量发展的意见》（黔党发〔2022〕15号）为契机，修订2011年印发的《贵州省加强科技创新加快科技进步奖励补助办法》，建立和完善科技创新奖补机制，共同支持创新主体开展研发活动，鼓励创建国家级省级创新平台。此外，还将实施规上工业企业研发活动扶持计划，对研发投入总量大、增速快、占比高的企业给予奖补，以差异化方式鼓励企业加大研发投入。

（五）完善科技特派员选派和管理机制政策

由贵州省科技厅牵头起草并以省委办公厅、省政府办公厅名义印发实施《贵州省深化科技特派员制度助推乡村振兴实施的意见》（黔党办函〔2022〕19号），文件明确了科技特派员工作的主要目标、重点任务、人员选派、管理考核、组织领导等内容。从2022年起，省级科技特派员每年选派不少于1 000名，以县为单位采取"一县一团"方式，组建80个左右县级科技特派团，每个科技特派团根据产业发展需要组建若干工作队；建设省级科技特派员创新创业服务示范点（示范基地）100个以上，实现科技支撑型专家技术指导覆盖所有主导产业、工作队驻点服务覆盖所有乡镇、科技服务覆盖所有行政村；选派到国家乡村振兴重点帮扶县的科技特派员，省市两级选派的不低于50%、具有高级职称的不低于50%。

（六）促进科技中介服务机构发展政策

为引导技术转移机构规范发展，结合全省实际，贵州省科学技术厅发布了《贵州省技术转移体系建设实施方案》。该方案规定面向乡村振兴、农业经济科技需求，充分发挥以公益性农技推广机构为主、社会化服务组织为补充的"一主多元"农技推广体系作用，加强农业技术转移体系建设。推进高校、科研院所建设专业化技术转移机构或与社会化技术转移机构合作，加强科技成果的市场开拓、营销推广和售后服务。鼓励和支持研发投入大、科技成果产出多的高校、科研院所设立专业化技术转移机构，实行技术经理人聘用制，明确利益分配机制，引导专业人员从事技术转移服务。支持国内外高校、科研院所在全省建立技术转移机构，支持国内外技术转移机构在全省建立分支机构。

（七）改革科研机构经费保障机制，从主要依靠政府竞争性科研项目向稳定的财政科研经费拨款转变政策

《省人民政府办公厅关于改革完善省级财政科研项目经费管理的实施意见》（黔府办发〔2022〕11号），进一步扩大科研项目经费管理自主权、加大科研人员激励力度、减轻科研人员事务性负担。还将开展全省科研经费包干制试点，在试点高校和科研院所的人才类和基础研究类科研项目中逐步推行科研经费包干制，给予科研机构更大的经费使用自主权。

（八）加强基层科技部门和科技管理队伍作用的政策

基于全省县级科技部门功能和队伍建设弱化的现状，在全省选择 5 个县（市、区）开展基层科技创新服务机制改革示范，核心内容是开展"1+1+1+N"科技服务机制示范，即搭建 1 个科技政策超市、组建 1 个科技（科技特派员）服务团、建立 1 个动态科技（人才）项目储备库、培育 N 家科技创新示范企业和基地，旨在探索出一条在目前政策背景下如何建设好和发挥好基层科技部门和科技管理队伍作用的路子。

（九）调整科研人员薪酬待遇政策

贵州省人力资源和社会保障厅在提高科研人员薪酬待遇方面采取了相应的政策措施，加大部分岗位内部分配倾斜力度。事业单位可采取灵活多样的分配办法，自主确定考核办法、分配方式、绩效工资项目名称、标准和发放范围，重点向关键岗位、业务骨干和作出突出贡献的人员倾斜。对从事农业等研发周期较长的高层次人才，可在按月发放基础性绩效工资的基础上再按月考核发放奖励性绩效工资，超绩效工资按考核结果兑现。

（十）出台农业保险兜底作用助力农业现代化政策

2020 年，贵州省地方金融监管局等印发《贵州省农业保险高质量发展实施意见》，2021 年，贵州省财政厅印发《贵州省 2021—2023 年政策性农业保险工作实施方案》，规定优化特色农业保险保费补贴比例，明确承保机构、市（州）农业保险小组考核管理、基层协保体系建设等相关规定，为贵州省农业保险健康快速发展提供强有力的制度保障。以进一步稳定种粮农户收益、服务保障主粮安全为主线，用好用足 14 个中央财政补贴政策，优先保证水稻、玉米、小麦、油菜和马铃薯等粮油作物投保。支持各级财政发展能繁母猪、育肥猪等产业保险，降低市县财政补贴比例，将中央政策性养殖险市、县比例分别由 9% 下调至 5%。对全省主要粮食作物水稻进行"提标、降费"，单位保额从 600 元/亩提升至 700 元/亩，费率从 5% 下调至 4.5%，提升保险保障水平，放大财政资金的杠杆效应。各保险机构按照政策要求，对中央财政保费补贴险种，免除自愿参保的脱贫户及边缘易致贫户自缴部分保费，对国家及乡村振兴重点帮扶县及毕节市，费率再进一步下调 20%。

第六章

科技创新支撑贵州农业现代化政策法规瓶颈

农业科技创新政策是推动农业科技进步的关键政策工具，旨在支持农业科技创新和产业转型升级。自改革开放以来，我国政府制定了许多农业科技创新政策，这些政策为完善政策体系、推动科技进步作出了巨大贡献。农业科研机构作为知识创新和技术创新的微观组织，不仅是我国农业科技创新活动的重要主体，也是我国农业科技创新政策的主要调节对象。与其他创新主体（如农业企业和农业高等院校）不同，农业科研机构不仅要根据农业和农村经济发展的目标开展科技创新，还承担着知识创新和技术扩散等任务。因此，农业科研机构是我国当前最主要的农业科技创新主体，适用于广泛的农业科技创新政策。从农业科研机构的科技创新实践来看，存在多个瓶颈。

第一节 我国农业科技创新环节面临政策支持问题[①]

我国已步入传统农业改造的加速阶段，农业现代化建设的转型期正在逐步到来。农业科技创新正在经历一场广泛而深刻的变革，全球也在酝酿着新的农业科技革命。农业科技创新的地位日益凸显，日益成为推动农业发展的重要动力。近年来，中央一号文件持续关注农业科技创新，并出台了一系列政策文件，如《关于加快推进农业科技创新的若干意见》和《关于深化农业科技体制机制改革　加快实施创新驱动发展战略的意见》。国家"十四五"规划纲要明确提出实施创新驱动战略，以推进我国农业现代化建设。这表明国家已经将农业科技创新置于非常重要的位置。为了促进农业科技创新活动的有序开展，国家应积极提供政策支持。然而，当前我国在农业科创政策供给方面仍存在许多问题。因此，需要深入研究和解决这些问题，以确保农业科技创新活动的顺利推进，从而推动我国农业现代化建设的进程。

一、政策支持农业科技创新活动结构问题

农业科技创新活动的投入结构存在明显的不合理性，尤其是基础研究的投入明显偏低。尽管自"十一五"以来，我国已经加大了对农业科研的投入力度，农业

[①] 赵静.我国农业科技创新的政策供给、问题成因及对策[J].哈尔滨师范大学社会科学学报，2019，10（03）：81-84.

科研经费的年均增幅达到20%以上，但即使如此，农业基础研究、试验应用研究等支出水平虽然有所增加，但科技创新活动中不同环节的科研支出结构不合理的问题仍然存在。根据《中国科技年鉴》的相关数据，我国农业科研经费中用于基础研究、试验研究和应用研究的经费支出比例大约为0.5∶8.5∶1，而同期发达国家的农业科研经费中用于基础研究、试验研究和应用研究的经费支出比例为1∶1∶3左右。这表明，我国的农业科研投入结构与发达国家相比明显不够优化，尤其是农业基础研究的投入非常薄弱。以2014年和2015年两年为例，国家级重点基础研究发展计划新增项目的统计数据显示，在获得国家资助的所有312个项目中，农、林类的项目仅有27个，仅占8.65%，而且农、林类项目的经费支出仅为25.35亿元，占两年科研总经费的比重仅为8%左右。同样，在2013年和2014年两年的国家自然科学基金资助项目中，与农业相关的项目仅有4942个，占两年自然科学基金资助项目总数比重仅为6.36%，而且涉农项目的科研经费支出仅为26.73亿元，占两年自然科学基金资助项目总经费支出的比重仅为5%左右。这些数据进一步突显了我国农业科研投入的不足，尤其是对农业基础研究的投入明显偏低。

二、政策支持农业科技创新机制问题

当前我国尚未建立起一套有效且持续的农业科技创新支持机制。为了提高农业科技创新活动的效率，根据农业科技创新的一般规律，我国应该建立起区域协同机制。国家级科研机构应该主要负责农业基础研究及应用研究等活动，而省级科研机构则主要负责从事应用研究及承担区域农业应用基础研究，地市级科研机构则主要负责农业开发研究、推广示范等。这样一套区域分工协作的体系能够对农业科技创新活动的效率产生明显的促进作用。然而，目前我国在农业科技创新领域尚未形成这样的区域协同支持机制。大部分项目仍然以竞争性为主，导致不同层次机构和科研人员在各个分工环节上不够明确，甚至出现严重的重复分工。原本应该分配给国家级科研机构或大学的农业基础研究项目，有不少被分担到地市，而许多原本应分配到地市的农业推广示范项目却被错移到国家级科研机构或大学。由于缺乏这种区域协同支持机制，导致国家与地方在农业科技创新活动方面普遍存在抢地盘、争饭碗等弊病。

目前，我国大部分科技计划都采用竞争性投入机制，通常以5年左右为一个计划周期。国家"973"计划、"863"计划和科技支撑计划这三大科技计划的资金支持周期为 5 年,而国家自然科学基金项目的资金支持周期则为 4~5 年。对于农业科技创新活动,资金支持也是以 5 年左右为一个周期,科技创新活动在 5 年左右之后必须重新参与竞争,以决定是否继续获得国家政府的资金支持。根据农业科技创新活动的一般规律,在农业基础研究和应用研究等领域,如果没有 10 年以上的时间,很难取得成果。因此,国家政府应该加强对农业科技创新活动的长期投入,以确保农业科技创新的持续发展。

在国家大力推行竞争性资金资助模式下,农业科研活动者常常面临资金支持短周期的限制。这导致他们难以有充分的时间和精力专注于开展深入研究。在项目初步构思和研究尚未得到必要结论时,他们就需要重新申请立项。这种情况大量耗费了时间和精力,严重限制了农业科技创新活动的发展潜力,难以取得可靠的成果。

三、政策支持农业科技创新区域协同问题

我国农业科技创新活动缺乏区域协同机制,导致不同科研主体之间的分工不够明确。根据农业科技创新的一般规律,应该建立区域协同机制,以充分发挥各个层面科研机构的职能和作用。国家级科研机构应该主要承担农业基础研究和应用研究等任务,而省级科研机构则应该专注于从事应用研究和承担区域农业应用基础研究,地市级科研机构则应该以农业开发研究、推广示范等为主。这样的区域分工协作体系可以提高农业科技创新活动的效率,但目前我国尚未形成这样的区域协同支持机制。由于大部分项目是以竞争性为主的,不同层次机构和科研人员在不同环节的分工不够明确,导致有些农业科研项目出现了严重的重复分工。原本应该由国家级科研机构或大学承担的农业基础研究任务,却被分担到了地市层面,而许多原本应由地市承担的农业推广示范项目却被错移到了国家级科研机构或大学。这种缺乏区域协同支持机制的情况导致国家与地方在农业科技创新活动方面存在抢地盘、争饭碗等弊病。

农业科技创新的主体单元过小,是导致相互协作不够紧密的重要原因。在我国农业科技创新团队中,真正研究方向明确、研究重点明晰、研究成果突出、结构稳定的团队并不多见。即使是中国农业科学院,通过大力实施农业科技创新工程,整合形成了 315 个科技创新团队,但每个团队的科技人员基本在 10 人左右,很少有

超过 20 人的团队。而且，研究方向明确、研究重点明晰、研究成果突出且结构稳定的团队非常稀少。在这 315 个团队中，超过 90% 的团队参与了农业科技创新活动的各个环节，但实际上每个团队成员将大量时间和精力用于某个特定环节进行科学研究的情况并不多见。此外，我国农业科技创新团队之间的合作相对较少，一般在国家或省级申请了农业科技创新项目之后都是独立完成任务，与外界交流的机会较少，因此很难形成共同协作的良好氛围，存在"闭门造车"的问题。

四、政策支撑农业科技创新投入重点问题

当前，我国对农业科技创新活动的政策支持不够充分，其中，最明显的问题是农业科技创新活动投入不够集中。具体表现为三个方面：首先，国家财政支持涉及农业科技创新活动的各个环节，但投入比例严重失衡，某些领域的财政投入非常低。其次，项目众多导致部分项目存在交叉或重复，尤其是在不同的计划之间，这种情况更加明显。最后，单个农业科技创新项目的投入强度较小，基础研究、应用研究等领域的投入更是微乎其微，而且部分项目的投入受到人为因素的影响较大。目前，我国农业科技创新活动的投入几乎涵盖了活动的所有环节，而发达国家则主要由国家投入农业基础研究、应用研究等，而农业开发等环节则主要通过企业投入。可见，我国农业科技创新活动投入的重点不够突出，不够集中。近年来，我国的科技计划中涉及农业科学研究的项目虽然越来越多，但重点领域的投入强度仍然很小，涉农科研项目投入不到其他领域的 50%。

农业科技创新活动的投入主要来自竞争性资金，而科研事业费的增速则相对缓慢。尽管在过去的"十一五"期间，我国农业科技的投入展现出显著的增长态势，显示了政府对农业科技进步的重视，为我国农业科技的未来发展奠定了良好的基础。然而，换个角度观察发现，农业科技创新活动中的投入增长主要表现为竞争性投入的增长，而在基础性、稳定性、公益性投入方面的增长则相对缓慢。从科研投入的角度看，科研事业费的增速远低于农业科技总投入的增长速度。2013 年，中国农业科学院的农业科技创新工程得到了财政部的批准实施，从此农业科技创新得到了长期的稳定支持。然而，科研单位的事业费增长速度仍然不高，科研单位主要依靠竞争性项目来补充事业费产生的空缺。然而，这种以竞争性投入来填补事业性

支出空缺的机制如同"杯水车薪",既不能从根本上改变我国农业科研事业费增长乏力的局面,也不利于激发农业科研人员的创新动力。

五、政策支持农业科技创新资金渠道问题[①]

农业科技创新的资金来源渠道相对较为单一。第一,由于我国金融市场供给主体的不足,这严重阻碍了金融业务的开展和对农业创新发展以及经济发展的支持。银监会的相关资料显示,2013年全国的金融机构主要类型仍然集中在国有银行和主要的商业银行和保险公司,而其他类型的金融机构,例如,投资公司等创新类型的金融企业仍然不多。当前为农业创新提供资金支持的金融机构仍然是以四大商业银行及其分支机构为主,农业地区四大商业银行存款总额占全部存款的45%左右,提供的贷款总额占比高达52%左右,形成了四大商业银行对于农业地区金融市场的垄断局面。第二,创新型的新兴金融机构的网点覆盖率仍然不高,以投资公司为代表的新型金融机构在全国的几大主要城市平均有6.27个金融网点,但是,其农村地区和乡镇的金融网点则只有2.12个,新型金融机构的覆盖率并不高。第三,全国主要的金融机构为农业创新所能提供的金融工具和服务相对国有大型企业和外企而言非常单一,金融服务的品种和服务功能较少,服务体系也不够健全。对于农业创新企业而言,金融机构为其提供的服务主要集中在存款、贷款以及外汇等相关的基本金融服务上。与此同时,尽管目前国内的农业创新有着非常强烈的资金需求,但是,由于当前主要的金融机构所能提供的贷款资金有限,因此,贷款的条件比较严格,需要提供抵押物和相关的担保。特别对于中小型的、不具有高科技含量的农村企业而言,金融机构往往考虑到贷款资金的安全性,更愿意将资金提供给大型的国有企业,致使整体与农业创新相关的贷款资金增长缓慢。第四,缺乏针对农业创新专业金融服务体系,缺乏针对农业创新融资的相关专业金融服务。当前,为农业创新提供主要金融服务的金融机构在能力和水平上存在较大的局限性,其从业人员与实际需求之间仍存在一定的差距。第五,农业创新的经济发展亟须专业的、多元化的金融服务介入。例如,风险投资公司等新兴金融机构可以为农业创新经济发展和资金需求提供有力支持,但这类服务不足的矛盾仍然非常突出。

---

① 肖天天.我国农业科技创新的政策支持研究[D].保定:河北农业大学,2014.

六、政策支持农业科技创新对象问题

一是科技创新扶持政策的覆盖范围并不全面，其中涵盖的农业创新成果较少。由于相关法律规定和行政规定对创新成果的范围确定得不够完善和全面，当前的农村科技创新扶持政策制度主要集中在技术革新和科技类的硬件成果之上，对于农业管理制度的创新以及其他软件建设的创新并没有相关的优惠措施。由于部分农村组织内部管理不当和违法违规的操作行为，很多企业或公司利用科技创新扶持政策和减免优惠进行逃税，这阻碍了科技创新的优惠制度管理。针对农业创新的科技创新扶持政策的目标对象以及科技成果都受到严格的税收制度管理，由于部分企业的创新成果并不具备科技创新扶持政策的资格，这影响了企业进行创新的动力，导致了科技创新扶持政策在农业创新成果方面的资源分配不够完善。

二是农村产业不平衡发展。当前的科技创新政策和相关制度主要集中在农村高科技行业和环保行业的创新激励上。然而，我国农村地区有资格获得农业创新政策支持的创新项目和创新成果数量过少。部分企业参与的科技开发成果和管理创新成果无法获得税收减免凭证，这直接影响了企业创新成果的数量以及企业参与技术创新和管理革新的积极性。对于基础的农村制造业、第三产业、服务业以及其他科技含量相对较低的企业的支持力度较小。在整体的科技创新扶持政策制度上缺乏全面的产业支持重点和产业支撑策略，未能实现对当前农村各产业创新工作的全面支持，缺乏产业的均衡发展和同等重视。

三是对科技人才的优惠措施不足，导致农村科技人才大量流失。在社会主义新农村建设的关键时期，我国出现了科技创新不足的问题，其主要原因是城乡收入差距不断扩大，农村地区和农业产业的收入无法满足科技创新群体的需求，影响了部分群体的择业动机。当前，我国农村的土地附加值较低，农业生产水平和劳动生产率低下，导致农村发展缺乏基础设施支持，农民物质生活水平与城市差距较大，文化生活和娱乐休闲生活相对贫乏。这些问题导致很多有技术的人才在毕业后不愿意回到农村生活和工作。因此，从整体上看当前农村与城市的生活水平差异，以及农村土地附加值过低等问题已经影响了农村劳动人口的流向，直接阻碍了科技创新人才回到农村工作生活的意愿。当前农村的科技创新扶持政策对于农业创新的促进作用主要体现在对企业技术革新和技术发展的支持上，虽然也涉及企业内部培训机制等方面的建设，但是对人才创新的优惠促进仍然不足。当前农村科技创新扶持政策对于科技人才创新的激励主要集中在税收减免,特别是个人所得税减免上,但是要求的标准非常严格,优惠幅度较小,从总体上看对科技人才的优惠不足。

七、农业科技创新推广政策法规瓶颈

农业作为国民经济的重要组成部分,是确保社会稳定、优化产业结构、提高人民生活品质的基础性产业。为促进农业的快速发展,我国于1993年制定了《中华人民共和国农业技术推广法》,并在2012年进行了修订,自2013年1月1日起开始实施。这部法律的颁布与实施,对于推动我国农业的快速增长起到了重要的积极作用。然而,随着我国农业的持续发展,农业技术推广工作逐渐显现出与当前农业生产不相适应的问题。例如,科研、推广和生产之间融合度不足,推广链的衔接不够顺畅,推广行为模式较为单调,农业技术传输效率低下,科技成果未能有效地转化为生产力等问题。这些问题在很大程度上制约了我国农业的发展,因此,迫切需要在立法、政策法规等方面进行改革,构建全面、科学、高效的农技推广体系,从顶层设计角度解决我国农业技术推广工作存在的问题。

(一)农业科技创新推广的定义过窄

一是未能充分体现当前时代的特征。近几年来,贵州省在"三农"方面取得了显著的成就。然而,农业和农村发展也出现了新的挑战。以下是三个主要问题:首先,农产品产量与质量问题。主要表现为食品安全问题,农业供需结构失衡,同时存在阶段性的供给不足和供过于求,农产品库存过剩且销售困难,国内成本不断增加而价格倒挂。其次,农业发展缺乏后劲。主要表现在农业的比较效益逐渐降低,增产但不增收,农业支持保护政策的效应逐渐减弱,农村公共服务的供给以及资源配置不均衡。最后,单纯追求产量增加和依赖高投入、高消耗的粗放式发展已经使生态承载达到极限。大量使用化肥和农药、过度开采资源导致农业资源环境日益恶化,生态环境遭到不同程度的破坏。因此,应该从实现农业现代化角度来考虑农业技术推广工作在新时代应承担的责任,以解决农业和农村发展所面临的这些问题。

二是法制现代化未得到充分体现。《中华人民共和国农业技术推广法》对农业技术的定义过于狭窄,限制了农业技术推广的作用。然而,从全社会的角度看,农业技术还应包括非物化技术,其中包括以知识形态存在的技术手段和方法,以及为获取相关农业技术成果而获得的技术知识和为农业生产提供的思路、方法、工具和农业技术知识。相比之下，发达国家的农业科技创新推广工作范围要广泛得多。例如，美国农业推广机构的主要职能包括：第一，促进农业效益提升和环境保护、开展农业教育培训项目、推广科学实用技术、开展农业和自然资源方面的推广服务；第二，帮助人们改进膳食、优化财务管理、处理家庭关系、提供消费科学、促进家庭发展方面的服务；第三，培养青少年职业兴趣、生活技能、社会技能和领导能力、选择健康生活方式、提高解决问题能力的青少年发展服务；第四，协助社区领导者提高领导能力、研究发展方向、制定发展规划、帮助企业发展、对新能源开发进行指导等社区发展服务。由此可见，现有的农业科技创新推广存在思维固化问题，无论是在深度还是广度以及科技含量方面都无法满足农业农村的发展需求。

三是没有规定要提高全体农业劳动者的整体科学文化素质。根据马克思主义的基本原理，生产力主要包括三个要素：劳动者、劳动工具和劳动对象。科学技术一旦被劳动者掌握，就变成了劳动的生产力。如果只是片面地强调对农业科技创新的推广，而没有对提高农民的整体科学文化素质（包括科学思想、科学方法、科学知识、科学精神、科技意识等）做出相应的规定，那就显然是对劳动者的培养重要性认识不足。虽然在《中华人民共和国农业技术推广法》中有对农民进行示范、培训、指导以及咨询服务等要求，但这些要求仅限于农业的科研成果和实用技术，显然不能满足现代农民对知识的需求，也不能满足发展现代农业的需要。

四是当前农业科技创新推广的不足之处在于过于强调实用技术，以农民为服务对象，导致公益性服务推广内容缺乏多样性，推广方式单调。这种推广方式只注重产前和产中的服务，而忽视了产后的服务；只重视生产技术，而忽视了管理和加工以及信息服务；只关注生产发展，而忽视了对生活质量和环境建设的改善；只追求经济效益，而忽视了社会效益和生态效益。这样的推广方式无法满足农业科技推广走向更大市场的要求。

（二）政府在农业科技创新推广过程中的权力义务不对称

一是政府在农业领域的主导地位在法律中得到了明确和强化。法律对领导的地位、机构设置、人员管理、资金保障、项目确定、监督考评等方面都做出了详细的规定，以确保政府在农业建设、教育培养、科研攻坚、推广帮扶等领域的引导作用得以实现。法律赋予了各级人民政府确定关键农业技术的权利。借助行政权力可以有利于政策的落实，但是，因为政府决策系统及机制建设并不完善，缺乏原则、程序和监督制约，导致有些工作并不符合当地农业生产实际。同时，过度行政干预也限制了推广人员发挥主观能动性，影响了推广机构的办事效率，不利于农业科技创新推广体系的自我完善、自我发展。因此，政府主导地位的权利应当得到合理的运用和监督，以确保农业科技创新推广体系得以健康发展。

二是对于政府在农业技术推广工作中的义务规定相对较为模糊，没有明确规定地方各级人民政府不履行法律义务的后果。虽然强调了政府应当加强对农技推广工作的领导、保障经费投入以及工作人员的配备，但是，在具体实施过程中缺乏硬性要求和明确的规定，导致基层政府在财政收入不足的情况下，无法有效保障农业科技创新推广的资金投入。国家法律规定应当逐步提高对农业技术推广的投入，但是，并没有明确规定具体的基数和比例要求。这导致在实际操作过程中，农业科技创新推广的资金保障规定变得难以衡量和落实。政府在农业补贴方面更注重物质生产资料和贴息贷款对农业的促进发展作用。因此，更多的财政补贴资金被用于良种补贴、粮食直接补贴、农资综合补贴和农机具购置补贴等物质补贴，而在农业科技创新推广方面的资金投入相对较少。现有的农业科技创新推广资金的法律保障规定既不具体又无刚性，可操作性不强，缺乏足够的经费支持，使得农业科技创新推广工作难以得到有效发展。

三是农业技术推广涉及的负责部门众多。根据法律规定，农业、林业、水利等部门都有权负责农业科技创新推广工作。尽管立法者的初衷是实现农业科技创新推广工作的齐抓共管，让多个部门从不同方面负责，但实际效果并不尽如人意。林业、水利部门的机构并未明确承担农业科技创新推广职能，也没有建立联合工作机制，因此，农业技术推广工作主要由农业农村部门来承担。这就导致多部门负责农业科技创新推广工作的规定在主观上容易造成管理碎片化，客观上也可能因为并未赋予多部门农业科技创新推广职能而难以实施。

（三）科研、教育、推广缺乏联动工作机制

农技科研在推动农业和农村经济发展中扮演着关键角色，然而，农业科技体系内部存在一些问题，如创新能力不足、科研机构效率低下以及科研与生产之间的脱节等。此外，"重研究、轻转化"和"重技术、轻市场"的现象也较为突出，导致科技成果无法有效转化为实际生产力。同时，体制不顺、机制不活等问题也对农业

科研机构的发展产生了制约。因此，需要对这些问题进行全面改革和优化，以提升农技科研工作的整体水平，进一步推动农业和农村经济的发展。

尽管法律规定农业科研机构和涉农院校的科研成果可以通过有关农业科技创新推广单位进行推广，但由于缺乏横向联动工作机制，这两个实体在体制上分属不同系统，因此，在实际工作中，农业科研机构和涉农院校大多没有与农业科技创新推广机构合作推广，这使得优势无法互补，无法形成合力，从而影响了推广效果。在培训方面，尽管法律规定了教育、农业、林业、水利、人力资源和社会保障、科学技术等部门应当支持相关单位开展有关农业科技创新推广培训教育的条款，但对培训主体的权利和义务并无规范，这并没有体现政府对农民培训工作的重视。总的来说，从推进农业现代化和农业整体发展的角度来看，科研是基础，教育是保障，推广则是手段，三者缺一不可。然而，由于现行机制分属于不同部门，造成了科研、教育与推广的脱节，还没有建立起一体化的推广模式。

（四）非公有制主体的权利没有明确

法律建立了农业科技创新推广的分类管理体制。一方面，农民专业合作社、涉农企业、农业示范区等组织为农民应用先进农业技术提供经营性服务。这些服务通过引入竞争机制，由市场配置技术资源，为农民提供个性化的技术服务。在避免农业同质化竞争的今天，这些个性化的服务显得尤为重要。另一方面，在农业的高新科技领域，更需要涉农企业、农业高新示范区等非公有制主体来从事科技创新和推广工作。然而，法律规定多为鼓励性条款，对非公有制主体活动的权利并无具体规定，没有针对性地进行细化、实化、增强可操作性。此外，法律在营造发展环境上也没有针对开展农业科技创新推广的非公有制主体出台专门措施。在创业投资和融资领域，尽管有从事农业科技创新推广服务可以享受国家规定的信贷和税收等方面优惠的规定，但因是非强制性条款，在执行中并无刚性。由于法律规定的不完善以及法律激励的不足，导致非公有制主体开展农业科技创新推广服务的动机及投入均不足，没有取得法律良好的促进效果。

第二节 科技创新支撑贵州省农业现代化法规瓶颈分析

一、财政科研项目管理制度不完善[①]

一是财政科研经费申报与拨付不一致时,项目科技经济指标不能相应调整。目前,大部分科研项目没有明确具体的财政经费资助标准,再加上部分科研人员不了解科研项目资助标准,在科研项目申报时过高预算可申请的财政资助经费及科技经济指标。但在项目合同签订时,科研主管部门会根据项目性质,不同程度地削减财政资助经费,但不允许科研人员相应地降低科技产出指标。

二是项目负责人不能调整。目前,部分科研项目由于项目负责人工作岗位变动、身体健康等原因不能按照合同约定期限主持完成项目实施,为保障科研单位项目实施信誉,项目承担单位往往会重新选择其他人员具体负责实施该项目。但由于缺乏政策支持,科技主管部门在项目验收时不同意项目负责人调整,导致有关科研人员"干着总经理的活,拿着打工仔的钱",严重影响其实施项目的积极主动性,进而影响项目实施效果。

二、科研单位落实科研财务助理管理制度主体责任履行不到位

部分科研单位在落实科研财务助理管理制度时,没有从单位全局考虑,只是简单地将科研财务助理聘用权下放给项目组。而大多科研项目财政经费支持为10万～30万元,导致大多数项目组缺乏足够经费聘任科研财务助理,致使该制度落地实施效果不佳。

三、科研机构成果转化政策不通畅

科研机构专利等科研成果较多,但转化能力不强。例如,贵州省农业科学院

[①] 陈军义,罗锴,叶滟滟,等.贵州省纵向科研项目"放管服"改革的主要堵点及对策研究[J].内蒙古科技与经济,2020,457(15):22-24.

茶叶研究所自建所以来，累计获奖科技成果 152 项，其中，省部级 49 项。国家审（鉴）定及登记茶树新品种 10 个，获授权植物新品种 15 个，省级审定品种 2 个。授权发明专利 46 件，制（修）订省茶叶地方标准 52 项。茶叶研究所是全省申请及授权发明专利最多的涉茶类主体，但是，由于是一类事业单位，不能直接投资进行成果转化，通过产学研、科技成果交易、科技人员挂职、科技服务等渠道方式进行成果转化仍受到一些限制，严重制约了农业科研机构的科研成果转化。

四、对横向科研项目产生的科技成果认可度不够[①]

当前，按照我国现行的科研单位及科技人员的评价体制机制，纵向科研项目所产生的科技成果不论是在科技奖评审、科研单位排名、高层次人才评价，还是职称评审、岗位等级晋升等方面，都要比横向科研项目产生的科技成果更具有显示度和认可度，因此，很多科研单位都把获得实施纵向科研项目作为第一要务，而横向科研项目仅作为单位科研人员个人改善收入水平的辅助工具，在制定科研人员考核、评选等政策时，没有将横向科研项目纳入考核体系或其分值占比很低，导致科研人员不愿承担横向科研项目。

五、"科研人员承担的市场化横向科研课题与国家纵向科研课题同等对待政策"落实力度有待提高

2017 年，黔党发〔2017〕8 号文件明确提出"科研人员承担的市场化横向科研课题与国家纵向科研课题同等对待"。但在贵州省除部分具有独立评审资格的科研单位，如贵州大学，2019 年修订出台的《贵州大学教师职务任职资格申报评审条件》（2019 年修订版试行）规定获得一定金额经费横向项目等同纵向科研课题，用于职称评审。其他由贵州省科技厅、贵州省委宣传部组织的自然科研系列、社会科学系列职称评审，时至今日则仍然执行 2014 年出台的职称评聘办法，而并没有按照黔党发〔2017〕8 号有关横向科研项目的规定，重新修订办法或出台有关补充说明文件，导致大部分科研单位的科研人员难以享受横向科研项目用于职称评审的利

[①] 陈军义，郭杰丹，叶溇溇，等. "放管服"背景下贵州省横向科研项目管理存在的主要堵点及对策研究［J］. 内蒙古科技与经济，2020，459（17）：37-39.

益。对现行体制下的高校、科研院所的科研人员而言，获得职称晋升比承接横向课题获得额外劳务报酬更具有吸引力①。

六、缺乏鼓励开展适用农业生产技术研究的政策导向

一是在水稻适用生产技术研究方面。为落实"藏粮于技"战略，确保贵州水稻安全生产，近几年，贵州省水稻科研单位紧跟国家及贵州省委省政府的战略部署，为提升产量和实现超高产，研制出贵州中高海拔区优质杂交水稻的超高产精确栽培技术、产量提升精确栽培技术，贵州中低海拔区优质杂交水稻的超高产精确栽培关键技术、单产提升精确栽培技术等适应贵州不同气候条件和海拔条件的水稻精确栽培技术。从品种选择、秧苗培育、适时移栽、移栽基本苗数定量、定时定量肥水调控等关键环节进行精确栽培技术试验示范，已在全省黔东南、黔西南、遵义等不同区域实现了超高产目标，推动了全省水稻单产提升。2022年，在兴义水稻超高产试验田亩产达到1 154.68千克，再一次刷新了全省水稻产量纪录。从对该技术的推广现状来看，由于水稻精确栽培种植技术需要投入的劳动力相对较多，施肥环节也比较多，与目前贵州农村劳动力严重缺乏的现状有所矛盾，导致技术被采纳面不广，农业经营主体自觉推广的积极性不高。

二是在茶产业适用生产技术研究方面。贵州茶园一直面临着机械化生产水平低、用工成本高、夏秋季茶树下树率低、造成茶叶资源的严重浪费等突出问题，尤其是在采茶季节，名优茶鲜叶采茶工劳动力的严重缺乏，已成为贵州茶产业发展的主要瓶颈。贵州茶园95%以上属于缓坡茶园和陡坡茶园，这严重制约着贵州茶园生产的机械化率和新机具的示范推广。由于受茶园坡度、土壤类型、茶行间距等条件的限制，茶园施肥机在贵州茶区应用的极少，目前，茶园施肥仍然以人工开沟施肥为主，茶园田间管理劳动强度大、效率低、成本高。针对茶园机械生产管理的农机合作社较少，为茶园全程机械作业、茶叶机械机具租赁业务的社会化服务水平低，无法满足贵州省700多万亩茶园生产的需要。

三是在果树产业研究方面。随着产业规模的迅速扩大，果树产业科技研发力量薄弱，与水果产业发展相关的技术研究力度不够，科研成果、技术储备不足，制约

---

① 陈军义，郭杰丹，叶涔涔，等."放管服"背景下贵州省横向科研项目管理存在的主要堵点及对策研究[J].内蒙古科技与经济，2020，459（17）：37-39.

水果产业发展中的一些共性问题如产出水平低、鲜果率不高等问题亟待解决。如种植面积位居全国前列的蓝莓，受气候、果蝇等因素影响，鲜果率大多不到40%，与云南等省70%以上的鲜果率相比差距较大[①]。据对贵州省果树研究所的调研，普遍反映近几年针对果树产业的研究项目申报渠道较少，加之贵州省科技厅在项目申报主体方面更倾向于支持企业主体，科研单位在果树研究项目要获得立项更为困难。

四是在辣椒一次性采收品种研究方面。贵州省地处云贵高原东部，喀斯特地貌广布，地势西高东低，坡度较大，土地破碎，不利于机械化的大面积推广应用。目前，辣椒种植上使用较多的小型机械包含旋耕机、起垄机、打孔机及飞防无人机，辣椒集中育苗基地配置半自动或全自动播种机。小型机械的使用，在一定程度上降低了劳务成本，但是，在采收环节依然无法实现机械化采收，人工采收成本较高。贵州是一个多雨的省份，湿度较高，辣椒红熟后要及时采收，否则，就会发生腐烂，人工采收成本一般在0.6～2.0元/千克，线椒采收成本较低，而朝天椒较高[②]。建议下一步加大对辣椒一次性采收品种的研发项目立项，并给予大力推广，以减少劳动力的使用，有效降低生产成本。

五是在辣椒种植土壤连作障碍等问题研究方面。农药、化肥、农膜等是辣椒种植中不可或缺的生产资料，对提高辣椒产量发挥着巨大作用。全省辣椒种植面积广，农药、化肥等投入强度大，施用不尽科学合理，加之辣椒多种植在坡地上，极易引起土壤重金属污染、水环境恶化、大气污染、水土流失等一系列环境保护问题。同时，随着农业产业革命的持续推进，规模化、集约化种植正成为发展趋势，连作现象较为普遍。连作极易引起土壤肥力降低、有毒物质积累等诸多问题，重金属超标、病虫害多发等问题日益严峻，面临较大的环保压力和生态风险[③]。产业发展需要加强辣椒提质增效关键技术研发，因此，开展辣椒连作障碍、绿色防控、化肥农药减施、高效接茬、农机农艺融合、智慧化生产管理、春提早与秋延晚生产与研究，进行贵州辣椒品质解析、加工工艺及产品质量控制等相关研究需求增强。

六是在蔬菜设施栽培适用技术方面。贵州省光照条件差，日照时数短，长期以

---

① 王哲捷，徐十，王永平.贵州水果产业发展现状及高质量发展对策[J].北方园艺，2022，501（6）：137-144.
② 蓬桂华，王永平，殷勇，等."科研单位+供销联盟+种植主体"助力贵州辣椒产业高质量发展[J].辣椒杂志，2022，20（4）：1-6. DOI:10.16847/j.cnki.issn.1672-4542.2022.04.003.
③ 付浩，李雯，张小明.贵州省辣椒产业发展现状与展望[J].蔬菜，2022，381（9）：28-33.

来主要发展露地蔬菜，在设施蔬菜栽培上研究少，技术储备不足，生产潜力难以发挥。以需要设施栽培的螺丝椒为例，该品种受市场青睐，销售价格较高，2021年在贵阳农业农垦集团的推进下，在榕江县实现越冬栽培，但由于对贵州地区螺丝椒设施栽培的相关研究不足，使栽培设施的建设成本高，影响其进一步推广。贵州全省区域气候差异大，相应的栽培技术需根据不同地区气候条件进行改良与完善，增加了栽培技术推广的难度。在蔬菜的设施栽培上，需要开展春提早、秋延迟和越冬栽培试验，针对贵州不同地区气候差异较大的特点，广泛总结适宜不同地区推广应用的栽培技术[1]。

七是在食用菌产业生产适用技术方面。菌种省内研发、生产及供应不足，大宗类食用菌品种主要依靠引进，特色珍稀类食用菌品种自育较少，品种引进、筛选体系不健全，母种提纯复壮能力弱，新品种筛选、育种、引进、推广队伍缺乏，菌种流通市场监管需要强化，优质菌种推广亟须加强。菌材短期供应有保障，但仍然主要从省外调入，运输成本较高，省内菌材资源时空分布不均，开发利用不足，且已建成的菌材林成长至少需要3年时间，持续稳定供应易受外界因素影响。红托竹荪、羊肚菌连作障碍尚未突破，食用菌多糖、多肽产品开发、应用推广等技术的研究也有待进一步创新。

八是对小型农业机械研发投入方面。针对贵州山地农业的特点，适合梯田、小田块水稻全程机械化作业的小型化、智能化、多功能、组合式农机研发仍显不足，对小型农业机械研发投入仍显不够。

七、新型植保机械农机购置补贴目录仍需完善

2022年，全省已下达中央农机购置补贴资金4 383万元，同比增加87%，纳入全省农机购置补贴目录机具共15大类、38小类、121个品目、7 105个型号，基本满足全省粮油生产和特色优势产业全产业链农机具需求。但是，无人机等新型植保机械在归属上存疑，迟迟不能纳入农机购置补贴目录。

---

[1] 郭惊涛，屈立武. 贵州蔬菜产业发展现状与对策[J]. 农技服务，2022，39（12）：76-78.

八、支持农业产业金融政策有待加强

一是在政策保险支持农业产业发展方面。以茶产业为例，与发达国家相比，我国对茶产业的支持力度尚显不足，尤其是在龙头企业资金、研发、降低税率、减少经费和利息补贴的支持以及加大茶农种茶补贴方面，使得我国茶产业经营主体在扩大规模、做强自身方面步履维艰。贵州茶产业的政策性农业保险种类较少。主要是针对自然灾害冰雹的保险，没有涉及干旱、洪涝等多发性的自然灾害，而且茶产业的保险没有充分享受到中央财政补贴的福利。同时，由于贵州地方各级政府财力有限，没有足够的实力支持农业保险的完善和发展，无法满足茶产业保险的多样化和现实化需求。以生猪产业为例，其政策机制需进一步完善。自 2007 年国家开展政策性生猪保险以来，贵州省先后推出能繁母猪保险、育肥猪保险、生猪价格保险、仔猪养殖保险和生猪"保险+期货"等保险产品。近年来，贵州省的养殖业保险经营基本处于亏损边缘。受非洲猪瘟疫情影响，生猪养殖保险亏损严重，年简单赔付率均超 100%，其中，能繁母猪保险几乎年年亏损，2019 年，简单赔付率高达 222.8%。虽然出台政策提高了生猪保险的保障水平，但由于费率未做及时动态调整，导致风险和责任不匹配，定价不科学，逆选择问题突出。如能繁母猪养殖周期长、风险大，保险价值和出险率高，绝大部分养殖主体优先选择投保能繁母猪保险；育肥猪养殖周期相对较短、风险较小、数量大，按批次全额投保，农户自缴保费高，养殖主体投保意愿不强或未全额投保。这样的做法进一步扩大了风险敞口，影响保险公司承保积极性和保险机制的持续有效运转。另外，生猪养殖的保险保障水平也需进一步提高。与广东等省份将仔猪保险纳入中央财政补贴险种不同，贵州省开展的仔猪保险试点是小范围的地方特色险种，受地方财政紧张等因素影响，并未能在全省推开。受物价水平和猪场生物安全防控等因素影响，生猪养殖的资金投入不断增大，养殖成本逐年上涨，特别是规模养殖户，发生保险事故的规模大、损失重，但按照保险公司的受灾统计口径和理赔核算方式，核算出的受灾理赔额度与投资成本和产出差距较大。贵州省的头均病死猪的获赔金额能繁母猪不超过 1 300 元/头、育肥猪不超过 600 元/头，这与生猪养殖总成本 3 000 元/头（头均仔畜费和饲料费各占 40% 左右，人工成本和其他成本占 20% 左右）的差距较大，一定程度上影响了参保农户的获得感和生猪保险的实际保障效果。

二是在农业产业融资抵押方面。以果树产业为例，从事果树产业的新型经营主体面临融资难、融资贵难题，资金需求难以有效保证，生产经营面临不少困难。以贵州龙头企业投资水果产业融资抵押为例，部分工商资本进入水果产业，由于缺乏对产业投资力度、回报周期、经营风险等特殊性的认识，在前期投入大量资金用于土地流转、基地建设后，后期面临基地投产前的果园管护持续投入、资金回流缓慢等巨大压力，虽然在生产经营活动中投入大量资金建设水果基地和配套设施、形成了数百万上千万甚至上亿的资产，但这些资产不具备抵押贷款能力，从而导致企业后期果园管护资金严重不足，对企业和产业的持续发展均造成不利的影响。

九、相关产业配套政策有待完善

以中药材产业为例，相关配套政策引导尚未到位。多年来，虽然贵州省出台了一系列文件，这些政策对中药材产业的形成和发展产生了强力推动，但仍缺少一揽子配套文件，如医保政策如何向中药饮片、中成药颗粒等倾斜，高校和科研院所如何与企业和中药材种植户联动等，没有形成种、产、学、研、医、市一体推进中药材产业的良性发展格局。

十、区域科技创新服务新机制有待加强

在发挥基层科技部门作用增加机构话语权和实施"3+N"项目创新科技服务机制工作有待进一步加强。一是引导企业科技创新意识不足。企业服务扎根程度较弱，技术指导力度不够，对于企业动态发展过程关注度不够，政策宣传力度不够，辖区企业创新创业活力较弱。二是科技部门联动程度不够。多部门联合开展企业服务工作相对较少，对于企业面临和所需解决的问题和困难，各部门信息传递速度较慢。三是现有创新平台与主导产业、重点产业结合不紧密，"一主一特"产业创新平台较少，赋能产业发展方面不明显。孵化载体作用发挥不明显，现有的创业孵化载体服务链条不完整，孵化培育服务功能单一，政策宣传力度不够大，"3+N"科技服务机制改革示范区工作处于起步阶段。四是专业科技中介服务机构不足。专业科技中介服务机构较少，质量良莠不齐，服务能力和水平不高，在推动科技成果转移转化、科技金融服务等方面有较大差异。

第三节 贵州农业科技成果转化与推广政策法规瓶颈[①]

一、科技特派员创新创业制度瓶颈[②]

政府主导推动的科技特派员制度发展阶段大概可以分为三个阶段：第一阶段为1999—2002年开创提升阶段。主要政策或实践有：1999年，福建南平市委市政府选派225名农业科技人员服务215个行政村生产实践，标志着在基层实践过程中，首创了科技特派员制度。2002年，科技部在宁夏等西北五省开展试点，标志着科技特派员制度试行上升到国家层面行动。第二阶段为2003—2018年完善推广阶段。2004年，发布了《关于开展科技特派员基层创业行动试点工作的若干意见》，科技特派员制度的试点范围再一次扩大。2009年，发布了《关于深入开展科技特派员农村科技创业行动的意见》，标志着全国启动科技特派员创业行动。2012年起，中央一号文件开始规定科技特派员制度的相关内容，凸显科技特派员在"三农"工作中的重要性。2016年，发布《关于深入推行科技特派员制度的若干意见》，这是在国家层面第一次对科技特派员制度做出相关制度安排。第三阶段为2019年至今巩固深化阶段。2019年，习近平对科技特派员制度推行20周年作出重要指示，标志着科技特派员工作进入高质量发展阶段。2021年，习近平在福建考察，指出要深入推进科技特派员制度，要求科技特派员把论文写在田间地头。

贵州省和其他省份一样，科技特派员制度对农业科技成果转化发挥了积极推动作用，但是，也存在一些制度政策上的瓶颈。主要表现在：第一，各级政府支持科技特派员工作的科技投入不足，致使大多数科技特派员无法得到科技项目支持或科技项目资金支持力度偏低。第二，科技特派员的融资、筹资机制不完善，因缺乏足够的资金，科技特派员的创新创业活动受到较大束缚。第三，科技特派员派出单位支持力度不足。科技特派员基层创业需要一定的启动资金，而派出单位财政没有安排专项经费，造成很多前景良好的项目难以落实，同时，大多数科技特派员需要承

[①] 孟昕，邱爱民.农技推广法律推进机制的构建研究［J］.农业经济，2021，416（12）：19-21.
[②] 曾宪浩，雷尊国，邵美婷，等.农村一二三产融合发展视域下科技特派员制度优化对策［J］.农村经济与科技，2022，33（3）：217-220.

担本单位日常工作，参加科技特派员工作的时间和精力不够。建议下一步出台创新创业配套政策：一是省委省政府出台鼓励科技特派员创新创业的财政政策。省科技厅和地方各级科技主管部门要加大科技项目扶持的力度，设立专项科特派成果转化引导基金。完善以政府资金为引导、企业自筹为主体、金融资本为补充的多元化投入体系。二是搭建科技特派员创业的金融服务平台。根据区域产业特点、资金供求情况，建立金融和科技相结合、小额贷款和创业行动相配套的新型金融服务机制和创业投资支持体系，聚集和整合科技特派员企业、银行、创投基金、担保机构、小额贷款公司等各类科技金融资源及政府部门的政策资源，建立综合性、一站式金融信息服务系统，解决科技特派员创业过程中资金困难问题。三是制定政策鼓励各派出单位根据本单位实际，加大扶持力度，鼓励科技特派员安心工作在科技服务第一线。积极协助受援地乡（镇）做好科技特派员的管理工作，下派期间其职务、奖金、福利等待遇保持不变及专业技术职务评聘在同等条件下优先，并安排好科技特派员返回后的工作，为其解决工作和生活上的后顾之忧[①]。

二、基层农业技术推广政策法规瓶颈

自2017年《农业部办公厅关于开展基层农技推广体系改革创新试点的通知》出台以来，中国开启了新时代基层农技推广体系改革创新的步伐。2021年《中华人民共和国乡村振兴促进法》也强调国家应"加强农业技术推广体系建设，促进建立有利于农业科技成果转化推广的激励机制和利益分享机制"。随后，各省也相继制定和发布了一系列关于基层农业技术推广的政策法规。在落实和执行这些政策法规过程中，贵州省与其他一些省份一样，遇到了部分政策瓶颈，具体如下。

（一）贵州公益性基层农技推广管理体制

2007年4月25日，贵州省人民政府印发《关于深化改革加强基层农业技术推广体系建设的实施意见》（黔府发〔2007〕11号），文件明确规定了贵州公益性基层农技推广机构的职能，实现了公益性和经营性职能的彻底分离。文件提出合理设置基层农技推广机构、理顺基层农技推广体系管理体制、科学核定基层公益性农业

---

① 陈军义，吴文静，陈琳，等.贵州省科技特派员创新创业推进现状与对策研究[J].安徽农业科学，2015，43(23)：308-310. DOI:10.13989/j.cnki.0517-6611.2015.23.113.

技术推广机构的人员编制、改革人事管理制度、提高农业技术推广队伍素质等方面的意见，推进公益性基层农技推广体系建设。实行以县管为主、乡镇政府协调和监督的管理体制，基本理顺了管理体制，通过保证供给履行公益性职能所需资金、落实基层农业技术推广人员的优惠政策、妥善分流和安置富余人员等措施，强化对基层农技推广体系的建设力度[①]。

（二）基层农技推广人员考评机制难执行[②]

为了激发基层农技推广人员干事创业的主动性和积极性，在基层农技推广体系改革过程中建立规范高效、激励约束并重的考评机制，地方政府欲通过加大考评结果在绩效工资分配应用中的权重，建立一套"定量与定性、线下与线上、平时与年度、物质奖励与精神奖励"四结合的考核评价机制，让基层农技推广人员的收入与考核结果挂钩，与岗位职责、工作业绩以及实际贡献挂钩，以促进农技推广人员履职尽责、创先争优。尽管此考评机制出发点很好，但是，基层农技推广机构在执行过程中对农技推广人员的工作业绩、实际贡献测算、量化等进行登记和考评的工作繁杂，基层农技推广人员参与考评的热情不高，在实际考评过程中并未达到增强基层农技推广队伍业务素质和服务能力的预期效果。

第四节　区域科技创新政策法规瓶颈

一、发挥基层科技部门作用　增加机构话语权瓶颈

贵州省积极探索通过政府信息化建设，强化科技服务能力，让政策和服务惠及各类主要创新主体，覆盖科技创新工作的关键环节，着力解决高质量发展中区域科技创新面临的紧迫问题。全省科技部门在发挥基层科技部门作用增加机构话语权过程中主要存在如下问题：一是对于企业科技创新意识引导不足，应当让企业始终保持科技创新责任感、紧迫感，强化领导责任、协同责任、企业责任。企业服务扎

---

① 王洪亮.贵州省公益性基层农技推广体系信息化现状研究及完善对策[D].贵阳：贵州大学，2020.
② 李秋生，郑凯欣，刘小春.新时代基层农技推广体系改革创新实践探索、制约因素及深化路径[J].世界农业，2022，514（2）：80-89.

根程度较弱，技术指导力度不够，辖区企业创新创业活力较弱。二是科技部门联动程度不够，多部门联合开展企业服务工作相对较少，对于企业面临和所需解决的问题，各部门信息传递速度较慢。

二、实施"3+N"项目创新科技服务机制瓶颈

贵阳市观山湖区科技局等 5 个试点县科技局以探索建立"3+N"科技创新治理新机制为主抓手，以构建立体化、多层次、全周期的科技创新服务体系为主攻点，以搭建科技政策超市、组建科技服务团队、推进科技项目实施（"3"）和培育建设"N"个科技创新企业为主路径，推动科技创新驱动高质量发展。在对 5 个"3+N"试点县进行调研后发现，目前主要存在如下瓶颈：一是现有创新平台与各试点县的主导产业、重点产业结合不紧密，"一主一特"产业部分试点县暂无平台，赋能产业发展方面不是很明显。孵化载体作用发挥不明显，现有的创业孵化载体服务链条不完整，孵化培育服务功能单一，政策宣传力度不够大，"3+N"科技服务机制改革示范区工作处于起步阶段。二是专业科技中介服务机构不足。部分试点县专业科技中介服务机构较少，质量良莠不齐，服务能力和水平不高，在推动科技成果转移转化、科技金融服务等方面有较大差距。

第七章

科技创新支撑农业现代化案例分析

第一节 科技企业科技创新支撑农业现代化案例研究[①]

一、国家农业科技创新联盟创新驱动模式案例

（一）突出任务导向，推进协同创新

组织实施一批重大协同创新任务，突出任务导向。为了实现绿色发展的总体要求，需要围绕"一控、两减、三基本"的工作目标，进一步优化工作策略。在东北黑土地保护、华北节水保粮、南方稻田重金属污染综合治理等联合攻关的基础上，组织西北区和西南山区、华南山区等区域的农业重大问题研究，并推进农业废弃物资源利用和小麦赤霉病防治等领域的联盟建设。这些举措将有助于切实解决畜禽污染处理、地膜回收、秸秆焚烧等实际问题。此外，将围绕产业发展重大问题，在棉花、马铃薯、蔬菜、奶业、智慧农业等产业大力推进科企协作，依托联盟优势科研力量突破产业发展的技术瓶颈，并加强技术成果示范转化与推广。通过有效整合农业农村部学科群实验室体系、现代农业产业技术体系综合试验站等平台资源，协同开展农业基础性、长期性科技工作。组织实施一批重大协同创新任务，以推动农业的可持续发展。这些任务将有助于更好地解决当前农业面临的挑战，提高农业生产效率，促进农业产业的健康发展。积极探索新的科研合作模式，加强与企业的合作，共同推动农业科技创新，为实现农业现代化做出更大的贡献。

（二）发挥市场配置资源的作用，创新联盟支持方式

为了增强联盟参与主体的支持力度，充分利用国家现有的科技计划（专项、基金等）、现代农业产业技术体系、国家和农业农村部重点实验室、中央科研单位基本科研业务费、中国农业科学院科技创新工程等支持渠道。同时，争取地方财政和社会资本对联盟建设的共同支持，在加大争取政府支持的同时，发挥市场配置资源的作用，创新联盟支持方式。对于以资源共享为主的"一盘棋"科技工作，主要争

[①] 陈剑平，万忠，刘艳，等. 农业科技创新驱动发展战略研究［M］. 北京：科学出版社，2021.

取财政经费的稳定支持，充分考虑其基础性、公益性特点。对于科企协作的"一条龙"科技工作，应积极吸引社会资本注入，并鼓励企业联合科研院所共同申报国家技术创新引导专项（基金）。此外，还可以通过后补助、创投引导等财政资金的杠杆作用，促进联盟技术创新和产业发展。对于"一体化"科技工作，由于事关农业区域发展、转型升级和供给侧结构性改革，应进一步增强地方财政的稳定支持，并建议国家有关部门设立国家重点研发计划专项给予稳定支持。总之，在联盟建设过程中，需要根据不同类型的科技工作特点，采取不同的支持方式，既要发挥政府的主导作用，也要发挥市场配置资源的作用，同时，还要注重地方财政的稳定支持。只有这样，才能更好地推动联盟技术创新和产业发展。

（三）加强联盟规范管理，形成合力推进联合攻关新局面

重新构思工作机制，通过创新服务方式，将在专业联盟和区域联盟的建设中进一步规范化。同时，为了防止联盟的过度泛化，将建立退出机制并严格监管。此外，为了激发联盟成员的积极性，应创新评价激励机制，并建立有效的绩效评估与科技评价体系。这样，就能形成合力，推动联合攻关的新局面。

二、京津冀农业科技创新联盟创新驱动模式案例

（一）坚持科技面向经济社会发展的导向，共谋区域发展

京津冀农业科技创新联盟制定了《京津冀农业科技创新联盟发展规划纲要（2017—2020）》，该规划明确了区域创新共同体的任务目标，旨在打破地域界限，加强统筹协调，消除科技创新中的"孤岛"现象。从顶层设计层面，牢固树立了京津冀三地协同发展"一盘棋"思想。到"十三五"末，计划基本建成京津冀现代农业科技协同创新共同体，实现科技平台共建共享、研发优势互促互补、科技创新协作协同、人才资源对接对流，以形成全国农业科技创新高地，助力京津冀农业率先基本实现现代化。

（二）对接需求，探索建立多元化资金稳定支持模式

以平台为基础，以需求为引导，以项目为纽带，充分利用区域内各创新主体的

技术研发和产业优势，集中力量进行创新。积极与科技部、农业农村部以及京津冀地区的农业科技与产业发展需求对接，努力争取国家、京津冀各级政府部门的政策和资金支持。同时，发挥资本市场的作用，拓宽资金来源渠道，探索建立多元化的资金投入机制。支持设立区域农业科技创新基金，形成各类社会资本共同参与京津冀农业科技协同创新任务的多元化资金投入模式，稳定支持京津冀农业科技创新的持续发展。

（三）创新机制，引领和支撑区域现代农业发展

为更好地推动京津冀区域农业科技创新，积极联合该地区的农业科研机构、农业院校和涉农企业，共同创新机制。以构建区域农业科技创新共同体为突破口，从多个方面进行广泛对接，包括搭建创新平台、共享仪器设备、组织科技攻关和建设示范基地等。通过这些措施，形成区域内资源联动整合、协同发展的新格局，从而调动相关农业科技创新主体的积极性。这将有助于引领和支撑区域现代农业的发展，推动京津冀地区农业的可持续发展。因此，积极推动这一区域农业科技创新共同体的建设，为京津冀地区的农业发展注入新的活力和动力。

三、江苏省农业科学院创新驱动模式案例

（一）加大基础性和公益性研究支持力度，不断提升科技创新能力和水平

农业供给侧结构性改革的核心目标是增强高端优质农产品的供给竞争力，降低无效供给，使供给结构更好地适应并引领需求结构的变化。为了实现这一目标，农业科技创新主体需要加大对基础性和公益性研究的支持力度，提升科技创新能力。江苏省农业科学院正是以江苏省农业科技自主创新专项资金为依托，聚焦于江苏农业供给侧结构性改革的重点任务。重点加强了"藏粮于地、藏粮于技"战略实施、绿色生产技术创新应用、农业新业态技术攻关，以及农业公益性、基础性、长期性科技研究。同时，采取定向支持滚动资助的方式支持公益性研究项目，通过自由申报方式择优立项储备性研究项目，以不断提升农业科技供给水平，为江苏高端优质农产品竞争力的提升奠定坚实基础。

(二)加快组建卓越创新团队,探索形成有效解决重大技术难题的科研组织方式

卓越创新团队是科研单位孕育重大成果的核心。为了更好地利用现有人才资源,构建有效管理体制,以研究室为基本的管理单元,以学科为基本的创新单元,卓越创新团队则是创新的尖兵。重点是按照国家级和省部级创新团队的标准,选拔出创新能力强大、已经承担重大科研项目或重点工程的科研团队。跨学科、跨研究室、跨单位地组建并培育国家级和省部级优秀创新团队,鼓励主动申报国家级和省部级重大科研项目,开展重大技术攻关,有效地解决江苏现代农业发展中的重大共性技术难题。

(三)强化质量效用导向,创新转变科研管理服务理念

针对部分科研人员"重立项、轻实施"的问题,对项目管理方式进行改革。在项目立项设计、技术方案论证、阶段成果展示、中期检查预评、结题验收等关键节点,提供全程精细服务,以提高项目申报的效率和确保项目的实施质量。第一,加强对重大项目的选题设计,瞄准现代农业最急需、农业科技最前沿,遴选一批具有引领性、带动性的重大技术选题,并与国家科技计划项目相衔接,建立院级重大项目储备库,为国家级重大项目的申报奠定基础。第二,强化对技术方案的科学论证力度,明确项目实施技术路线、时间节点和阶段性目标,从源头上确保项目实施质量。第三,严格执行科技报告制度,项目负责人定期或不定期地汇报所从事的科研、设计、工程、试验和鉴定等活动过程、进展及结果,做好研究工作全程记载,增加科研工作透明度。第四,建立项目经费全程监管体系,在不同阶段对项目经费使用进行跟踪管控、全程监督,以确保经费使用合法合规。第五,需要改进项目监督评价方式,由单纯的专家评价转向专家、服务对象和社会第三方评价,综合运用中期评价、随机抽查、绩效考评、定期审计等方式,对项目实施效果进行总体评价,对实施效果较差的项目及时整改,确保项目实施质量。

(四)优化农业科技创新联盟运行机制,有效整合全省优势资源开展协同创新攻关

积极争取省财政、科技、农业等相关主管部门的政策支持,以营造联盟运行

的良好制度环境。同时，凝聚省内优势科研力量，组建创新团队，协同攻关，以全面提升科技创新服务水平。首先，主动开展重大农业技术需求调研，组织联盟成员单位组建跨学科、跨单位的调研组，实地调研省内不同生态区域现代农业发展现状与科技需求。优先考虑将调研结果纳入省相关科研项目指南范围。其次，加大对区域综合性重大科研项目的支持力度，优先支持联盟内部跨单位、跨学科组建的科研团队。致力于推动实现学科融合、资源融合和地域融合，共同解决区域性农业发展重大科技问题。此外，调动联盟成员单位协同创新的积极性。在鼓励协同创新的同时，探索建立联合承担项目的成果共享机制。合理评估参与单位和人员在协同创新中的实际贡献，避免陷入"唯主持、唯第一"的协同创新误区。减轻项目牵头单位压力，并调动全体成员单位参与协同创新的积极性。最后，鼓励不同层级、不同类型的科研主体参与创新。通过吸引县级农业科研单位、涉农企业参与项目研究等方式，调动基层农业科研单位和一线企业人员的创新积极性。凝聚各方力量，提升江苏省科技创新、成果转化和科技服务的水平。

四、浙江安吉乡村休闲观光农业创新驱动模式案例

（一）强化农业科技组织技术指导与专业服务作用

安吉县的农业科技组织非常重视特色品牌的创建，不断提供技术指导和专业服务。每年定期举办至少20期的各类技术培训班，以多种形式将生产管理、技术加工及营销理念等知识和信息传递给一线农民，帮助他们提高自身素质和专业技能。这些形式包括课堂理论培训、现场技术指导、来信来访咨询以及电话和网上沟通等。

（二）发挥农业科技组织桥梁和纽带作用

安吉县的农业科技组织始终坚持并积极引导企业参与国际市场竞争，致力于将安吉白茶产业和竹产业做实做大、做精做强。同时，他们还引导经济合作社的社员生产无公害、绿色、有机农产品，推动家庭小作坊生产逐步走向集约化、规模化。此外，不断扩大农业科技组织的工作范围，强化基本职能，吸收新会员和社员，加强会员之间的联系，使安吉的农业科技组织成为政府的得力助手和会员的温暖家

园,进一步发挥其桥梁和纽带作用。

(三)加大农业科技组织对乡村休闲农业的促进作用

一是打造了休闲农业旅游胜地。围绕"美丽乡村""中国竹乡""黄浦江源""昌硕故里"四大旅游品牌,精心设计了四条精品乡村旅游线路,分别是"灵峰胜景""竹海观光""白茶飘香""田园风光"。这些线路将建成的中南百草园、中国竹博园、中国大竹海等一批全国知名的休闲农业景区连接起来,为游客提供了丰富的旅游体验。二是推动了农业的转型升级。注重以农业产业的转型升级为乡村旅游的发展基础。依托安吉县的资源优势,做大做强了竹、茶两大主导产业。安吉竹制品实现了从特色农产品到旅游商品的升级,而安吉白茶则以29.1亿元的身价连续六年跻身全国茶叶品牌价值十强。三是拓展了现代农业的多元功能。以休闲农业园区为节点,以美丽乡村精品观光线路为串联,以不同季节的特色农产品为主打,推出了集可看、可吃、可娱、可住等为一体的精品休闲园区。唱响了"春赏花、夏嬉鱼、秋品果、冬食笋"的休闲农业四季歌,建成了20个休闲观光园和休闲会所,并在2014年建成了国内首个以野奢度假为主题的帐篷客溪龙茶谷度假酒店。四是打响了安吉县美丽田园品牌。加大对休闲农业园区、精品村庄和农家乐的重点宣传推介,积极举办农事节庆活动。成功创建了高家堂村和尚书干村为3A级景区,"竹乡生态品茗游"列入全省休闲观光农业精品线路,溪龙安吉白茶休闲观光农业示范园被评为全国首批"中国美丽田园",中南百草原被评为全国休闲农业与乡村旅游五星级园区。

五、华南农业大学创新驱动模式案例

(一)依靠科学技术和科学管理推动技术和品种的转化应用

1992年,华南农业大学动物科学系看到了温氏食品集团股份有限公司的巨大发展潜力,认为它具有很好的发展前景。随着生产规模的急剧扩大,温氏食品集团股份有限公司也深知,只有依靠科学技术和科学管理,才能使企业真正做大做强。为了实现"真诚合作,共创美好未来"的发展理念,温氏食品集团股份有限公司以10%的技术股份邀请华南农业大学与之合作。在这次合作中,华南农业大学动物科学系主任被邀请成为董事会成员，参与公司重大问题的讨论和决策。众多专家、教授深入现场指导生产，并担任技术中心经理、总经理助理、种鸡场场长等重要技术职务，全面参与优质肉鸡育种、饲料营养研究、鸡病疫情监测、经营管理、技术培训等工作。同时，公司每年还提取总产值的0.5%作为科研经费，与华南农业大学联合开展科研工作。双方共同研究培育了六个专门化肉鸡品系，这推动了技术和品种的转化应用，并在加速科技成果转化的过程中建立了完善的商业育种工程技术体系和产业经济管理体系。这种合作关系不仅为双方带来了显著的经济效益，也为整个行业的发展提供了新的动力和思路。双方的合作不仅是一次简单的商业交易，而是一种更深层次的、长期的战略伙伴关系，旨在通过共同的努力，实现双方的共同发展和繁荣。

（二）开展产学研合作成就生物制药业

在2002年，华南农业大学兽医学院与温氏食品集团股份有限公司（简称温氏集团）进行深度合作，通过产学研一体化模式，共同构建了一套科学合理的动物疾病防疫体系。以技术入股的方式，将华南农业大学兽医学院的科研成果直接应用于温氏集团的动物疾病防疫体系中。基于这一合作，双方共同成立了肇庆大华南农生物药品有限公司（现更名为广东大华农动物保健品股份有限公司），专注于研发和生产动物生物制品。该公司于2004年通过了国家GMP认证，并被农业农村部批准为高致病性禽流感疫苗定点生产企业。在当年全国抗击禽流感疫情的行动中，广东大华农动物保健品股份有限公司提供了超过20亿羽份的高质量禽流感疫苗，为防控禽流感疫情作出了重大贡献，得到了农业农村部的高度认可。目前，广东大华农动物保健品股份有限公司与华南农业大学、华南理工大学、中山大学等重点院校建立了紧密的产学研一体化合作关系，并聘请了国家禽病学著名专家参与课题主持与研究。这不仅带动了公司内部年轻研发队伍的快速成长，还取得了丰硕的研发成果。该公司共获得新兽药证书4个、国家批准文号产品100多个。其中，4个研发项目获得国家资助，2个研发项目被评为"九五"国家科技攻关计划优秀科技成果奖。此外，广东大华农动物保健品股份有限公司还获得了广东省科学技术厅的批准，建立了广东省细胞工程疫苗重点实验室和广东省动物保健品工程技术研究开发中心。凭借其强大的研发实力和卓越的科技成果，广东大华农动物保健品股份有限公司在全国同行业中综合实力位居三甲之列。

（三）建立高校和企业产学研紧密结合的技术创新体系

政府积极推动高校与企业之间的产学研合作，以建立紧密结合的技术创新体系。这种合作旨在充分调动和利用高校和科研单位的科研资源以及企业的实践经验，通过合作创新推动新技术和新兴产业的发展。在农业科技成果转化方面，高校与企业合作建设企业博士后科研工作站、研发中心和企业创新中心等研究机构。这些合作旨在培养高层次创新人才、学科领军人物和应用型人才，为企业提供可持续发展的动力。同时，通过充分利用高校和科研院所的资源，企业可以实现科技水平的升级和人才集聚。

六、调查结论

（一）企业科技创新驱动的特点

1. 企业研发能力更加规范

根据行业的特征有所不同，广东恒兴饲料实业股份有限公司主要针对水产饲料进行研发，其研发部门是根据各个板块设计研究院来设立的。相比之下，温氏集团和海大集团的研究院部门则更加综合，近年来，逐渐形成了自己专门的研发部门，研发队伍也逐步规范化。

2. 企业研发机制更加灵活

在企业研究院、科研院所和高校之间，从人员、立项、项目实施等各个环节进行比较，企业研究院在体制和机制上更加灵活。企业研究院在立项形式上借鉴了国家科研立项的做法，如立项的评审等环节，但对项目资金使用约束较少，能够根据研发项目的需要进行调整，使研究人员的精力集中在具体研发事务上。在人员待遇方面，企业研究院采取一人一策的方式，这在对应用型研究人才的吸引力方面具有一定的优势。在科研院所和高校中，这种类型的研发人员在职称评审上通常竞争力较弱。

3. 企业应用研发是趋势

经过对调研企业研发成果的分析，发现这些企业的研发主要集中在应用生产急需的技术上。例如，广东恒兴饲料实业股份有限公司主要研发虾苗繁育和水产饲料配方，而温氏集团则主要关注猪养殖技术和饲料配方。这些研究在理论创新方面并不多，很多成果是基于经验性的，从技术角度来看，基础创新性不强。然而，这些研发成果在实际生产中能够有效地解决问题。例如，广东海大集团股份有限公司（简称海大集团）研发团队每年研发的饲料配方都是在塘头进行试验，因此，大部分的研发成果都是以降低成本为导向的。近年来，海大集团能够逐渐成为我国水产饲料的龙头企业，主要原因在于其不断研发出低成本水产饲料，每千克几分钱的价差就决定了其在占领水产市场上的成败。

4. 借用外部力量进行研发是企业的普遍做法

通过调查三个企业研究院发现，它们都与国家科研院所和高校有深度合作，程度各有不同。通过观察和了解发现，他们采用的方法主要有三种：一是合作研发。企业直接与科研院所和高校签订共同研发协议，共同研发具有技术突破性的课题。这类课题研究风险较大，需要优秀的研发团队和先进的仪器设备，如新品种的研发。二是引进高校或科研院所的专家团队从事兼职工作。例如，温氏集团聘请了华南农业大学的动物营养权威专家吴珍芳研究员担任兼职院长和生猪育种公司董事长，并以股份的形式支付报酬。三是直接购买已有的研究成果，并将其应用于企业生产。这种合作方式相对较少。调查显示，企业与外部力量合作研发主要集中在应用性研究环节。随着国家对科技创新的支持力度不断加大，企业也开始重视与科研院所和高校合作申报国家项目进行研发。

（二）企业科技创新存在的问题

1. 系统性问题

企业将资源投入到一些短期内能迅速带来收益的领域，导致科技创新的技术含量普遍不高。在科研成果的某个应用环节上有一定的突破，但很难实现系统性的创新突破。这种做法限制了创新系统的发展空间和创新能力，不利于长远发展。

2. 合作体制机制问题

当前，企业与科研机构及高校之间的合作主要存在体制和机制上的难题。科研机构和高校往往更倾向于采用单位协作的方式，而企业则更倾向于与个人或成果持有人进行合作。尽管近年来国家出台了一系列成果转化促进政策，但科研机构和高校从本单位的长期发展和利益平衡的角度出发，对与企业的个人合作持保留态度。

3. 研究导向问题

企业与科研单位及高校的合作难点在于双方的研究导向存在较大差异。高校和科研院所的研究往往以职称和身份为驱动力，研究人员更注重提升职称和获得各种人才头衔。而企业科技创新则以市场效益为导向，更加注重实际应用效果。因此，高校和科研院所的成果与企业实际需求存在一定的距离，导致双方合作成果普遍不佳。然而，高校和科研院所对于学科问题的系统性研究具有长期积累的优势，这对于企业短期内的技术突破具有重要意义。因此，企业对于与科研院所和高校的合作抱有迫切期望，但现实中的合作效果并不理想。需要进一步探讨的是，如何调整双方的研究导向，使之更加符合市场需求，从而实现更有效的合作。这需要双方在研究目标、方法、成果评价等方面进行深入沟通和合作，以实现资源的有效整合和成果的快速转化。

第二节 贵州省农业企业科技创新案例

一、贵阳市农业农垦投资发展集团有限公司科技创新案例

贵阳市农业农垦投资发展集团有限公司（以下简称贵阳农投集团）于2015年12月11日正式注册成立，以"服务城市、发展农业、繁荣农村、富裕农民"为目标，形成了以"乳业、粮油板块、种植业、生态养殖业、农产品市场流通、农产品加工"及"农村金融服务"为主导的"6+1"产业布局和有效的产销对接关系。下辖3个职能部门，有全资子公司12家，控股子公司5家，参股子公司9家。

（一）技术服务提升产业发展质量

现代科技创新是推动现代农业产业发展的强大引擎，尤其在贵州山区，面临着土地、资金和农业劳动力等生产要素日益紧张的挑战。农业科技在此背景下，成为贵州打造现代化山地特色高效农业强省的关键推动力。贵阳农投集团始终关注并重视技术服务的重要性，不断加强科技对农业产业发展的支撑作用。

加强农业科技自主创新。企业作为创新的主体之一，具有连接市场、组织生产等优势，能够更清楚地掌握企业的科技瓶颈，有针对性地开展农业科技创新，有效提升农业科技创新的实效性和针对性，促进成果转化应用。贵阳农投集团、贵州海科实业发展有限公司和贵州省红枫湖畜禽水产有限公司等企业始终注重农业科技自

主创新,成立研发团队开展了一系列创新研究,获得了多项实用新型专利和研究成果。贵阳三联乳业有限公司更是自主创新利用"PE储液罐"作为纽带连接种植养殖,推广实施"桶贮存、定量用"的田间施肥新模式,实现了奶牛粪污的生态循环利用;同时,自主创新研发"富硒奶",利用开阳县土壤天然富硒的资源优势,通过合理调配奶牛日粮配方,促使"硒"元素在原料奶中的富集,目前原料奶中硒含量已稳定达到75微克/千克,达到了国家富硒食品的标准。这些企业的实践表明,加强农业科技自主创新是推动农业发展的重要途径之一。只有不断加强科技创新,才能提高农业生产效率和质量,促进农业可持续发展。

(二)培训农民助推产业标准化

贵阳农投集团作为国有企业,既承担着政府的公益性任务,又扮演着市场主体的角色,引领贵州省农业产业向高质量方向发展。为了实现这一目标,集团积极采取合理的产业组织方式,带动农民参与农村产业革命。结合全产业链发展的需求,贵阳农投集团建立了培训和技术服务平台。通过运用大数据技术,推动农业"精准化"培训和技术服务,集团组织开展了多环节、多种类的农民培训,旨在提升农村产业革命从业人员的技能水平,进一步推动农业产业的标准化发展。为了更好地帮助农民,贵阳农投集团经常邀请高校专家、经验丰富的"土专家、田秀才"等,深入基地实施现场教学、田间指导,传授经验。这种扶志又扶智的方式,使农民在掌握技术的同时,也增强了自身的发展信心和能力。

一是做好产业工人培训。贵阳农投集团所经营的乳业、设施养殖、设施种植、农产品物流等产业,都是劳动密集型产业,需要将大量的农民培养为产业工人。因此,集团聘用了150余人的农业专业技术人员,重点做好产业工人技能培训。同时,贵阳市扶贫开发投资有限公司也主动与种植行业培训机构对接,制定科学有效的培训计划,建立在岗培训学习考核机制,力求做到培训有实效,从真正意义上提升产业工人蔬菜生产技术水平。在印江县、清镇市等蔬菜基地,每天开工前半小时组织农民培训,开工时农业技术人员还专门进行田间指导,手把手培养产业工人。此外,贵州省红枫湖畜禽水产有限公司主要围绕生态渔业基地建设,贵阳农产品物流发展有限公司则重点加强物流园产业工人农产品分拣分级、包装、储藏、品牌建设等方面的培训,提升农产品标准化水平并提升农产品附加值。这些举措都是为了做好产业工人培训,提高他们的技能水平和生产效率。

二是加强农民技能培训。贵阳农投集团通过"公司＋合作社＋农户"的组织模式,在产业基地中实施统一的技术和标准,加强农民技能培训,确保产业的标准化。贵阳三联乳业有限公司每年都会围绕青贮玉米种植,组织开展青贮玉米标准化种植技术培训,从种子选择、种植时间、沼液施肥等方面进行全面而系统的培训,以规范种植,保障奶牛的"口粮"安全。贵阳农产品物流发展有限公司则围绕农产品物流的高标准要求,在农产品采摘、分拣、分级、储藏、包装等方面开展农民培训,先后在惠水县、碧江区、印江县等10余县区产地多次开展农民培训。

三是农产品经纪人培训。贵阳农投集团非常重视农产品经纪人培训,通过室内培训和现场指导等方式,为农产品经纪人提供全面的培训。在贵阳农产品物流园,入驻商户达2 100多户,其中有很多是农产品经纪人。农产品经纪人作为连接田间地头和销售市场的关键纽带,是促成农产品交易的重要媒介。在市场经济条件下,农产品经纪人队伍的发展和壮大有利于开展产销对接,促进农产品流通,推动农村一二三产业融合发展。加强农产品经纪人骨干队伍建设,是新形势下做好农业和农村工作的一个重要切入点。贵阳农投集团重视农产品经纪人队伍建设,有效地搭建起了贵州省分散的农产品基地与贵阳农产品物流园到消费者之间的桥梁,极大地推动了农村产业革命。

二、贵州好一多乳业股份有限公司科技创新案例分析

贵州好一多乳业股份有限公司(简称贵州好一多乳业)与贵州科学院达成了战略合作协议。双方决定在科研项目申报、乳制品研发、建设科普宣教基地、生物检测成果转化应用、高分子复杂结构增材制造(3D打印)技术转化应用等多个领域展开全面合作,共同搭建产学研用一体化平台,以推动企业实现高质量发展。

贵州好一多乳业是国家级农业产业化重点龙头企业,创建于2001年,专注于奶牛饲养、饲草种植加工、优质乳制品研发生产及销售。自成立以来,贵州好一多乳业始终以科技创新为动力,将高端鲜奶作为主打产品,为贵州乳业开辟了"高端"之路。2010年,贵州好一多乳业从新西兰引进了4 000头纯种的荷斯坦奶牛,改善了贵州优质奶源短缺的问题,开创了全产业链发展的新模式。近年来,随着市场消费升级,消费者对优质乳制品的需求增加。贵州好一多乳业不断推动产品创新和销售渠道创新,推出了一系列备受消费者喜爱的"网红"产品。同时,面对疫情

的冲击，贵州好一多乳业及时上线"新鲜订"平台，提供服务创新，实现"扫码订鲜奶，每天送到家"，让消费者足不出户就能享受到优质鲜奶。此外，贵州好一多乳业还利用大数据技术，建立了大数据一体化平台，打通了消费、营销、生产、配送和牧场等各端口的数据孤岛，为企业提供了更智能的决策支持，使企业综合成本下降5%，销量增长20%以上。2021年，贵州好一多乳业销售额达到3.5亿元，实现利税9 000万元，带动就业5 000多人。因在数智化转型方面的显著成效，被贵州省大数据局评为贵州"万企融合"省级标杆。接下来，贵州好一多乳业股份有限公司与贵州科学院将通过资源共享、优势互补、合作共赢等方式，深入推进企院合作落地落实。接下来，双方将通过资源共享、优势互补、合作共赢等方式，深入推进企院合作落地落实，充分发挥企业是科技创新的主体和科学技术是第一生产力作用，努力提高区域科技创新的能力和水平，在围绕"四新"主攻"四化"的奋斗历程中、在科技助力贵州经济社会高质量发展的苦干实干中做出贡献，双方将全力推进"科产"融合事业的发展，为提升区域科技产业化协同创新水平，促进高质量发展发挥科技支撑作用。

三、贵阳农投集团科技创新存在问题[①]

（一）科技支撑能力不强

与其他农业企业类似，贵阳农投集团早期的主要焦点是农业生产经营活动，对科技研发的投入相对较少。由于缺乏拥有研发能力的技术团队、专业技术人员、专利技术或重大技术成果，以及尚未建立科技成果和技术的转化平台，技术引进和推广不足，导致集团在科技研发方面存在一定的短板。

（二）设施装备水平较低

标准化基地建设存在不足，其田间道路、灌排沟渠等基础设施条件较差，而与之相适应的山地农业机械等生产设施也相对匮乏，这限制了农业的规模化、集约化发展。此外，农产品加工设施设备配套不足，加工生产线落后，加工能力有限，导致农产品损耗大，商品化率低。在冷链物流方面，畜禽、生鲜水果、蔬菜的冷链物

---

① 姚远.贵阳农投集团数字化转型策略研究［D］.贵州大学，2021. DOI:10.27047/d.cnki.ggudu.2021.002638.

流设施缺乏，导致产品储存期短、受损率高，对农产品质量产生了较大影响。同时，智能化、自动化装备水平不高，市场信息滞后，生产效率低下。在信息化、智能化办公和管理方面，缺乏相应的系统，导致公司内部信息化程度较低，信息获取渠道不畅，增加了各部门间的沟通成本。

（三）后备人力资源不足

农投集团旗下公司曾多次改变隶属关系，因此，存在许多历史遗留问题。在行政化管理体制下，员工思想保守，知识结构陈旧，人员结构老龄化，缺乏发展动力。

第八章

农业科技创新发展趋势[1]

---
[1] 陈剑平，万忠，刘艳，等.农业科技创新驱动发展战略研究[M].北京：科学出版社，2021.

农业科技的历史与现状

第八章 农业科技创新发展趋势

第一节 大力发展绿色农业

从 1978 年开始，中国农村经济体制改革为我国农业发展带来了新的机遇，同时，也带来了一些新的问题与挑战。其中，农业资源短缺是我国面临的一个重要挑战。我国的耕地数量逼近 18 亿亩的红线，农业生产每年缺水约 300 亿立方米，优质牧草的缺口更是达到了惊人的 4 亿吨。与此同时，农业环境污染问题也日益突出。每年我们使用的地膜回收率不足 60%，畜禽粪污的有效处理率仅为 42%，过量使用化肥导致地下水硝酸盐超标等问题依然存在。另一方面，农产品质量安全问题也日益突出，各类食品安全事件频频发生，如红心蛋、瘦肉精、镉大米、毒奶粉等，这些都严重影响到食品安全和人们的健康，同时，也提出了更高标准的农产品和食品质量安全要求。面对这些问题，需要树立农业绿色发展观，这是未来科技创新的必然趋势。大力支持以绿色农业为导向的科技研发和推广，通过组织实施重大科技项目和重大工程，加强全类创新主体协同攻关，吸引更多的社会资本、资源参与农业绿色发展的科技创新。要在制约农业绿色发展的关键环节取得突破性成果，加快集成组装绿色生产技术模式，加大示范推广力度。此外，还需要加强资源环境保护领域的农业科技人才队伍建设，为农业绿色发展提供坚实的人才保障。这不仅需要不断引进和培养高素质的农业科技人才，还需要建立完善的农业科技人才培养和激励机制，吸引更多的人才投身到农业绿色发展的工作中来。总的来说，面对新的问题和挑战，需要不断创新和努力，积极推动农业绿色发展，为我国农业的可持续发展和保护人民群众身体健康提供坚实的保障。

第二节 加速发展数字农业

人工智能、物联网、区块链等尖端科技正在为农业产业注入新的活力。数字技术正迅速融入并改变着农业农村的面貌。传感器、无人机、机器人等新技术在农业生产中的应用越来越广泛，开启了农业科技的崭新篇章。预计到 2025 年，数字农业和智慧农业中广泛应用的传感器产业市场总值将达到惊人的182亿美元。这些技术的普及将推动农业领域全方位、全角度、全链条数字化改造，提升全要素生产率，进一步释放数字技术在农村经济社会发展中的巨大潜力，为农村经济社会的高质量发展注入新的活力。在众多新技术中，区块链技术在推动农业供应链变革中扮演着重要角色。越来越多的科技公司正利用区块链技术解决农业供应链中的透明度、可追溯性、可验证性和监管等关键问题，为农业产业可持续发展提供有力支持。

第三节 注重提高农业质量和效益的集约经营

未来农业发展的核心任务将是转变发展模式，摒弃以往依赖资源消耗、农资投入和生态环境的粗放经营方式，向注重提高农业质量和效益的集约经营转变。关注农业的高价值、多功能性，提升农业的增值能力和减缓农业衰退趋势。为实现这一目标，需要确保农业生产与资源环境承载能力相匹配，走一条产出高效、产品安全、资源节约、环境友好的可持续发展道路。科技支持是推动农业生产生态可持续发展的关键。因此，大力推进生态治理与循环农业的科普工作，将对循环农业的蓬勃发展起到推动作用。鼓励基层政府和为"三农"服务组织成立生态循环农业指导机构，建立涉及农业的跨专业、跨学科、跨部门的科技专家智库。依托正在实施或已立项目的乡村振兴战略，组织科技专家深入农村，针对农村可持续发展和农业循环经济进行深入研究，集合跨界的生态循环技术和人才队伍，为农业循环经济提供服务，为农村可持续发展保驾护航。

第四节 把握农业产业链转型升级方向

根据大农业的观点，食品生产和安全、纤维生产、农村就业、乡村旅游与文化传承等构成了一个相互关联的农业产业链。需要重视的是作物生产与畜牧养殖对生物多样性和农业景观的影响，农业生产中使用的矿物肥料、农药、饲料、抗生素和激素等投入品对水质和生物多样性的影响，轮作和耕作方式对土壤质量的影响，以及粮食生产在全球食物安全中的作用。从食物到地区及全球系统，从废弃物到营养及能源，农业投入的购买与销售之间相互延伸。为了满足农业产业链转型升级的需要，需要加强农村信息化基础设施建设与人才培养，加速构建新型农村生产经营体系，完善农业互联网企业扶持政策，推动国家级农业大数据中心建设，持续推进农村一二三产业融合发展。通过构建农业产业链多主体共同参与的新型农业链协同模式，可以深化农业供给侧结构性改革，推动农业科技创新发展。

第五节 创新农业管理体制机制

我国农业现代化已步入新的发展阶段，需要加快转变发展方式，更加依靠科技实现创新驱动和内生增长。为此，需要加强顶层设计，合理配置农业科技资源，优化体制环境，创新运行机制，以建立运转高效的新型农业科技体系。具体而言，需要统筹科技资源，改革完善农业科技管理方式，建立目标明确和绩效导向的管理制度，形成职责规范、科学高效的组织管理机制。同时，还需要系统梳理产业需求，分析现代农业技术关键问题，分类设计农业科技项目，围绕重大任务推动农业科技创新。在项目管理方面，要坚持公开透明，加强项目实施过程的信息公开，主动接受社会监督。此外，还要充分发挥专家和专业机构在农业科技计划（专项、基金等）项目管理中的作用，加强对专业机构的监督、评价和动态调研，确保其按照委托协议的要求和相关制度的规定进行项目管理工作。

第六节 赋予创新主体更充分科研自主权

为了应对农业的高度多样化需求，需要探索一种科学组织模式，将多学科系统化技术进行集成创新。这种模式将确保交叉学科能够协同合作，有效地延长农产品价值链，使农业生产更加稳定和可预测。保障创新主体的科技研发自主权，是未来农业科技创新的重要趋势。在现代化农业科技创新体系的建设过程中，政府应发挥主导作用，调整创新发展战略和规划，完善创新法律和政策体系，构建公平竞争、创新友好的市场环境。科技体制改革的落地见效，最终将体现在科技界的积极性和创造力上。应该建立充分尊重和信任科研机构、科研人员的管理机制，切实保障创新主体的科技研发自主权。同时，需要改革和创新科研经费使用与管理方式，让经费为人的创造性活动服务，而不是让人的创造性活动为经费服务。

第七节 创新农业技术推广模式

对基层农技推广体系进行改革和建设，以更好地服务于农业的发展。依法完善乡镇国家农技推广机构的设置，明确其公益性职责，理顺管理体制，实现管人与管事的有机统一，以充分发挥县乡服务机构的整体功能。按照因事设岗、以岗管人、优化组合的原则，设置国家农技推广机构岗位，实现农技人员由身份管理向岗位管理转变。同时，完善农技推广责任制度，创新农技推广方式，探索国家农技推广机构服务新型经营主体的新机制。为了提高农技推广服务的质量和效果，政府鼓励社会力量参与农技推广服务。采取支持农业科研院所和涉农高校承担农业技术推广项目、建立农业科技园和农业示范基地、建设新农村发展研究院等多种措施，引导其成为农业技术推广的重要力量。同时，积极推行推广型教授、推广型研究员制度，鼓励科研、教学人员深入基层开展技术服务。通过上述改革和建设措施的实施，基层农技推广体系将得到进一步完善和优化，为农业的发展提供更加高效、专业的技术支持和服务。这将有助于推动农业现代化发展进程，促进农村经济的持续增长和农民收入的稳步提高。

第八节 提升小农户组织化程度

为了克服小农生产的弱点并提升农业组织化程度，需要采取以下措施。

一是推动小农户参与。在制定地方农业发展规划时，需要充分考虑小农户的利益，让他们成为农业发展的重要组成部分。同时，需要制定相应的政策，引导和支持小农户参与农业组织化进程。

二是尊重小农户的自主权。在推进土地集约化的过程中，需要充分尊重小农户的自主权，避免损害他们的利益。为此，需要制定相应的政策和措施，保障小农户的权益和利益。

三是深化不同层次多种组织合作。根据地方资源条件、生产品种、发展水平等因素，需要因地制宜地开展多种形式的合作，以促进农业生产组织现代化。例如，可以开展农民专业合作社、农业企业、家庭农场等形式的合作。

四是处理好小农户与其他主体的利益关系。为了保障小农户的知情权和参与权，提高他们在合作中的地位，需要强化政府监督，落实分配机制。同时，还需要促进农机等社会化服务的发展，拓展产品市场，以技术和区域优势提升产品质量和竞争力。

五是发展食品加工业。通过发展食品加工业，可以提升农产品的附加值，增加小农户的收入。同时，还可以通过不断创新和投资，为小农户生产保驾护航。

总之，通过以上措施的实施，可以有效提升农业组织化程度，克服小农生产的弱点，促进农业现代化发展。

第九章

发展思路

第一节 指导思想

高举中国特色社会主义伟大旗帜，以习近平新时代中国特色社会主义思想为指导，全面贯彻落实党的二十大等会议精神，立足新发展阶段、贯彻新发展理念、融入新发展格局，围绕"四新"主攻"四化"，以科技创新支撑贵州农业现代化发展为研究主线，强化科技创新在贵州脱贫攻坚与乡村振兴有效衔接中的关键和中坚作用，强化加快建设特色科技强省思考，积极探索科技创新引领支撑贵州农业现代化的路径，科学合理提出政策建议参考。

第二节 主攻方向

围绕中共贵州省委、贵州省人民政府《关于印发〈贵州省科技创新实施纲要（2021—2035）〉的通知》精神，提出贵州省农业科技创新实施重大战略项目，解决影响贵州农业发展全局和体现重大需求的关键技术瓶颈，形成国内乃至国际领先优势。

一、加强良种良法创新

构建种质资源库，打造专业化、智能化、数据驱动的资源鉴定评价与基因发掘平台，以推动贵州省农业种质资源的全面整合。深入开展育种基础研究，并积极开展种质资源的全面普查、系统调查与抢救性收集，确保表型与基因型精准鉴定评价的全面实施。同时，致力于选育满足不同需求的专用品种，以提高良种的自给率。此外，建立一套地方标准体系，以覆盖绿色有机农产品生产周期，并编制符合良好农业规范（GAP）技术规程。

二、充分利用分布式农业

利用分布式制造的理念，根据地形（坝区坡地、林地、梯田）、气候（高寒、冷凉、低热河谷、热区等温度、湿度、光照条件）以及品种（种植、养殖）三个关键要素进行分类。通过信息化系统，集中管理并分散控制生产过程，实现不同地区的协同种植（养殖）和同步上市。将原本分散的农业生产转变为规模化的生产模式，提高农业生产的效率和效益。

三、大力发展农业机械化智能化

针对不同地形，深入研究"宜机化"改造技术，力争在2025年使主要农作物的耕种收综合机械化率达到55%。按照机械化、自动化、信息化、智能化的技术发展阶段，逐步推进少人化、无人化的"智慧农场"示范项目。同时，将研发新型传感器和小型化、智能化、多功能、组合式的农业机械，开展作物表型分析、局部小气候气象预报等精准农业技术攻关与集成示范，以提升农业生产效率和经济效益。

四、推进农产品精深加工

大力推进新型非热加工、新型杀菌、高效分离、节能干燥、清洁生产等技术和装备的研发工作。以果品、蔬菜、茶叶、辣椒、菌类、中药材和优质粮油作物为核心，研发更多具有特色的食品和精细化工产品，并在植物萃取领域建立一些技术创新中心，通过共享模式提供天然产物提取技术开发和加工服务，以进一步推动特色食品、生物医药和现代化工产业的快速发展。

五、开展智慧农业

专注于研发专用的农业生产传感器，并推出满足农民日常生活和生产需求的信息化产品。同时，大力推广智慧种植和养殖技术，开展相关的应用示范。通过研发农业生产环境的自动监测技术和生产过程的智能管理技术，致力于实现全程监测和溯源，从而为农业生产提供更加可靠的技术支持。

第三节 实施路径

一、大力推进重点领域科技创新，提升产业科技支撑能力

围绕提升质量效益和竞争力，实施科技赋能强农工程，完善山地特色农业科技创新体系，依托创新链延伸产业链、提升价值链、贯通供应链，走出一条依靠科技进步实现山地特色农业现代化的内涵式发展新路。

（一）推进重大科技创新平台建设

申建国家农业高新技术产业示范区，推动国家农业科技园区扩容提质，优化省级农业科技园区，打造具有影响力的现代山地特色高效农业创新高地。建立贵州山地特色和优势作物病虫害防控研究平台，健全动物防疫和农作物病虫害防治体系，深入实施动植物保护能力提升工程。实施特色农产品精深加工和植物功效成分提取等重大科技项目，加快生物技术集成转化和产业化应用。

（二）完善山地特色农业协同创新体系

继续实施省级农业科技创新产业技术体系项目，打造山地特色农业产业技术体系升级版。围绕山地特色农业育种制种、产品精深加工、冷藏保鲜、山地机械研发、农业数字化等重点领域，支持科研院所联合产业化龙头企业，合作共建重点实验室、技术创新中心、农（林）业科技实验示范基地，开展提质增效技术研发与应用，建立系列化、标准化、高质量的特色产业技术成果包。加大农业科技型企业扶持力度，大力培育涉农高新技术企业。支持有条件的企业自主建立高水平研发机构，或与农业科研院所、高等院校联合组建高水平研发机构。

（三）健全山地特色农业科技创新机制

推进农业科技计划（项目）管理改革，系统梳理农业特色优势产业发展需求，围绕重大任务推动农业科技创新。支持高校、科研院所围绕农业科技前沿方向，加强多学科交叉融合和多技术领域集成创新，重点开展产业关键技术研究与应用示

范，突出科技成果转移转化。完善高校和科研院所农业科技服务考核机制，将服务"三农"和科技成果转移转化成效作为学科评估、人才评价等各类评估评价和项目资助的重要依据。鼓励高校和科研院所开展乡村振兴智力服务。支持高校和科研院所在农业科技示范园区建设科技成果转化和服务基地。支持企业牵头搭建跨高校、科研院所和地区的资源整合与共享平台。

二、加强农业种质资源创新，提升农业供种安全和品种品质

实施现代种业提升工程，健全种业科技创新链条，打好种业翻身仗，提高自育品种占有率，保障山地特色农业供种安全和品种质量。

（一）加强种质资源保护利用

开展贵州省农业种质资源的全面普查、系统调查与抢救性收集，尽快摸清种质资源家底，完成第三次农作物普查与收集、畜禽种质资源普查及系统调查工作，完成第一次水产养殖种质资源普查工作，加大珍稀、濒危、特有资源与特色地方品种收集力度，重点开展关岭猪、贵州白水牛等濒危农业种质资源抢救性保护和收集保存，实现应收尽收，应保尽保，确保种质资源不丧失；建立省级统筹、分工协作的农业种质资源鉴定评价体系，分类组建种质资源鉴定评价专家委员会，制定相应的种质资源鉴定评价标准，对优异种质资源重要性状表型与基因型进行精准鉴定评价。构建分子指纹图谱库和资源表型数据库，加强高通量鉴定等先进技术应用，深度发掘有育种利用价值、品质性状优异的标记基因和等位基因；统筹建设一批农作物种质资源库（圃）和畜禽、水产种质资源保种场（区）和地方特色种质资源原生境保护区，加快补齐资源保存短板，提升种质资源的保存与共享能力。

（二）强化特色农业种质资源创新

制定特色品种中长期育种计划，强化育种技术、优良基因挖掘、育种材料创新等基础性研究，开展核心技术联合攻关，新选育一批高产、优质、高效的农作物和畜禽新品种。大力推动"换种工程"，加强种子（苗）生产轻简化、机械化、工厂化以及加工贮藏、质量检测、高产高效栽培、病虫害防控、品质测试等相关技术研究。推进南繁科研育种基地、农作物种苗育种创新中心等种业科技研究平台建设，培育

一批以特色地方品种开发为主的专精特种业企业,促进"育繁推"一体化发展。

(三)提升山地特色农业良种保供能力

继续推进大方天麻、湄潭茶叶、从江香猪、兴义矮脚鸡、长顺绿壳蛋鸡等国家级良种繁育基地建设和管理,聚焦重点特色品种,加大新(扩)建良种繁育基地建设。加快推进集约化商品苗繁育基地建设,建设一批标准化、集约化、现代化的育苗工厂。加快新优品种展示推广基地建设,建成一批新品种展示基地。推进生产主体"看禾选种",促进"农企对接"。推进种子市场观测点建设,加强种子供需信息的定点监测、定期采集、应急监测与信息发布,确保种子供种安全。

三、夯实农业现代化的技术体系,提升农业科技水平

面向农业现代化总要求,针对喀斯特地貌地形和立体气候条件,围绕提高农业资源利用率、土地产出率、劳动生产率,构建支撑现代山地特色高效农业发展的技术体系,提升农业科技水平,支撑引领农业现代化。

(一)夯实良种良法技术体系

围绕山地特色高效农业发展需求,加强良种良法创新与应用,推动农业产业由传统粗放型向现代集约型转变。

1. 种植养殖技术方面

重点加强绿色高产高效优质栽培技术,肥药减施增效绿色栽培技术,光热水肥高效利用与精确定量栽培技术,山地宜机化栽培技术,仿野生栽培技术,基于机器识别的作物表型分析技术;生态养殖技术,"稻+"种养技术,林下种植养殖技术,标准养殖配套技术,种畜场智能精准监控技术;珠江水系鱼类仿野生养殖技术,海产品陆基养殖技术,大水面生态渔业关键共性技术;特色饲草料开发利用技术,精准营养供给与饲料高效利用技术,菌类作物栽培质量检测关键技术等;局部小气候气象预报等精准农业技术;旱作节水农业与中低产田地力提升技术,高效智能复合肥、专用肥料研制与绿色科学施肥技术,智能化高效复合肥创制技术;草山草坡合理开发利用技术,符合良好农业规范(GAP)要求的技术规程和地方标准体系构建等技术的创新。

2. 病虫害防治及疫病防控技术方面

重点加强新发突发重大动物疫病和植物病虫害防治技术，重大病虫、草、鼠害成灾规律及监测预警、绿色防控技术；近野生栽培无公害病害防治技术；火红蚁、草地贪夜蛾等外来有害生物入侵机制和防控技术；重要动物疫病快速检测技术，畜禽、水产疫病流行规律及防控技术，养殖场病原混合感染防控与精准治疗技术；动物疫苗和天然药物制剂创制技术，新型生物农药、绿色农药高分子设计与创制技术；高效低风险化学农药减施增效和高效施药技术等技术的创新。

3. 农业生态安全与资源再利用方面

重点加强种植、养殖业及加工废弃物和有害副产物减量化、再利用、再循环关键技术；历史遗留重金属高风险区农产品安全生产关键技术，集约化种植耕地保育技术，退化草地修复与改良技术，健康土壤培育技术，草地质量与土壤健康维持与提升技术，地力提升及水土流失阻控技术，可持续的耕地重金属污染防控与修复等技术，农业面源污染检测、监测、阻控与修复技术，农田系统典型有机污染物残留削减与阻控修复技术，定时降解农膜及菌棒制备技术；动物无抗生产及中草药添加剂替代抗生素安全生产关键技术，粪污处理及资源化利用技术，病死动物无害化处理关键技术；湖库生态养殖环境评价体系；农作物秸秆、畜禽粪污、林业废弃物、农产品加工副产物等资源化利用技术，废菌棒、药渣资源化综合利用新技术等技术的创新。

（二）夯实农业机械化智能化技术体系

围绕现代山地特色高效农业薄弱环节和机械化智能化技术创新需求，按机械化、自动化、信息化、智能化技术台阶，重点开展制约农业机械化、智能化发展的关键技术攻关与应用示范，支撑现代山地特色高效农业向机械化、智能化转型发展。

1. 农业机械化方面

重点加强针对不同地形及土壤"宜机化"改造技术及标准，种子（苗）智能生产机械研制，山地轻简宜机栽培采收技术，山地高效智能作业、工厂化农业机器人智能作业装备，新型传感器和小型智能化、多功能、组合式农业机械；特色作物精密播种、自动整形修剪、高效精准除杂、精准对靶喷施肥药、果实自动套袋、智能采收、田间分级等智能化装备研制与应用等技术的创新。

2. 农业智能化方面

重点加强种质资源数字化管理及动态监测关键技术，耕地资源数字化与农作物精准施肥技术，农业天空地一体化数据采集与监测关键技术，农产品贮运设施智能化关键技术；作物生长动态监测、产量预估等智能化技术，农业生产环境自动监测、生产过程智能管理技术，智慧种植养殖过程智能化协同管控、智能化作业、数字化物流管理关键技术，农业环境信息、动植物生命信息与品质信息、农机工况信息的实时感知和解析技术，农药残留、抗生素残留和重金属等信息快速实时高通量感知与诊断技术；畜禽养殖自动化控制与数字化管理技术，湖区库区鱼群定位跟踪技术；农业4.0技术台阶少人/无人化"智慧农场"集成技术与应用等技术的创新。

（三）夯实农产品精深加工技术体系

围绕农产品加工产后损失严重、综合利用率低、风味与营养成分损失严重等技术难题和特色食品提质增效及转型升级需求，重点开展精深加工技术及装备研发与应用，提高特色农产品质量效益和竞争力。

1. 农产品精深加工方面

重点加强功能性成分高效提取与纯化关键技术，生物工程、超临界萃取等技术，新型非热加工、杀菌、高效分离、节能干燥、清洁生产等技术，果实采后生理与品质调控、农产品产后储藏物流过程品质调控技术，智能保鲜物流关键技术，活性包装材料和无水保活物流技术，保鲜剂精准控释纳米材料及保鲜剂减量增效技术；茶叶自动化拼配和受控发酵技术；农产品制备工艺和包装贮藏及质量控制技术，生鲜农产品产后保质减损和精准气调保鲜关键技术，农产品加工工艺优化，农产品产后储藏物流过程品质调控技术；果品、蔬菜、茶叶、辣椒、菌类、中药材和优质粮油作物的精细化产品研发，水果复合饮料研发，以植物为原料的绿色印染新技术、新产品研发等技术的创新。

2. 生态特色食品精深加工方面

重点加强生态特色食品产业链关键技术，生态特色食品加工智能制造技术，生态特色食品加工过程品质重构技术，水产品加工关键技术；特色调味品开发技术，油制辣椒调味品自动化关键技术，发酵辣椒制品的工业化加工技术；传统酸汤功能微生物发掘、驯化和优化酸汤菌株的产酸和产香技术，酸汤智能生产成套设备研发，酸汤饮料等高附加值产品研发；黔菜便携式创新技术，生态黔菜系列标准制定研究，传统黔式肉制品特色精深加工技术；食用菌功能性食品开发关键共性技术；生态特色食品安全无害物甄别、风险评估技术，生态特色食品安全有害物高通量精准检测技术及产品创制等技术的创新。

(四)强化科技成果推广应用,提升科技成果转化水平

健全山地特色农业科技成果转移转化体系,强化科技成果转化激励,打通科研向产业转换"最后一公里",推动科技成果落实到产业发展中并转化为现实生产力。

1. 健全山地特色农业技术推广服务体系

明确公益性职责,理顺管理体制,建立健全以公益性服务机构为主体、多种成分共同参与、相互补充的现代农技服务体系。强化基层农技队伍建设,加快解决"网破、线断、人散"问题,确保农技人员归队归位、专职专用。积极引导和支持龙头企业、农民合作社、专业服务组织等开展农业技术推广服务。深化基层农技推广体系改革,实施科技特派员制度,加强农技推广补助项目绩效管理,实现全程全覆盖。

2. 创新山地特色农业技术推广模式

围绕农业优势重点产业,实行一个产业一个核心技术团队、一条科学发展路子、一套技术支撑方案,实现每个坝区和合作社技术团队全覆盖。构建"专家+农技人员+示范基地+示范主体+辐射带动户"的链式推广服务模式,推动科技人员直接到户、良种良法直接到田,提高山地特色农业主推技术到位率。加快农技推广服务信息化步伐,全力推进农技推广在线服务,引导农技人员、专家教授等通过移动互联网工具、12316"三农"服务热线、12345政府服务热线等在线开展问题解答、咨询指导、互动交流、技术普及等服务。

3. 加强山地特色农业科技示范

推进国家农业科技示范展示基地(水城、播州、黄平)建设,打造贵州省山地特色农业科技成果转化先行区域和优质品种、绿色技术展示窗口。依托全省各类农业科技创新平台,建设山地特色农业科技成果转移转化示范基地,开展农技指导和培训服务。按照"选好一个、带动一片、致富一方"的原则,以示范效果好、辐射带动强的新型经营主体带头人、种养大户、乡土专家等为重点,精准培育一批农业科技示范主体。

(五)加大农业科技人才培育,提升农业人才团队建设水平

围绕粮油安全、重要农产品供给和农业现代化的目标,以产业为主线,建设

"农业科研＋推广示范＋技术应用"为一体的农业人才团队，支撑农业科技创新、成果转化，助推农业高质量发展。

1. 加大农业科研团队建设

以省级现代农业产业技术体系为核心，强化与省内外农业科研团队的密切合作，围绕重点发展产业，每个产业聚集一支集新品种选育、产业关键技术攻关、全产业链农业绿色高效生产技术研发与集成的农业科研团队。

2. 加大农业推广示范团队建设

在全省农业县全面建立以县级农业技术推广机构为主体的农业技术推广团队，上联农业科研单位，下接农业生产经营主体，开展农业主推技术应用、绿色高效生产技术示范推广、农业新品种新技术试验示范。

3. 加大农业技术应用人才建设

以涉农企业、农民专业合作社、农业科技示范主体和高素质农民为主体，建设农业技术应用人才队伍，开展全程农业绿色高效种养技术应用示范。

（六）加快高素质农民教育培训，提升农业技术应用能力

依托实施农业农村部农民教育培训项目，促进农民教育培训提质增效，培育一支有文化、懂技术、善经营、会管理的综合性复合型高素质农民队伍。积极争取中央财政资金的支持，确保培育的高素质农民，覆盖所有农业重点发展产业，覆盖所有农业产业发展重点乡镇。围绕粮油和农业特色优势产业发展实际需求，分类分层开展培训，加强跟踪指导服务。建立"省级共享师资库"，建设农民教育示范基地，重点建设教育培训试点县、公益农民教育培训机构、农民田间学校和实训基地，建设核心学员库。规范示范基地组织管理，建设满足现场教学、实习实训所需的师资队伍，完善培训、实习、实训、跟踪服务、考核、评价制度。

（七）加快推进开放协同创新，提升科技创新综合能力

继续推进区域协同创新。通过"东部企业＋贵州资源""东部市场＋贵州产品""东部总部＋贵州基地"的模式，打出山海协作"组合拳"，让生长在黔山贵水间的优质农特产品走出大山。继续实施农业重点项目"揭榜挂帅"，构建贵州农业科技开放式创新体系，弥补自身科技资源短板。

第十章

政策建议

第一节 管理政策建议

一、探索优化农业科技管理机制

（一）加强农业科技发展规划顶层设计

完善农业科技进步治理体系，统筹制定贵州省农业科技发展规划，整合省科技厅、农业农村厅等农业科技资源，建立形成集农业科技创新体系、现代农业产业技术体系、基层农技推广体系和农业农村人才队伍培育体系于一体的规划体系。优化农业科技规划体系和运行机制，加强规划与计划、项目的协同，推动粮食安全和重点领域项目、平台、人才、资金一体化高效配置。

（二）改革农业科技计划管理

完善稳定支持和竞争性支持相协调的农业科技投入机制，在粮油安全、种质资源收集保护与创新利用等重要领域和基础性研究领域，建立财政稳定增长的农业科技投入机制；在应用研究领域，继续优化建立揭榜挂帅、竞争性立项、企业科技投入等多元化农业科技投入机制。

（三）科学配置农业科技创新资源

通过高效合理配置创新资源，深入推进协同创新和开放创新，面向乡村振兴主战场，聚焦乡村产业发展、生态宜居和人才培养等重点需求，打通从科技强到产业强、经济强、人才强的通道，加速先进适用农业科技成果的转化推广，为实现乡村全面振兴提供强有力的科技支撑和决策支撑。

（四）构建以知识价值为导向的分配机制

在分配机制上突破全省一些条条框框，凡是其他省份能给的政策和补贴报酬都要给，以充分调动农业科技创新积极性主动性。

（五）创新农业科研事业单位管理机制

推进职称评聘分开，鼓励超职数聘用专业技术人才，探索鼓励用非税收入和成果转化收入单位统筹部分等收入解决超职数聘用人员的待遇问题，稳定农业科研人才队伍，激发创新活力；加强农业科研人员任期内考核评价制度，破解"大锅饭"问题。支持农业科研事业单位管理人员参照公务员实行职务与职级并行，突破管理人员晋升出口少、待遇低等问题，打造一支忠诚干净担当的高素质专业化管理人员队伍，服务好农业科技创新和成果转化等中心工作。

二、积极探索省级农科院市州分院机制

探索推进省市两级农科院（所）一体化发展全面走向深入，依托各市州农业科学院（所），建立贵州省农业科学院各市州分院，形成创新与应用共同体，从战略规划、学科建设、科技指导、项目建设、人才培训、科技合作、成果转化、决策咨询等全方位融合发展。通过共建分院，以各市州农业产业技术需求为切入点，共建平台、下沉人才、协同创新、全链服务，借助贵州省农业科学院领先的科技水平、雄厚的专家队伍，在农业科技创新、现代种业发展、现代农业产业园区建设、科研人才培育等领域密切开展合作，让科技助力现代农业释放出更大动能，推动科技服务乡村振兴迈上新台阶，全面深化省市两级农科院（所）一体化发展。

三、探索组建省级农业科技创新中心

探索成立省级农业科技创新中心和产业分中心，力争将贵州省农业科技创新中心建成国家农业科技喀斯特区域创新中心，统筹全省农业科技资源，组建全产业链科技创新团队，实行首席科学家负责制或全产业链链长负责制，形成科教融合、产学研结合的农业科技创新机制。有效推进省级农科院和高校协同发展、省市两级农科院（所）一体化发展，保障和激发科技创新活力。

第二节 资金政策建议

一、加大中央财政对贵州农业科技创新体系建设的支持力度

充分考虑贵州省农业科技资源底子薄弱、发展起点较低，与贵州山地特色高效农业高质量发展要求还有较大差距的现实状况，有效发挥中央财政在科技资源布局上的均衡导向作用，加大贵州农业科研机构研发资源投入和基础设施建设，提升贵州省农业科技自主创新能力。支持贵州省农业创新平台建设，继续大力支持贵州省建立与农业产业密切相关的国家技术创新中心、国家重点实验室、国家工程技术研究中心等。

二、通过农业科技创新联盟多种渠道争取科研经费支持

积极通过各种渠道，争取资金支持，鼓励联盟各成员单位整合各类涉农项目资金，撬动更大资源；积极争取龙头企业、专业合作社等社会资金联合研发，扩大贵州省农业科技创新联盟资金池。

第三节 科技政策建议

重点资助一批农业科技攻关项目，在种质资源鉴定评价与创新利用、高标准农田建设、轻简化和精品化种养殖、山地农业机械化、农产品精深加工、智慧农业领域取得实质性突破。贵州农业科技创新，重点是聚焦种子和耕地"两个要害"，农机装备"一个支撑"，着力解决关键核心技术卡点及产业绿色发展升级痛点。粮油、蔬菜等大宗农产品，重点攻克轻简化栽培技术；食用菌、中药材等特色农产品，重点攻克精品化栽培技术。

一、继续强化对贵州省特色种质资源收集保护与创新利用的科技支持

一是支持香禾糯、酱香酒用高粱、薏仁米、苦荞、芸豆、魔芋、中药材等特色地方农作物种质资源研究平台建设。目前，贵州省农业科学院、省内各市州农科院、贵州大学等科研院所和高校都收集保存有一定数量的种质资源，其创新利用研究取得一定成果，但种质资源合作交流少、保护研究不足、保护技术落后、创新利用不够，建议加大优秀省部级重点实验室和工程中心建设经费投入，巩固扩大在黔国家重点实验室和工程中心数量及质量，为科技创新创造条件。

二是增强对贵州省地方特色畜禽资源的保护力度。贵州省在地方特色畜禽资源保护利用方面还存在较大短板及困难，有相当部分的保护区难以有效维持，保种场资金匮乏、规模过小，不能开展系统的保种选育扩繁，不能有效实施保种，建议增选贵州省国家级畜禽遗传资源保护品种数量，加大对贵州省国家级畜禽遗传资源保种场和基因库的支持力度。

三是加强对特色种质资源基础研究与应用基础研究的支持力度，建议重点对特色种质资源鉴定评价、基因发掘等技术，品种鉴定及指纹图谱构建，种质资源活力与遗传完整性监测技术等方面的基础研究与应用基础研究活动进行项目支持。

二、强化耕地保护与质量提升科技支持

加大资助完善高标准农田建设标准体系研究力度，大力推广高标准农田建设先进技术及产品，重点攻关山区耕地宜机化改造技术、秸秆快速腐熟固碳减排技术、耕地安全利用与农产品重金属控制技术等。

三、加大提升贵州省农产品加工技术研发体系及建设水平科技支持

一是通过国家重大研发计划等形式推动贵州省地方特色食品加工迈入现代化加工技术体系，重点支持贵州省特色调味品开发技术，油制辣椒调味品自动化关键技术，发酵辣椒制品的工业化加工技术；传统酸汤功能微生物发掘、驯化和优化酸汤菌株的产酸和产香技术，酸汤智能生产成套设备研发，酸汤饮料等高附加值产品研

发；黔菜便携式创新技术，生态黔菜系列标准制定研究，传统黔式肉制品特色精深加工技术；食用菌功能性食品开发关键共性技术；生态特色食品安全无害物甄别、风险评估技术，生态特色食品安全有害物高通量精准检测技术及产品创制。

二是加快农产品精深加工共性关键技术研发，提高重要农产品市场化、标准化、规模化、品牌化水平，重点支持农产品冷链物流、保鲜和质量追溯体系，茶叶自动化拼配和受控发酵技术，绿色印染等新技术、新产品的研发与示范。

三是支持贵州省农产品质量安全技术创新平台创建。

第四节 成果推广和转化政策建议

一、持续加强对农业科技服务能力建设的支持力度

一是加强基层农技推广体系建设。完善以农技推广机构为主体，市场化服务力量为重要补充，高等院校、科研院所等广泛参与、分工协作、充满活力的农技推广体系。加强公益性农技推广队伍和服务能力建设，探索基层农技人员回归主责主业的机制，将农业主推技术到位率、农业科技示范主体培育等纳入基层农技推广机构绩效考评，实施好基层农技推广体系改革与建设补助项目，培育一批农技推广骨干人才。

二是发展壮大专业化社会化科技服务组织。培育一批机耕、机防、机收等专业化社会化科技服务组织。全面实施农业重大技术协同推广计划，购买专业化社会化科技服务组织服务。

二、不断加强对农业科技成果试验示范的支持力度

建设一批国家现代农业科技示范展示基地和省级农业科技示范展示基地，集成试验示范一批重大农业技术，推广一批主推技术。依托基层农技体系改革补助项目的实施，以农业科技试验示范基地建设为抓手，开展农业技术成果转化和试验示范，凝炼推广适合全省的农业主推技术，做好农业科技"二传手"，让"科技人员到户、良种良法到田、技术要领到人"，提高农业科技进步贡献率。

一是加强农业科技成果集成应用。充分利用省级现代农业产业技术体系专家团队优势，围绕产业发展实际需求，广泛开展全产业链技术的集成示范与推广，发挥农业科技示范主体的带头作用，推动农业科技成果快速转化应用。

二是全面实施农业重大技术协同推广计划。示范推广一批引领性主推品种和主推技术。

三是加强农业技术试验示范基地建设。创建一批基础条件好、产业代表性强、技术支撑有力的农业技术试验示范基地，推进全要素、全过程、全链条重大关键技术集成示范，推动研究孵化、整合转化、验证熟化、示范引领功能一体化，提高农业科技成果转化率。

四是强化乡村振兴科技引领示范。整合资源，建设一批乡村振兴科技引领示范样板，打造一批乡村振兴科技引领示范县、示范村镇、示范基地，培育一批科技示范主体，示范推广一批引领性技术、关键性技术，转化应用一批科技成果，提升"一县一业""一村（镇）一品"示范样板产业技术水平。

五是发挥农业科技创新的技术、人才、平台优势，发挥基层农技推广队伍熟悉生产实际的优势，发挥社会化农技服务组织的资金、信息优势，推动建立以农技推广体系为主体，市场化服务力量为重要补充，科研院校广泛参与、优势互补、分工协作、充满活力的农业科技成果转化体系，进一步释放科技服务动能，壮大社会化科技服务力量，有效推动农业科技成果转化应用。

三、强化对农业科技成果转化应用的支持力度

一是完善科技政策超市。通过科技政策超市推动农业科技需求侧管理与供给侧结构性改革有效协同，将对企业和科研人员查找政策和农业科技成果等提供更多便利，进一步优化科技超市整体布局，推进科技超市一体化建设进程，探索创新服务模式，提升科技政策超市体系整体服务能力和影响力。

二是多渠道支持农业科技成果转化应用。加大科技创新券、农业科技成果转化项目、农业主推品种、主推技术、推广项目等支持力度，进一步推进"揭榜挂帅"等机制，推动企业购买科研单位服务，推动科研单位农业科技成果主动服务产业发展，有效推动农业科技成果转化为生产力。

四、提高对培育农业科技应用市场主体的支持力度

积极培育一批农业科技应用市场主体，加大科技创新券补助力度，鼓励企业购买农业科研院校科技成果和科技服务，催生一批有影响力的农业科技创新领军企业，提升农业科技成果转化应用率。

一是加大对农业种业市场主体培育支持力度。多种方式培育种业市场主体，推进农业新品种转化应用。按照政府主导市场化运作方式，整合农业科研院校和制种企业资源，组建复合型全要素的育繁推一体化种业集团；按照企业主体政府引导方式，向有一定实力和基础的省内民营企业注入国有资本成立混合所有制企业；按照完全市场化方式，培育引进种业企业。鼓励农业科研院所和农业科研人员以技术入股农业科技企业，增强企业农业科技创新和转化应用能力。

二是加大对农业科技应用主体培育支持力度。重点围绕开展适度规模经营的种养大户、家庭农场、农民合作社、龙头企业等各类新型经营主体，充分整合现代农业产业技术体系、农业科技创新联盟、高素质农民培育体系等资源，加大农业科技转化应用支持力度，培育一批科技与产业深度融合发展的经营主体。

五、制定有利于引导农业科研院校开展科技服务的政策

一是出台相关政策，充分释放省市两级农科院和贵州大学农学院农技服务动能。发挥其技术、人才、平台等优势，通过共建全国农业科技现代化先行县、农业全产业链专家服务团、科技特派员、离岗创业和兼职兼薪等，推动农业科研院校力量下沉，与基层农技推广体系业务融合互动，加快农业科技成果转化。

二是出台有利于完善农业科研院校科技服务考核机制的相关政策。将服务乡村振兴和农业农村现代化成效作为学科评估、人才评价等的重要依据。修订完善职称评审办法，把种质资源收集保护与鉴定评价、农业科技推广等农业科技服务成效作为专业技术职称评聘和任务考评的重要条件。

第五节 人才政策建议

一、创新科技人才使用机制政策

一是以农业项目为载体招引创新人才。省委省政府印发的《关于进一步加强科技创新推动高质量发展的意见》（黔党发〔2022〕15号）明确提出：依托"揭榜挂帅"和"双创"大赛等活动识才用才，探索高端人才引进与项目协同支持机制，推进重点人才实现倍增。加大对深化科技人才评价改革政策支持，形成以创新能力、质量、实效、贡献为导向的科技人才评价体系。积极争取赋予科研人员职务科技成果所有权或长期使用权国家试点。探索初次分配向劳动和知识价值倾斜的分配机制。

二是继续深入实施科技专员服务企业制度。在认真贯彻执行《省科技厅 省教育厅关于在贵安新区、高新技术产业开发区试行开展科技专员服务企业有关工作的通知》（黔科通〔2022〕22号）的基础上，积极引导、支持全省农业高校、科研院所科研人员在全省开展服务农业企业工作，积极探索"科技专员+技术转移+农业企业"科技成果转移转化模式。

三是实施农业科技重点人才"蓄水池"政策。2021年，贵州省委人才工作领导小组印发《贵州省重点人才"蓄水池"管理办法》，对全省留才、引才工作机制进行了完善和创新，对符合贵州省重点人才"蓄水池"政策的科研人员，按规定给予支持。在农业领域，尤其在涉及需要引进重点人才对制约产业发展关键技术瓶颈进行攻克的领域，如农产品深加工领域，积极用好贵州省重点人才"蓄水池"政策，探索打造农业科技重点人才"蓄水池"。在谋划好政策的同时，继续积极推动相关工作的落实。

二、创新农业科学研究、农业科技成果推广和转化等高层次人才工资分配形式政策

对完成工作目标任务适宜以年度作为业绩考核周期、需要特殊激励的急需紧缺

农业科学研究、农业科技成果推广和转化等高层次人才，可以年度为单位，根据岗位职责和工作情况，参考市场价位合理确定其年收入水平；对从事周期性较强、技术含量较高工作的急需紧缺农业科学研究、农业科技成果推广和转化等高层次人才，可根据工作需要及拟聘用或已聘用高层次人才的能力水平、市场价位，综合考虑预期效益及其周期性等因素，由双方协议确定工资水平；因重大技术项目、科研项目和工程项目以及其他特定工作，引进并聘用农业科学研究、农业科技成果推广和转化等高层次人才，可根据项目工作量和预期收益等情况，经双方协商确定在项目完成期间的收入及相应待遇，根据工作任务完成情况发放。因工作需要临时聘用或柔性引进的农业科学研究、农业科技成果推广和转化等高层次人才可参照执行。

三、加强技术转移人才队伍建设政策

充分发挥国家技术转移人才培养基地的作用，积极开展技术转移人才能力等级培训，完善加强技术转移人才队伍建设相关政策，逐步建立以技术经纪人培训为核心的技术转移人才体系，推进高校、科研院所设置从事技术转移工作的岗位，实行技术经理人市场化聘用制，建设科技成果转移转化队伍。

四、进一步加强基层农业科技人才队伍建设政策

继续通过搭建创新创业平台、实施科技示范项目、选派科技特派员等工作，加大培养基层农技人才力度。发挥国家级农业科技园区、省级农业科技示范园区、星创天地等科技平台的作用，大力培养基层农业科技实用人才。继续通过申报实施项目，建立产学研示范基地，带动成立合作社，培养基层农业科技人才。继续通过选派科技特派员赴基层开展"靶向"服务，帮助培训农村实用人才。

五、进一步加强高素质农民培育力度政策

加大政策扶持力度，支持高素质农民享受新型农业经营主体的扶持政策，通过土地流转、产业扶持、财政补贴、金融保险、社会保障、人才奖励激励等政策措施，鼓励高素质农民带头创办家庭农场、农民专业合作社等各类新型农业经营

主体，发展多种形式的适度规模经营，推进高素质农民和新型农业经营主体融合发展。

第六节 合作交流政策建议

一、加强与国家农业科技创新联盟的合作

联合各成员单位，积极申报国家农业科技创新联盟及其他国家级、省级重大科技项目，积极争取重大项目落地贵州。积极参与滇黔桂农业创新联盟、热区石漠化山地绿色高效农业科技创新联盟、武陵山和罗霄山片区乡村振兴科教联盟等联盟工作，积极开展交流合作。

二、积极"引智入黔"

加强与中国农业科学院、中国热带农业科学院、广东省农业科学院、同济大学等的合作，通过"科技入黔"全方位推动贵州现代山地特色高效农业高质量发展。发挥中国农业科学院、中国热带农业科学院、广东省农业科学院等在科技创新、成果转化、人才培养、平台建设等方面的优势，以贵州省农业科学院为具体的承载单位进行全面的深度合作，解决贵州现代山地特色高效农业高质量发展区域性重大问题、技术"瓶颈"问题、种业"卡脖子"问题，助力贵州全面乡村振兴。

三、继续加强联盟协同攻关

充分发挥联盟各成员单位技术优势，着力解决影响贵州农业发展的重大关键性区域农业问题，继续围绕辣椒、茶叶、马铃薯、精品水果、特色畜牧等贵州特色优势农业产业，加强科技创新与技术集成，研发一批具有重大应用价值和自主知识产权的农业科技成果，形成强大的科技支撑力。

第七节　组织保障建议

　　加强对科技创新支撑引领贵州农业现代化的组织领导，在贵州省推进"四化"工作领导小组的统揽下，依托全省农业特色优势产业工作推进机制，加强对科技创新支撑引领贵州农业现代化实施的安排部署、组织协调和督促推动，推动科技创新支撑引领贵州农业现代化政策建议能够落地落实，统筹解决提出的政策建议在实施过程中存在的问题和困难。省级科技部门和省级农业农村部门负责统筹推进落实，加强工作调度。组建各特色农业产业发展专班，具体抓好科技创新支撑引领贵州农业现代化明确的特色产业科技创新路径。省有关部门要按照职责职能，强化资源要素支持和制度供给。

附件

贵州省农业科技创新重点政策一览表

序号	政策类别	文件（政策）名称	政策内容摘编	印发单位及时间
1	规划意见	国务院关于支持贵州在新时代西部大开发上闯新路的意见	五、加快构建以数字经济为引领的现代产业体系。（十五）提升科技创新能力。实施"科技入黔"，加强多领域关键核心技术攻关。支持培育新能源动力电池及材料产业、新能源汽车配套产业及航空航天产业。支持符合条件的省级高新区升级为国家级高新区。积极吸引数字经济、清洁能源、高端制造、山地农业等行业领军人才，探索多元化柔性引才机制	2022年1月国务院
2		"科技入黔"推动高质量发展行动方案	一、总体要求。（二）工作目标。到2025年，贵州省全域创新、开放创新格局基本形成，经济增长实现由要素驱动转向创新驱动。到2035年，贵州综合科技创新水平进入全国中上游。 二、重点任务。建设区域性创新高地；建设国家科技创新基地；提升企业技术创新能力；加强农业领域科技创新；推进绿色低碳技术创新；加强科技人才队伍建设；着力科技体制机制改革；坚持开放创新，深化与东部地区科技合作	2022年6月科技部办公厅、贵州省人民政府办公厅
3		贵州省"十四五"科技创新规划	第二章 第三节主要目标。区域创新能力力争进入全国前15位，综合科技创新水平力争进入全国前20位；技术合同成交额与地区生产总值之比达到2.5%；高新技术产业产值实现倍增，工业战略性新兴产业总产值占工业总产值比重达到22%；规上工业企业有研发活动的企业占比达到38%；基本形成激励创业、宽容失败的价值导向。 第三章 构建支撑农业农村现代化的技术体系。 第四章 构建支撑新型工业化的技术体系。 第五章 构建支撑服务业创新发展的技术体系。 第六章 构建支撑民生改善的技术体系	2021年11月贵州省科技厅、贵州省发展改革委
4		贵州省科技创新实施纲要（2021—2035年）	二、（三）战略目标。到2030年综合科技创新水平进入西部地区前列，建成特色科技强省；到2035年，建成开放式创新体系，综合科技创新水平进入全国中上行列。 三、（五）加强重点领域技术创新。大数据、人工智能技术融合创新、无人系统技术、碳达峰碳中和、人口健康技术、新型城镇化支撑技术、公共安全技术、现代服务技术。（六）加快培育壮大创新主体。企业、高校院所、新型研发机构。（七）加强高水平创新平台建设。重大科学研究平台、高水平科创基地、高新区高质量发展、孵化载体提质增效、"科教四城"联动发展。（八）加快培育集聚创新人才。积极引育创新人才并完善激励机制。（九）加快推进开放式创新。技术转移体系、科技创新合作、区域协同创新	2022年贵州省委省政府

续表

序号	政策类别	文件（政策）名称	政策内容摘编	印发单位及时间
5	规划意见	关于进一步加强科技创新推动高质量发展的意见	一、（二）奋斗目标。"十四五"时期，全社会研发投入年均增长12%以上。到2025年，力争区域创新能力进入全国前15位、综合科技创新水平进入全国前20位，推动科技创新"关键变量"转化为高质量发展"最大增量"，通过科技创新形成2 000亿元左右增加值，高新技术产业产值实现倍增、达到1万亿元。二、（一）实施重大科技战略行动。战略科技力量培育行动、新一轮找矿战略突破行动、矿产资源选冶攻关行动、能源产业绿色低碳转型行动、现代山地特色高效农业支撑行动、数字化赋能产业行动。（二）强化企业创新主体地位。提升企业创新能力；实施规上工业企业研发活动扶持计划；壮大科技型企业队伍；完善科技金融支持。（三）提升高校、科研院所创新实力。加快发展高水平大学、高水平科研院所；增强服务产业能力。（四）提高区域创新能力。推进区域协同能力；完善科技服务体系；加快推动"科技入黔"；完善高新区管理运行体系。（五）深化科技体制改革。深化科技管理体制、计划管理、资金管理改革；激发科技人才创新活力。（六）营造良好创新生态。加强党对科技创新全面领导；强化科技进步评价；优化政策环境；完善尽职免责容错机制；培育创新文化	2022年5月，贵州省委省政府
6		贵州省"十四五"现代山地特色高效农业发展规划	第五章 第二节加强重点领域科技创新。围绕提升质量效益和竞争力，实施科技赋能强农工程，完善山地特色农业科技创新体系，依托创新链延伸产业链、提升价值链、贯通供应链，走出一条依靠科技进步实现山地特色农业现代化的内涵式发展新路	2022年4月28日，贵州省发展和改革委员会、贵州省农业农村厅
7		贵州省"十四五"粮食和物资储备体系规划	十、强化科技创新和人才支撑。建设科技研发基地；加大关键技术攻关；搭建人才培养平台；加快人才队伍建设	2021年9月，贵州省粮食和物资储备局
8		贵州省"十四五"农业科技教育发展规划	第三章 重点任务。一、农业科技创新。重点开展优良品种的引进、鉴选和培育，对"卡脖子""空白"关键技术进行攻关，研发丘陵山区适用农机具，集成开发高水平现代化设施种养技术，配套组装集成绿色高质高效种养技术，为产业发展提供强有力的技术支撑。（一）品种选育。（二）重大关键技术研究。（三）产业化绿色高质高效生产技术集成应用	2022年11月28日，贵州省农业农村厅

续表

序号	政策类别	文件（政策）名称	政策内容摘编	印发单位及时间
9	规划意见	贵州省"十四五"农业种业发展规划	主要任务。（二）强化种业科技创新 1. 深入实施良种联合攻关。聚焦重点产业、重点品种、关键环节，开展以水稻、玉米、马铃薯、薏苡为主的粮食作物，以油菜、大豆为主的油料作物，以茶、酒用高粱、中药材等为主的特色作物，以猪、羊、禽为主的畜禽良种联合攻关，培育一批轻简化、宜机化、高效、优质新品种。力争在畜禽品种审定和高密度角果油菜、抗紫斑病高粱、生猪品种（配套系）选育等方面实现突破。 2. 加快关键技术创新应用。加快进入"常规育种+生物技术+信息技术"的育种技术"4.0时代"，加大基础理论、核心技术、关键设备等领域投入，支持省级高等院校、农业科研院所和种业企业，突破基因挖掘、种质创新、新品种选育、高效繁育、核心种群性能测定、遗传评估以及疫病净化等现代农业育种领域"卡脖子"关键核心技术问题，聚焦技术卡点，提升育种创新效率，打通种业产业链的技术堵点。 3. 实施科技创新农业生物育种重大项目。重点解决全省种业短板。坚持常规育种与生物育种有机结合，转变育种观念，加快动植物新品种培育。加快作物分子设计育种技术研究与应用，采用转基因、基因编辑等现代基因技术，开展作物和畜禽新种质创制。重点实施油菜轻简化栽培新品种选育、贵州绿色优质稻分子育种研究及应用、光周期敏感性弱的优势玉米种质材料创制等；推动种畜禽遗传育种攻关平台建设和黔北麻羊、贵州地方鸡等地方资源新品系（配套系）培育。 4. 积极推进多方合作交流。推进科企合作，以贵州大学、贵州省农业科学院等科研机构为依托，鼓励引进国内外先进理念、优异资源、核心技术、高端人才，联合国内外高端种业科研机构和大型种业企业集团，组建分工协作的种业研发平台，构建多学科集成的种业创新联盟或产学研用联合体，合力打造目标聚焦、任务明确、团队协同、资源优化、平台共享、力量协作的种业科技创新合作平台。 5. 加快种业科技成果推广应用。建立健全种业科技成果交易平台，鼓励采取转让、许可、作价入股等方式开展成果转移转化和共享利用。加快建立以市场为导向的成果转移转化机制，充分发挥企业在成果推广应用中的主导作用。继续实施畜牧良种补贴项目，支持养殖场（户）选用良种，提高畜牧良种化水平。稳步推进种畜禽生产性能测定，组织评定、备案公布优良种公畜品种信息。开展新品种集中展示示范等活动，引导种子生产者、经营者和使用者"现场看种、看禾选种"，促进农企精准对接，加快良种推广应用	2022年4月29日，贵州省农业农村厅、贵州省发展和改革委员会
10	规划意见	贵州省深化科技特派员制度助推乡村振兴实施意见（征求意见稿）	为认真贯彻落实习近平总书记关于乡村人才振兴的重要指示精神，落实中央和省委关于科技特派员的部署要求，充分借鉴"万名专家服务'三农'"等经验，大力推动科技人才下基层，解决"三农"工作专业人才供需矛盾，助力巩固拓展脱贫攻坚成果、全面推进乡村振兴，制定该实施意见，主要内容包括主要目标、重点任务、人员选派、管理考核、激励机制和组织领导	2021年12月，贵州省科学技术厅

续表

序号	政策类别	文件（政策）名称	政策内容摘编	印发单位及时间
11	法规	贵州省促进科技成果转化条例	第十五条 财政资金设立的研究开发机构、高等院校可以自主转化其职务科技成果，不再审批或者备案。转化所得收入留归单位，纳入单位预算，不上缴国库。 第二十八条 国有资产管理部门应当将国有及国有控股企业研究开发投入、科技成果转化绩效等指标纳入企业负责人经营业绩考核体系。国有及国有控股企业当年研究开发投入可以在经营业绩考核中视同利润。 第二十九条 职务科技成果转化过程中，依法确定交易价格的，单位负责人和直接责任人在履行勤勉尽责义务、没有牟取非法利益的前提下，免除其在科技成果定价中因科技成果转化后续价值变化产生的决策责任。 第三十九条 项目承担单位、完成人或参加人无正当理由怠于转化利用地方财政资金形成的科技成果，具备转化条件的单位或个人均可向项目出资部门申请使用该科技成果，而出资部门可以授权申请人有偿或无偿使用该科技成果。 第四十二条 （一）技术转让或者许可方式转化职务科技成果的，应当从技术转让或者许可所取得的净收入中提取不低于70%的比例用于奖励。（二）以科技成果作价投资实施转化的，应当从作价投资取得的股份或者出资比例中提取不低于70%的比例用于奖励。（四）在研究开发和科技成果转化中做出主要贡献的人员，获得奖励的份额不低于奖励总额的50%	2020年9月，贵州省科技厅
12		贵州省加强科技创新加快科技进步奖励补助办法实施细则（暂行）	切实加强科技创新，加快科技进步，充分发挥科技在经济社会发展中的重要作用，根据《贵州省加强科技创新加快科技进步奖励补助办法》，制定本实施细则，适用于贵州省科技创新、科技进步奖励补助的申报、评审、审批、资金使用等各项活动，共有四十条	2012年8月30日，贵州省科技厅
13	财税	省科技厅权责事项运行规定（暂行）	基础研究项目：一般项目资助经费不超过10万元，重点项目资助经费不超过30万元，重大基础研究"一事一议"。 科技支撑项目：一般项目资助经费不低于50万元，但不超过100万元；重点项目"一事一议"，资助经费不超过500万元。科技平台及人才团队建设项目： 1.创新基地。（1）重点实验室。企业类重点实验室建设项目资助经费不超过200万元。（2）技术创新中心。资助经费不超过200万元。 2.创新创业载体。（1）科技企业孵化器。资助经费不超过100万元。（2）众创空间。资助经费不超过100万元。 3.科技型企业梯队。（1）高新技术企业。对认定的高新技术企业，一次性资助30万元。（2）科技型种子企业。资助经费15万元。（3）科技型小巨人企业。上一年销售收入不低于500万元且不高于5 000万元的企业，一次性资助20万元；上一年销售收入不低于5 000万元且不高于3亿元的企业，一次性资助50万元	2020年9月，贵州省科技厅

续表

序号	政策类别	文件（政策）名称	政策内容摘编	印发单位及时间
14		省级科技计划项目	1. 基础研究 2. 科技支撑 3. 科技成果应用及产业化 4. 科技重大专项 5. 科技平台及人才团队建设	贵州省科技厅
15		中央引导地方科技发展资金管理办法	一、项目定位。（一）自由探索类基础研究；（二）科技创新基地建设；（三）科技成果转移转化；（四）区域创新体系建设。 二、项目支持。以当年度中央下达地方的引导资金预算确定支持额度，一般为50万至200万元	2016年5月，财政部、科技部
16	财税	贵州省加强科技创新加快科技进步奖励补助办法	一、对贵州省高新技术产业和战略性新兴产业发展中的重要核心技术攻关、重大装备研发、重大引进技术（装备）的消化吸收再创新项目，给予最高1 000万元的补助；对获得国家科技财政拨款的重大科技项目，给予国家拨款额50%、最高不超过1 000万元的补助。 二、对被认定为国家或省知识产权示范企业或省级知识产权优势企业的，给予单位50万元或20万元的补助；对获得中国专利金奖、中国外观设计金奖、驰名商标等的分别一次性补助50万元，对获得中国专利优秀奖、中国外观设计优秀奖的给予10万元奖励；对购买发明专利技术和核心技术到贵州省进行产业化并取得实效的项目，给予企业购买专利费用的20%、最高不超过200万元补助。 四、对省外高新技术企业、创新型企业来黔落户，投资高新技术产业和战略性新兴产业链缺失环节或薄弱环节，给予其实际到位投资额10%、最高不超过500万元补助；具备上市条件的省外高新技术企业、创新型企业总部迁至贵州省注册上市，并将其上市募集资金的70%（1亿元以上）继续投资在贵州省的，给予500万元补助。对新获国家或省级创新型企业命名的企业，分别一次性补助50万元或20万元。对新认定的高新技术企业给予一次性30万元的补助。 五、对新认定的由贵州省牵头组建的国家级产业技术创新战略联盟，给予一次性500万元补助，并在科研项目立项上给予重点倾斜支持。对新认定的国家级企业技术中心、检测中心、技术创新示范企业，分别给予一次性100万元的补助；对新认定的省级企业技术中心、检测中心、技术创新示范企业，分别给予一次性50万元的补助。 六、对新认定的国家级或省级科技创新示范特色产业园和科技企业孵化器，分别给予300万元或100万元的补助。 七、对新认定的国家工程技术研究中心、重点实验室给予一次性500万元补助；对新认定的省级工程技术研究中心、重点实验室给予一次性150至200万元补助；对引进到贵州省建立的各研发机构，给予一次性最高500万元专项经费补助。	2022年3月，贵州省科技厅、贵州省财政厅

续表

序号	政策类别	文件（政策）名称	政策内容摘编	印发单位及时间
16		贵州省加强科技创新加快科技进步奖励补助办法	八、对获得国家更高一级资质认定的科研机构，给予一次性100万至200万元补助；对产学研合作建立的科研机构，按照注册资金的20%给予最高不超过200万元补助。 九、对新认定的省级科技中介机构，分别给予一次性30万元补助，对升级为国家级的科技中介机构给予一次性80万元补助。对新认定的省级知识产权服务辅导机构、专利代理机构分别给予30万元、10万元的补助	
17	财税	贵州省科技创新券管理办法（试行）	第一条 贵州省科技厅设计发行科技创新券，采取无偿资助的方式发放给符合一定条件的企业，仅限于企业向高校、科研院所、科技服务机构等单位或其他企业（以下统称科技创新服务单位）购买科技创新服务和技术成果。科技创新券分5千元、1万元、5万元三种面额。 第五条 企业申请发放科技创新券，应提交科技创新券发放申请书和技术合同认定登记证明。订立技术开发合同和技术转让合同的，科技创新券发放的最高额度不超过50万元；订立技术咨询合同和技术服务合同的，科技创新券发放的最高额度超过20万元	2015年1月，贵州省科技厅
18		税收减免	一、企业研究开发费用加计扣除 二、高新技术企业 三、技术合同 四、重大技术装备进口 五、研发机构采购国产设备 六、科学研究、科技开发和教学用品进口 七、高新技术企业和科技型中小企业亏损结转年限延长 八、投入基础研究税收优惠 九、增值税期末留抵退税政策 十、中小高新技术企业向个人股东转增股本分期纳税 十一、高新技术企业转化科技成果给与相关技术人员股权奖励分期纳税	财政部、税务总局、科技部等
19		贵州省科技成果转化股权投资管理暂行办法	为促进科技成果转移转化，发挥市场配置资源决定性作用，特制定《办法》，共六章二十三条，对设立股权投资专项依据、立项条件、支持方式、申报流程、项目管理进行阐述	2020年11月，贵州省科技厅
20	金融	国有科技型企业股权和分红激励暂行办法、关于扩大国有科技型企业股权和分红激励暂行办法实施范围等有关事项的通知	一、适用范围 国家认定高新技术企业、转制院所企业及所投资的科技企业、高等院校和科研院所投资的科技企业、纳入科技部"全国科技型中小企业信息库"的企业、国家和省级认定的科技服务机构 四、股权激励 （一）股权激励标准。（二）股权激励方式。1.股权出售；2.股权奖励；3.股权期权。 五、分红激励 （一）项目分红。（二）岗位分红	2016年2月、2018年9月，财政部、科技部、国资委

续表

序号	政策类别	文件（政策）名称	政策内容摘编	印发单位及时间
21	人才	贵州省"十四五"人才发展规划	第一章 第三节：总体目标。到2025年全省专业技术人才达到170万人、技能人才达到255万人。 第三章 第一节：加快新型工业化人才队伍建设。到2025年，工业产业人才规模达到120万人，其中十大工人才达到90万人。第六节：加快重点领域人才队伍建设，围绕实施"万企融合"大行动，聚焦工业数字化、农业数字化、服务业数字化，培育引进一批数据产品开发、数据服务供给、数据创新驱动、数字化治理创新方面专业人才。到2025年，培育聚集数字经济人才50万人。第七节：加快推进重点人才（平台）倍增行动 聚焦重点产业、重点领域发展的关键技术问题，大力引进培养一批具备创新性、前沿性和关键性技术研究能力，拥有可填补全省技术空白的科研成果，以及带技术、资金来黔创办企业的高层次创新创业人才。到2025年，新增国家级创新创业人才240人、省级创新创业人才430人。第八节：加快实施重点人才计划，引进重点产业、重大项目和重点领域杰出人才（团队），以"一事一议"方式给予特殊支持，到2025年，引进领军人才50名、创新创业人才300名；面向新一代信息技术、生物科技、新能源、新材料、高端装备、数字经济及重大工程技术、共性技术领域，到2025年，遴选培养优秀科技创新（创业）人才150名，从事应用研究科技人才150名，建立科技人才团队150个；遴选培养50名高水平工程师、100名优秀中青年高技能人才。 第四章 第一节：设立引进重点人才"蓄水池"；持续推进"黔归人才"；支持事业单位专技人员到乡村和涉农企业创新创业；鼓励用人单位通过第三方机构引进高层次人才。第二节：持续实施"西部之光""甲秀之光"访问学者计划。第三节：设立"贵州杰出人才奖"；完善高层次人才津贴制度；完善人才评价机制；完善科研人员职务发明成果权益分享机制。第四节：强化人才服务保障，完善创业融资扶持机制、住房保障。第五节：促进人才交流合作	2021年12月，贵州省人社厅
22		关于优化整合贵州省百千万人才引进计划的指导意见	企业引进科技创新人才认定后三年内：在黔税前年薪在30万元至36万元、36万元至50万元、50万元至80万元、80万元至120万元及120万元以上的，省级财政每年分别按税前年薪的4%、5%、6%、7%及8%进行奖励；设立贵州企业科技创新人才奖，一是对地方经济发展作出重大贡献的，给予最高100万元奖励，二是对获得国家级、省（部）级科技奖、专利奖，按其个人所获奖金可给予1∶1配套奖励；为各类人才提供各类贴心服务，向认定引进人才颁发省级"优才卡"或"高层次人才服务绿卡"，持卡人才按规定享受医疗服务、子女入学、配偶安置、金融服务等优惠政策；为来黔人才提供人才公寓	2023年2月，贵州省委办公厅、省政府办公厅

续表

序号	政策类别	文件（政策）名称	政策内容摘编	印发单位及时间
23		贵州省科学技术奖励办法实施细则	贵州省最高科学技术奖的奖金数额为100万元，其中50万元属获奖者个人所得，50万元由获奖者用作自选科技研发项目、研发平台建设和科技人才培养经费。省自然科学奖、省技术发明奖、省科学技术进步奖奖金金额分别为：一等奖15万元，二等奖10万元，三等奖5万元。省科学技术合作奖奖金金额为5万元	2018年12月，贵州省科技厅
24		贵州省重点人才"蓄水池"管理办法（试行）	为解决企业实际困难及支持事业单位特殊领域和关键岗位服务事务，特制订《管理办法》。"蓄水池"人才进入贵州省企业开展技术创新、成果转化，解决产业"卡脖子"关键技术难题，为事业单位人员编制身份且与需求企业签订劳动合同，享受贵州科学院岗位待遇及企业劳动报酬、奖励，聘期一般为3年	2021年11月，贵州省委
25	人才	贵州省"百人领军人才""千人创新创业人才"评审认定与跟踪考核实施细则（试行）	第三十五条 "百千人才"入选当年分别给予100万元、50万元奖励；考核期满后一次性对第二年、第三年的履行合同情况、目标任务完成情况、取得业绩成果情况等进行考核，考核为"优秀"的分别给予200万元、100万元奖励。第一年度的奖金分两次兑现，即：入选时兑现奖金总额的20%，当年年度考核达到预期目标的再兑现剩余的80%。第二年、第三年按下列情况予以兑现：创新类入选人员经考核认定为"优秀"的，一次性兑现全额奖金。创业类入选人员经考核认定为"优秀"的，一次性兑现全额奖金；经考核，若"百人领军人才"年度纳税达到100万元至300万元、"千人创新创业人才"年度纳税达到50万元至150万元的，且其他考核指标都达到"优秀"要求的，一次性给予70%的奖励。入选人员经考核为"达标""不合格"的，不再给予奖励	2019年2月，贵州省委
26		贵州省高层次留学人才创新创业项目择优资助管理办法（试行）	第三条 按照分类资助原则对留学人员创新创业项目进行资助，其中重大项目资助30万元、优秀项目资助20万元、启动项目资助10万元。 第十一条 申请择优资助的项目须具备以下条件： （一）重大项目：申报项目为申请人参与的国家科技重大专项、国家重点研发计划等科技项目、国家自然科学基金委员会重点项目、国家重大技术改造/创新项目，或者申请人主持的国家科技计划和国家自然科学基金委员会项目；或者投资总额大于500万元以上的创业项目。 （二）优秀项目：申报项目为申请人主持的省（部）级科技计划项目（除省科学技术基金一般项目外）、省级技术改造项目或其他省级技术创新项目；或者投资总额大于300万元以上的创业项目。 （三）启动项目：申报项目为申请人主持的市（厅）级以上并具有较好应用开展前景的创新项目；或者投资总额大于100万元以上的创业项目	2018年9月，贵州省人社厅

续表

序号	政策类别	文件（政策）名称	政策内容摘编	印发单位及时间
27	人才	贵州省数字经济领域重点人才计划实施办法（试行）	第一章 第三条：聚焦数字经济发展，在"数字产业化、产业数字化、数字化治理、数据价值化"四个领域遴选从事理论、科研、产业发展等方面的优秀人才进行3年培养。 第二章 申报条件：1.获得市（州）级及以上人才类称号、奖励。2.近3年主持过省级及以上大数据相关工程项目、科研项目。3.上市公司主要项目（技术）负责人；或独角兽企业主要项目（技术）负责人；或省级相关部门授予"专精特新"企业主要技术负责人；或省级融合标杆项目主要技术负责人。4.省级及以上重点学科、重点实验室、工程技术（研究）中心、工程实验室相关项目（技术）负责人。 第四章 第十二条：1.在人才评选、职称评审等方面给予支持。2.支持参与各类社会活动。3.支持制定年度培养计划，推动计划落实落细。4.帮助入选对象提升能力。5.采取省级人才引进专项政策，积极帮助入选对象培育研发团队，引进所需特殊人才或高级助手	2021年9月，贵州省大数据局
28	管理（体制机制改革）	省科技厅权责事项运行规定（暂行）	权责事项运行实行"行政决策、行政执行、行政监督"三分离，坚持法定职责必须为、法无授权不可为。省科技厅权责事项须在省科技厅驻省政务服务中心窗口受理，逐步通过贵州省科技业务综合管理信息系统实现"一网通办"。	2020年9月，贵州省科技厅
29		贵州省技术榜单管理办法	一、研究方向与主要研究内容。（一）块数据与区域治理；（二）多源数据融合与集成技术；（三）公共大数据安全与隐私保护。 二、资助计划拟资助3个研究项目。每个项目资助经费约为1 000万元；资助期限为3年。 三、申报要求及注意事项。（一）申报要求：揭榜方式为按研究方向进行项目申报；每个方向最多资助1个项目；第一承担单位为贵州省公共大数据重点实验室；承担项目或课题的省外机构的负责人及其团队核心成员，需以签约方式进入贵州省公共大数据重点实验室工作，每年工作时间不少于8个月。项目实施期间，团队至少有三分之一的成员进入实验室工作，引进人才待遇标准为：达到杰出人才（长江学者、杰青、千人计划等）层次的，待遇为100万元/年；达到学术带头人层次的，待遇为3万元/月；达到新锐学者人才层次的，待遇为1万元/月。	2017年4月，贵州省科技厅
30		关于完善科技成果评价机制的实施方案	一、工作目标。到2023年，初步建立起全省科技成果评价管理机制，基本实现科技成果分类评价，建立科技成果评价机构库。到2025年，国家和省级技术转移机构超过20家，技术合同成交额超过400亿元。 二、重点任务。（一）构建科技成果评价分类指标体系。基础研究成果以同行评议为主，实行定量评价与定性评价相结合，把新发现、新原理、新方法等作为主要评价内容。应用研究成果以行业用户和社会评价为主，注重高质量知识产权产出，把新技术、新材料、新工艺、新产品、新品种、新设备样机性能等作为主要评价指标。（二）培育专业化科	2022年6月，贵州省科技厅

续表

序号	政策类别	文件（政策）名称	政策内容摘编	印发单位及时间
30	管理（体制机制改革）	关于完善科技成果评价机制的实施方案	成果评价机构和评价人员。（三）强化科技成果市场化评价。依照《技术转移服务规范》国家标准，完善科技成果的协议定价、挂牌交易、拍卖、资产评估等市场定价机制。（四）创新科技成果评价工具和模式。（五）建立科技成果评价服务共享机制。择优选用科技成果第三方评价服务，以服务共享模式降低社会科技管理成本、规避重复性评价和利益驱动下的选择性评价。（六）完善科学技术奖励体系。（七）开展科技成果评价试点推广。选择在贵州大学、贵州医科大学、贵州科学院等高校、科研院所开展成果分类评价改革试点，在碳捕获利用、岩溶地质碳汇技术等领域开展成果评价指标改革试点	
31		贵州省科研机构创新能力建设专项资金管理办法	为规范全省科研机构创新能力建设专项资金管理制定，共八章、二十八条，主要包括总则、支持对象及支持方向、支持方式及列支范围、预算编制执行、使用管理、绩效管理、监督管理	2021年11月，贵州省科技厅、省财政厅
32		贵州省新型研发机构支持办法（试行）	对在贵州省注册的，属于"研究和试验发展"行业类别；上一年度研发经费支出不低于支出总额的40%且不低于收入总额的30%；研发人员不低于10人，且占职工总数比例不低于40%，三分之一以上研发人员具有自然科学、工程和技术、农业科学、医学领域博士学位或高级职称的企业，视同贵州省省属自然科学研究机构，可申请贵州省科研机构创新能力建设专项	2020年9月，贵州省科技厅
33		关于改革完善省级财政科研项目经费管理的实施意见	为贯彻落实《国务院办公厅关于改革完善中央财政科研经费管理的若干意见》有关精神制定，共七章，二十五条，主要包括：扩大科研项目经费管理自主权、完善科研项目经费拨付机制、加大科研人员激励力度、减轻科研人员事务性负担、创新财政科研经费投入与支持方式、改进科研绩效管理和监督检查、组织实施	2022年4月27日，贵州省人民政府办公厅
34		关于抓好赋予科研机构和人员更大自主权有关文件贯彻落实工作的通知	为进一步推动赋予科研单位和科研人员更大自主权有关文件精神落实到位制定，共有五章，主要规定有充分认识赋予科研机构和人员自主权的重要意义、制定政策落实的配套制度和具体实施办法、深入推进下放科技管理权限工作、进一步做好已出台法规文件中相关规定的衔接、加强对政策贯彻落实工作的督查指导	2019年2月3日，贵州省人民政府办公厅

后 记

本著作在匆忙中成稿，因作者水平有限，存在错误在所难免，将在未来学习和工作中进一步探索。在成稿过程中，得到了同仁、同事的大力支持。在此，诚挚感谢贵州省现代农业发展研究所欧国武、郭靖、陈维妮、王培、黄婧、吴圣、欧娟、黄莹、李芹芹、詹瑜、饶珈、史琼，贵州省社会科学院王彬等为本著作的完成提供了相关研究资料。最后，也衷心感谢在项目申报中给予支持的贵州财经大学王超教授、贵州方略经济资讯有限公司钟国荣老师。